国家社会科学基金项目资助成果（编号：17BGL089）

U0654018

# 移动购物行为及其执行意向机制研究

管理 MANAGEMENT

王 林 等著

Mobile Shopping Behavior and Its Implementation Intention Mechanism

上海交通大学出版社
SHANGHAI JIAO TONG UNIVERSITY PRESS

## 内容提要

移动购物行为及其执行意向是消费者、场景、环境、技术与服务等多项因素系统驱动的结果,只有整合这些复杂因素,初步探索消费者情感与态度变化、行为驱动的关键机制,进而才能揭示移动消费行为规律。因此,本书结合定性与定量研究方法,揭示了移动购物行为执行意向的作用机理、关联演化机制,这有利于建立以消费者为中心的移动购物情景感知、价值共创、个性化推荐与服务的共生型商业综合体,这对数字化场景变革具有重要的社会与理论意义。

本书既可作为高等院校管理学、情报学、新闻传播学、心理学、社会学等相关专业的学术研究与教学参考用书,也可作为电子商务、营销管理与服务机构工作人员的参考用书。

**图书在版编目(CIP)数据**

移动购物行为及其执行意向机制研究 / 王林等著.
—上海:上海交通大学出版社,2021.10
ISBN 978-7-313-25281-4

Ⅰ.①移… Ⅱ.①王… Ⅲ.①网上购物-消费者行为
论-影响因素-研究 Ⅳ.①F713.365.2

中国版本图书馆 CIP 数据核字(2021)第 164198 号

**移动购物行为及其执行意向机制研究**
YIDONG GOUWU XINGWEI JIQI ZHIXING YIXIANG JIZHI YANJIU

著　　者:王　林 等
出版发行:上海交通大学出版社　　　　地　　址:上海市番禺路 951 号
邮政编码:200030　　　　　　　　　　电　　话:021-64071208
印　　刷:上海天地海设计印刷有限公司　经　　销:全国新华书店
开　　本:710mm×1000mm　1/16　　印　　张:15.75
字　　数:282 千字
版　　次:2021 年 10 月第 1 版　　　　印　　次:2021 年 10 月第 1 次印刷
书　　号:ISBN 978-7-313-25281-4
定　　价:69.00 元

本研究承国家社会科学基金项目"基于执行意向的网购行为关联演化模型与个性化推荐策略研究"资助（编号：17BGL089），特此致谢！

# 前　言

　　网购已经成为人们的一种生活方式。然而,传统互联网背景下网购红利正逐渐消失,亟待电子商务的创新与生态价值重塑,长期主义、价值共创与共生理念成为当下解决发展问题的关键共识。淘汰落后销售模式、淘汰落后产能、以消费者为中心重构生态网、打通工厂与消费者之间的通路等新举措激活了新实体经济、新金融、新能源、新技术。通过移动电子商务有力地提升了存量增值,使其占据了大部分市场。随着后工业时代的商业模式变迁,移动电子商务在帮助消费者完成商品买卖和交易服务过程的同时,越来越重视其社交化、精准化、个性化、内容化、场景化。首先,社交工具连接了消费者网络,建立了初始信任,形成了基于兴趣共同体的社群;其次,在此基础上发展起来的移动 O2O 模式打通了线上与线下消费者全渠道,扩大了供需匹配市场空间,激活了基于位置服务和实时互动的共享服务、社交电商、直播电商、工厂电商等新兴移动电子商务模式。例如,移动电子商务在新冠危机下创新性地解决了大量产品滞销的问题,实现了传统商务向移动电子商务的变迁,这缩短了决策路径,也增强了消费者互动体验。因此,移动购物将更加盛行,消费者掌握着话语权、主动权,其购物的情景线索、行为目标以及目标导向的行为反应等认知规律对于获得消费者认同和忠诚行为具有极其重要的作用,这将影响到企业能否提供更加优质、及时的服务,从而关系到移动商务在激烈的竞争中能否赢返消费者,是获得持续竞争优势的关键。所以,本书基于当前亟待解决的科学和实践问题展开系列研究,相关研究成果将为移动电子商务的个性化推荐、精准营销、移动网络口碑传播策略实施等提供理论指导和实践参考。

本书在文献调研和文献计量的基础上,利用扎根理论、实证研究、数据挖掘等方法,借鉴计算机科学、心理学、管理学、情报学、传播学、社会学等多学科研究方法论与理论成果,保证移动购物行为相关研究的科学性和系统性。

本书主要分为理论回顾与文献计量、影响因素、作用机理、关联机制、个性化推荐策略及理论总结六部分。第一,在前期研究成果基础上,通过理论演绎、文献计量方法,探索移动购物行为的本质、热点主题及其综合性影响因素;第二,基于视觉复杂度和移动技术能力视角,探索移动商务背景下的网购行为执行意向的影响机制;第三,从时空感知的角度,探讨时间遵从、空间拥挤感、心理成本与网购行为执行意向的关系;第四,探索移动购物行为执行意向的关联演化机制,揭示情景线索与目标导向的行为反应之间的匹配规律,并进一步探索二者的动态匹配如何激活行为执行意向;第五,在此基础上,通过质性分析和机器学习方法,进一步验证网购行为执行意向的影响机制;第六,利用计算实验方法,对移动购物行为执行意向的机制进行部分验证及尚需改进的算法作进一步探讨。

移动购物行为执行意向是消费者、场景、环境、技术与服务等多项因素系统驱动的结果,其研究和实践领域有望跨界整合,助推移动购物行为的基础性应用研究。首先,移动购物行为的综合影响因素为行为执行意向理论的实证分析和数据挖掘提供了前期理论基础的支撑。其次,移动购物行为执行意向的作用机制及关联演化机制的研究取得突破性进展,使执行意向理论从体育、营养健康、教育、神经科学进入到移动电子商务领域,奠定了在移动商务情景下消费者行为研究的理论基础。另外,移动购物行为执行意向的认知规律是行为科学领域的新突破,其有助于探索新兴移动电子商务面临的消费者行为变迁、演化等问题。一是移动购物行为执行意向的作用机制超越了传统电商环境下的购物因素,需要统合消费者心理与行为、移动环境与时空要素、技术焦虑与接受因素,开发移动购物行为激活与消费感知场景,掌握消费者情感与态度变化、行为驱动的关键因素,从而理解移动情景下的消费者行为规律。二是行为执行意向的关联、演化机制有助于揭示情景线索与目标导向的行为反应之间的匹配规律,从而有利于建立以消费者为中心的移动购物情景感知、价值共创、个性化推荐与服务的共生型商业综合体,这对数字化场景变革也具有重要的社会与理论意义。

本书编写得到了国家社会科学基金项目"基于执行意向的网购行为关联演

化模型与个性化推荐策略研究"(编号:17BGL089)的资助。

　　本书由王林拟定大纲,赵杨负责撰写工作的组织与协调。各章的撰写具体分工如下:第1章王林、赵杨,第2章王林、赵杨、范登科、叶星辰、程思寒,第3章王林、赵杨、马秀文、向欣欣,第4章王林、赵杨、马爽、张柔柔,第5章王志华、王林,第6章王晓颖、王林,第7章王林、罗杭立,第8章张柔柔、王林、赵杨,第9章王林、王志华、范登科、潘一如,第10章张柔柔、向欣欣、王林,第11章王林、赵杨。全书由王林修改统稿。王林、赵杨、张柔柔、王志华、王晓颖、赵萌、高华霞等承担了校对工作。

　　在项目立项和研究的过程中,我们得到全国哲学社会科学规划办公室及评审组各位专家的大力支持,得到东北大学科技处的关怀与指导,在此表示衷心的感谢! 此外,我们还要感谢对本项目成果进行鉴定、给予我们宝贵意见的同行专家;感谢参与本项目问卷调查的所有调查者,以及参与实验的各位被试;感谢给予热情指导和技术支持的苏锋、杨勇、董邵伟、张晓飞、张跃先、李慢、赵煜辉、赵斐、刘浩、王东海、程雪、唐慧洁;感谢上海交通大学出版社人文社科分社首席编辑提文静老师的支持和辛勤付出。正是得到各方的大力支持、指导、帮助、建议、鼓励和参与,本书才得以顺利出版。

　　本书的撰写工作尽管付出了很多汗水和努力,但限于能力与水平,书中难免有错误和疏漏之处,还请读者朋友不吝指正!

王　林

于东北大学科技楼

2021 年 5 月 30 日

# 目　录

# 第1章 引 言

**【本章导读】**

本章介绍了移动购物行为研究的选题背景、相关研究基础现状及存在的问题，阐述了本书的研究内容、研究方法及研究成果的预期价值。

## 1.1 研究背景与意义

近年来，随着信息技术的飞速发展，人与人、人与物、物与物之间的连接越来越紧密，足不出户完成购物或服务已是一种常态，网购已经成为人们的一种生活方式。然而，传统互联网背景下网购红利正逐渐消失，亟待电子商务的创新与生态价值重塑，长期主义、价值共创与共生理念成为当下解决发展问题的关键共识。淘汰落后销售模式、淘汰落后产能、以消费者为中心重构生态网、打通工厂与消费者之间的通路等新举措激活了新实体经济、新金融、新能源（主要指云数据）、新技术（例如移动芯片、云计算、大数据、人工智能 AI）。在这样的背景下，伴随移动互联网的场景变革，指纹识别、人脸识别、声音识别等传感技术、AR 技术及区块链技术得到全面崛起，移动电子商务具有了随时随地、虚拟体验、灵活、简单、方便、安全、个性化等特点，深受人们的喜欢，其消费习惯也有了很大的改变和转移，它正逐步深入人们的日常生活、教育、娱乐、金融、购物、医疗、田间地头、餐饮、旅行住宿等全方位空间。因此，移动电子商务极大地激活了各类移动 App 平台的发展及电子商务服务业的崛起，有力地提升了存量增值，使其占据了大部分市场。

随着后工业时代的商业模式变迁，移动电子商务在帮助消费者完成商品买卖和交易服务过程的同时，越来越重视其社交化、精准化、个性化、内容化、场景化。移动购物的理论和实践告诉我们,信任感是移动端最为重要的行为驱动因素之一,是快速成交的关键。首先,社交工具连接了消费者网络,建立了初始信任,形成了基于兴趣共同体的社群,例如小红书 App 平台的笔记内容提高了消费者的黏性和移动口碑;其次,在此基础上发展起来的移动 O2O 模式打通了线上与线下消费者全渠道,这扩大了供需匹配市场空间,激活了基于位置服务和实时互动的共享服务、社交电商、直播电商、工厂电商等新兴移动电子商务模式。例如,2019 年底,突如其来的 COVID-19 新型冠状病毒疫情在全球爆发,倒逼消费者和商家快速适应新兴电子商务模式。一方面,这一重大疫情危机事件使消费者行为发生了明显变化。在疫情期间,众多的消费者开始适应无接触购物,尽量避开实体店购物,而且对商家的折扣等让利促销活动也变得不够敏感。例如,消费者购买口罩等防疫物资时,首选各种移动购物 App 平台,而且是否有现货以及能否及时送达是此时消费者决策的最关键因素之一,而价格、品牌等常规决策因素在恐慌性购物中被严重忽略。同时,生活类电商在这一时期发挥了重要的作用,消费者通过本地 App 就能让很多生鲜企业送货到家或社区,这加速了新零售电商取代传统购物的趋势。另一方面,移动电子商务在新冠危机下创新性地解决了大量产品滞销的问题。例如,面对新冠疫情下农产品滞销问题,各大移动电商平台纷纷推出帮扶措施,帮助其上线 App 平台,加大各种补贴,同时商家在疫情防控期间,通过淘宝、京东、快手、抖音、拼多多、考拉海购、蘑菇街、唯品会、小红书、小程序直播等平台迅速提升了电商渗透率,带来了流量增量,实现了传统商务向移动电子商务的变迁,这缩短了决策路径,也增强了消费者互动体验。因此,随着全球化竞争的加剧、产业互联网与消费互联网的深度融合,下沉社群、挖掘基于小程序的私域流量增量、消费升级与分级、新国货、新消费、新市场、跨境电商、智能化、垂直化与生态化等话题成为移动购物行为领域的热点主题。

总而言之,移动购物将更加盛行,消费者掌握着话语权、主动权,其购物的情景线索、行为目标以及目标导向的行为反应等认知规律对于获得消费者认同和忠诚行为具有极其重要的作用,这将影响到企业能否提供更加优质、及时的服务,从而关系到移动商务在激烈的竞争中能否赢返消费者,是获得持续竞争优势的关键,这是当前亟待解决的科学和实践问题。因此,本书结合国家社会科学基金项目研究课题,探索移动购物行为执行意向的影响因素及关联演化规律,旨在掌握移动购物行为的认知与演化机制,为移动电子商务的个性化推荐、精准营销、移动网络口碑传播策略实施等提供理论指导和实践参考。

## 1.2　移动购物行为相关理论基础与研究现状

### 1.2.1　移动购物的网络基础——社会化媒体营销及主要理论观点

　　网络已成为知识创造和消费不可替代的来源,而社交媒体网络的迅速兴起使营销人员面临一个关键问题,即如何利用其为企业创造价值(Yadav et al.,2013)。研究发现,在社交媒体网络下,目标驱动、高质量的内容(知识价值)、建立关系的互动环境(社会价值)以及符合其原则(文化价值)的自治社区文化等特征为在线社群创造了共同价值,提升了其参与度、忠诚度和可持续性(Mina,2012)。

　　社会化媒体网络能增强企业与消费者的联系,在客户获利能力和品牌营销方面具有特别明显的作用。一方面,随着社会化媒体网络的日益兴起,消费者行为在网络空间留下数字化痕迹,这推动了消费者行为的预测和消费能力的不断增长。由此,在社会化媒体环境中,基于实时需求、口碑信息、复杂网络和互动社群的消费者力量来源呈现多元化(Labrecque et al.,2013)。这种变化使社交媒体上的消费者活动更加频繁,消费者可以通过直接交流和间接参与增强其购买决策的话语权和成就感(Xia,Chunling & Yujie,2012),从而降低了消费者购买的心理障碍和交易敏感性,增强了企业的客户获利能力(Rishika et al.,2013),这种消费者行为的变化要求企业重新考虑社会化媒体营销策略对其的影响。另一方面,消费者越来越依赖社交媒体来了解陌生的品牌(Naylor,Lamberton & West,2012)。Ashley 和 Tuten(2015)指出品牌应重视其在社交媒体上的内容更新频率,鼓励消费者的参与动机,提高品牌的社交存在价值。研究发现,社交媒体的使用与品牌关系质量呈正相关,并且在较高的拟人化感知上,影响更为明显(Hudson et al.,2016)。近年来,越来越多的品牌企业在社交媒体上建立了自己的品牌社区,它对社交网络价值创造、社群参与度、印象管理和品牌使用等方面具有积极的影响(Laroche et al.,2012)。

### 1.2.2　移动购物的应用基础——移动服务与营销相关研究

　　1) 移动服务模式的形成及特点

　　随着移动设备和虚拟移动应用向数字服务领域的快速发展,移动商务、移动应用、移动社交、移动流媒体、移动钱包和虚拟助理等移动服务新模式应运而生,客户每天使用移动应用程序与朋友联系、购物、获取信息和支付。Melumad 等人(2019)发现,智能手机(与PC相比)生成的内容通常更情绪化,因为人们在编写较短的内容时倾向于优先考虑情绪信息。同样,Ransbotham等人(2019)的研究表明,通过移动设备生成的口碑内容更具情感性和具体性。随着无线信号基础设施的改善,社交互动和视频流正从PC平台急剧转向移动平台,结合社交元素和流媒体内容的新移动平台吸引了相当多的消费者,这需要营销人员对消费者行为和消费差异有更深入的了解。为此,学术界开展了一系列的相关研究。

2) 移动服务营销模式及移动消费行为相关研究

在一篇关于移动营销的开创性文章中,Balasubramanian等人(2002)提出了移动商务的概念(M-commerce),认为它是一种新兴的商业模式,能为客户提供任何时间、任何地点浏览产品和购物的灵活性(Balasubramanian Peterson & Jarvenpaa,2002)。近年来,由于移动设备对位置跟踪精度的提高,使营销人员能够捕获特定位置内客户的移动轨迹,通过具体位置、时间、环境和社会因素等移动数据可以预测个体行为模式的变化。Ghose等人(2019)研究发现,基于轨迹的目标定位不仅提高了顾客当前购物过程的效率,而且促使顾客改变未来的购物模式。另外,虽然移动设备能捕获情景信息和客户行为,使营销人员能够了解客户意图、购买路径、决策过程和即时需求,然而,移动数据包含各种类型的非结构化数据,需要更复杂的分析和解释方法。随着机器学习和深度学习算法的发展,一些研究探索了移动目标的效果、内容推广(Grewal et al.,2018;Hui et al.,2013;Fong et al.,2015;Ho & Lim,2018)以及在位置和天气等客户超背景下的最佳移动营销效果(Andrews et al.,2016;Li et al.,2017)。研究发现,感知有用性、易用性、用户技能(Koivumaeki et al.,2006)、系统质量、信息质量、服务质量、用户界面、感知风险、感知安全性、信任倾向等变量是用户接受移动服务的前因,而态度、用户满意度、行为意向和忠诚度与移动商务的信任有着密切的关系(Sarkar Chauhan & Khare,2020)。

随着客户在移动设备上花费更多时间进行内容消费,研究移动渠道如何推动业务绩效非常重要。Ghose等人(2013)探索发现,由于移动设备的屏幕更小,客户的搜索成本更高。客户与移动渠道的互动也会影响实体购物行为。Hui等人(2013)发现,发送一张移动优惠券,会导致计划外支出大幅增加。同时,Fong等人(2019)认为这种移动定位促销具有潜在的排挤效应,由于定向广告减少了顾客对非目标产品类别的搜索行为。类似的研究还有Grewal等人(2018)利用眼动跟踪技术发现,手机的使用会分散购物者的注意力,导致他们花更多的时间在商店里浏览产品。

3）移动购物的品牌信誉传播服务研究

随着网红电商、直播电商、AR 增强现实技术和人工智能的商业化，新的移动营销正在兴起。移动营销的互动性和个性化特征激活了移动新渠道中的客户行为模式，掌握手机等移动设备在线上与线下全渠道购物中的影响至关重要。此外，品牌应用程序的推出可能会对公司的估值和业务流程改革产生深远影响，导致在企业管理和金融领域出现未经探索的跨学科领域。移动设备创造了各种互动功能，使品牌能够以更加个性化和及时的方式与客户沟通。Kim 等人（2015）认为，采用移动 App 提高了消费者的品牌购买行为。已有研究尽管在探索用户采用和移动产品的使用方面做出了大量努力，但许多重要的课题仍然缺乏对移动营销环境下的品牌信誉、口碑传播及社交因素等的系统性研究。

### 1.2.3　移动购物研究的学术基础——全球学者、机构及期刊影响力

1）数据来源及分析平台

为了揭示全球移动购物相关研究的现状，本书从 Web of Science（WOS）平台核心数据库中选定 SCI 和 SSCI 数据库为数据来源，共获得 756 篇移动购物相关研究文献，借助国内文献计量在线分析平台（https://bibliometric.com/♯home）进行文献分析。该平台获得 2013 年中国科学院国家科学图书馆三等奖，其主要功能有文献总量分析、合作关系分析（纵观科研小圈子）、影响力分析（定位高影响力期刊，机构与科学家）、关键词分析（把握热门研究话题）和引用关系分析等。

2）移动购物研究的全球文献数量变化

如图 1-1 所示，从 2000 年到 2010 年，移动购物的相关研究文献数量处于较低的水平，从 2012 年到 2018 年移动购物的文献数量急剧增加，从 2019 年开始，专门研究移动购物的文献数量开始减缓，这可能是随着社交化电商、直播电商、工业电商等的新兴电子商务的快速增长，吸引了大量学者投入到更加细分的移动商务的研究中。

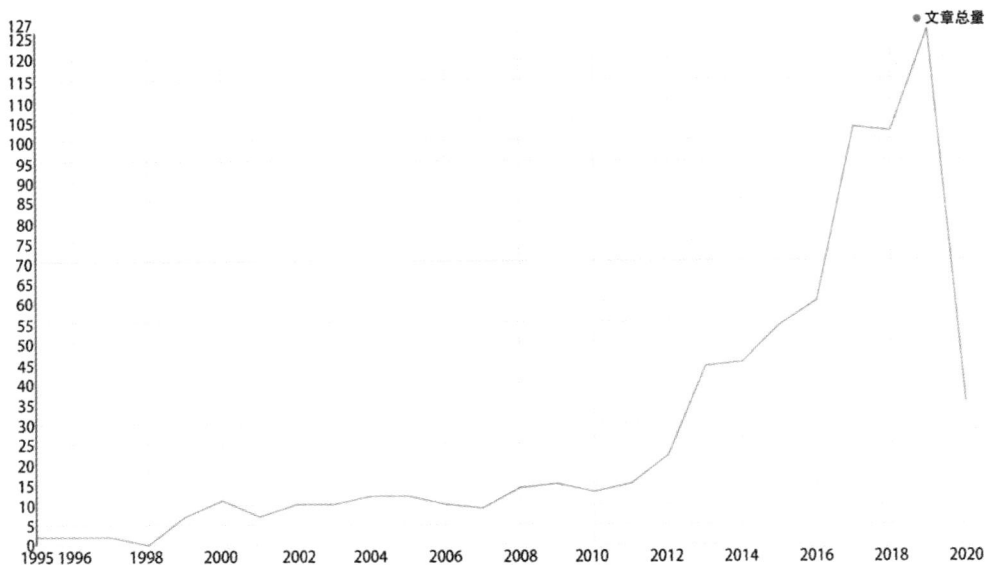

图 1－1　历年移动购物相关研究文献数量变化图（1995—2019）

3）移动购物研究的全球主要机构影响力分析

如表 1－1 所示，美国西北大学（Northwestern University）、得克萨斯农工大学（Texas A&M University）、布尔戈斯大学（西班牙语：Universidad De Burgos，简称：UBU）、韩国国立忠北大学（Chungbuk Natl University）、延世大学（Yonsei University）、莫纳什大学（Monash University）、英国密德萨斯大学（Middlesex University）、法国商务学院（France Business School）、雷恩第一大学（University Rennes 1）、台湾科技大学（Taiwan University Science & Technol）等机构在移动购物研究中处于全球领先水平，其总被引次数均在 29 次以上，以第一署名的被引次数较高的机构为布尔戈斯大学、美国西北大学和韩国国立忠北大学等。

表 1－1　移动购物相关研究的主要机构影响力一览表（截至 2019 年 12 月，TOP100）

| 序号 | 机构名 | 文章总数 | 总被引用次数 | 平均被引次数 | 一作总数 | 一作被引次数 | 一作平均被引 |
|------|--------|----------|--------------|--------------|----------|--------------|--------------|
| 1 | Northwestern Univ | 2 | 66 | 33 | 1 | 33 | 33 |
| 2 | Texas A&M Univ | 5 | 44 | 8.8 | 3 | 22 | 7.33 |

（续表）

| 序号 | 机构名 | 文章总数 | 总被引用次数 | 平均被引次数 | 一作总数 | 一作被引次数 | 一作平均被引 |
|------|--------|----------|--------------|--------------|----------|--------------|--------------|
| 3 | Univ Burgos | 8 | 40 | 5 | 8 | 40 | 5 |
| 4 | Chungbuk Natl Univ | 3 | 35 | 11.67 | 2 | 30 | 15 |
| 5 | Yonsei Univ | 5 | 35 | 7 | 2 | 0 | 0 |
| 6 | Monash Univ | 7 | 32 | 4.57 | 2 | 15 | 7.5 |
| 7 | Middlesex Univ | 7 | 31 | 4.43 | 4 | 19 | 4.75 |
| 8 | France Business Sch | 1 | 31 | 31 | 1 | 31 | 31 |
| 9 | Univ Rennes 1 | 1 | 31 | 31 | 0 | 0 | 0 |
| 10 | Taiwan Univ Sci & Technol | 5 | 29 | 5.8 | 3 | 29 | 9.67 |
| 11 | Univ W Florida | 4 | 27 | 6.75 | 0 | 0 | 0 |
| 12 | Temple Univ | 4 | 26 | 6.5 | 2 | 13 | 6.5 |
| 13 | Univ Tasmania | 5 | 23 | 4.6 | 4 | 23 | 5.75 |
| 14 | Univ N Texas | 2 | 22 | 11 | 1 | 14 | 14 |
| 15 | Vrije Univ Amsterdam | 1 | 22 | 22 | 0 | 0 | 0 |
| 16 | Mkt Sci Inst | 1 | 22 | 22 | 0 | 0 | 0 |
| 17 | 7 Eleven | 1 | 22 | 22 | 0 | 0 | 0 |
| 18 | Macys | 1 | 22 | 22 | 0 | 0 | 0 |
| 19 | Kyung Hee Univ | 8 | 21 | 2.63 | 7 | 13 | 1.86 |
| 20 | Univ Valencia | 5 | 19 | 3.8 | 2 | 19 | 9.5 |
| 21 | Swansea Univ | 5 | 19 | 3.8 | 2 | 15 | 7.5 |
| 22 | Univ Manchester | 6 | 17 | 2.83 | 5 | 17 | 3.4 |
| 23 | Zhejiang Univ Finance & Econ | 3 | 17 | 5.67 | 3 | 17 | 5.67 |

（续表）

| 序号 | 机构名 | 文章总数 | 总被引用次数 | 平均被引次数 | 一作总数 | 一作被引次数 | 一作平均被引 |
|---|---|---|---|---|---|---|---|
| 24 | Brandenburg Univ Technol Cottbus Senftenberg | 6 | 16 | 2.67 | 5 | 13 | 2.6 |
| 25 | Univ Maryland | 4 | 15 | 3.75 | 1 | 12 | 12 |
| 26 | Newcastle Univ | 8 | 14 | 1.75 | 2 | 0 | 0 |
| 27 | Univ Tunku Abdul Rahman | 4 | 14 | 3.5 | 4 | 14 | 3.5 |
| 28 | Univ Illinois | 7 | 13 | 1.86 | 1 | 0 | 0 |
| 29 | Univ Connecticut | 4 | 13 | 3.25 | 1 | 0 | 0 |
| 30 | Fudan Univ | 3 | 13 | 4.33 | 1 | 13 | 13 |
| 31 | Sichuan Univ | 2 | 13 | 6.5 | 0 | 0 | 0 |
| 32 | Natl Inst Technol | 4 | 12 | 3 | 4 | 12 | 3 |
| 33 | Lund Univ | 4 | 12 | 3 | 2 | 6 | 3 |
| 34 | Univ Pablo de Olavide | 1 | 11 | 11 | 0 | 0 | 0 |
| 35 | Natl Chung Hsing Univ | 4 | 11 | 2.75 | 4 | 11 | 2.75 |
| 36 | Aarhus Univ | 2 | 10 | 5 | 2 | 10 | 5 |
| 37 | Natl Sun Yat Sen Univ | 3 | 10 | 3.33 | 2 | 8 | 4 |
| 38 | Univ Rostock | 6 | 10 | 1.67 | 3 | 0 | 0 |
| 39 | Aston Business Sch | 1 | 10 | 10 | 0 | 0 | 0 |
| 40 | EBC Univ | 1 | 10 | 10 | 0 | 0 | 0 |
| 41 | IESEG Sch Management | 2 | 10 | 5 | 1 | 5 | 5 |
| 42 | Melbourne Business Sch | 1 | 10 | 10 | 0 | 0 | 0 |
| 43 | Pablo de Olavide Univ | 1 | 9 | 9 | 0 | 0 | 0 |

（续表）

| 序号 | 机构名 | 文章总数 | 总被引用次数 | 平均被引次数 | 一作总数 | 一作被引次数 | 一作平均被引 |
|---|---|---|---|---|---|---|---|
| 44 | Louisiana State Univ | 3 | 9 | 3 | 0 | 0 | 0 |
| 45 | SP Jain Inst Management & Res | 4 | 9 | 2.25 | 4 | 9 | 2.25 |
| 46 | Wawasan Open Univ | 1 | 9 | 9 | 1 | 9 | 9 |
| 47 | Jalan Univ | 1 | 9 | 9 | 0 | 0 | 0 |
| 48 | Bandar Univ Teknol Legenda | 1 | 9 | 9 | 0 | 0 | 0 |
| 49 | Natl Chi Nan Univ | 1 | 8 | 8 | 0 | 0 | 0 |
| 50 | Middle Tennessee State Univ | 1 | 8 | 8 | 1 | 8 | 8 |
| 51 | Overseas Chinese Inst Technol | 2 | 8 | 4 | 1 | 0 | 0 |
| 52 | Victoria Univ Wellington | 1 | 8 | 8 | 1 | 8 | 8 |
| 53 | Yeungnam Univ | 2 | 8 | 4 | 1 | 8 | 8 |
| 54 | Tech Univ Carolo Wilhelmina Braunschweig | 1 | 8 | 8 | 1 | 8 | 8 |
| 55 | Steinbeis Univ | 1 | 8 | 8 | 1 | 8 | 8 |
| 56 | Univ Wisconsin | 3 | 7 | 2.33 | 2 | 4 | 2 |
| 57 | Natl Changhua Univ Educ | 2 | 7 | 3.5 | 2 | 7 | 3.5 |
| 58 | Cranfield Sch Management | 3 | 7 | 2.33 | 0 | 0 | 0 |
| 59 | Univ Jammu | 1 | 7 | 7 | 1 | 7 | 7 |
| 60 | Cent Univ Jammu | 1 | 7 | 7 | 0 | 0 | 0 |

（续表）

| 序号 | 机构名 | 文章总数 | 总被引用次数 | 平均被引次数 | 一作总数 | 一作被引次数 | 一作平均被引 |
|---|---|---|---|---|---|---|---|
| 61 | Tampere Univ Technol | 1 | 6 | 6 | 1 | 6 | 6 |
| 62 | Shingyeong Univ | 1 | 6 | 6 | 1 | 6 | 6 |
| 63 | Chodang Univ | 1 | 6 | 6 | 0 | 0 | 0 |
| 64 | Univ Arkansas | 5 | 6 | 1.2 | 2 | 5 | 2.5 |
| 65 | Harbin Inst Technol | 3 | 6 | 2 | 3 | 6 | 2 |
| 66 | Babson Coll | 3 | 6 | 2 | 2 | 3 | 1.5 |
| 67 | Stockholm Sch Econ | 2 | 6 | 3 | 0 | 0 | 0 |
| 68 | Univ Gothenburg | 3 | 6 | 2 | 1 | 0 | 0 |
| 69 | Nanjing Univ | 5 | 5 | 1 | 2 | 5 | 2.5 |
| 70 | Korea Univ | 4 | 5 | 1.25 | 3 | 5 | 1.67 |
| 71 | Univ Cent Florida | 2 | 5 | 2.5 | 1 | 5 | 5 |
| 72 | UCSI Univ | 2 | 5 | 2.5 | 0 | 0 | 0 |
| 73 | Thapar Univ | 3 | 5 | 1.67 | 2 | 5 | 2.5 |
| 74 | Univ Houston Victoria | 1 | 5 | 5 | 1 | 5 | 5 |
| 75 | Northern Illinois Univ | 1 | 5 | 5 | 0 | 0 | 0 |
| 76 | Univ West Florida | 1 | 5 | 5 | 0 | 0 | 0 |
| 77 | Nova Southeastern Univ | 2 | 5 | 2.5 | 1 | 3 | 3 |
| 78 | Florida Atlantic Univ | 1 | 5 | 5 | 0 | 0 | 0 |
| 79 | Sultan Qaboos Univ | 1 | 5 | 5 | 0 | 0 | 0 |
| 80 | Univ Namur | 1 | 5 | 5 | 0 | 0 | 0 |

（续表）

| 序号 | 机构名 | 文章总数 | 总被引用次数 | 平均被引次数 | 一作总数 | 一作被引次数 | 一作平均被引 |
|---|---|---|---|---|---|---|---|
| 81 | Hankuk Univ Foreign Studies | 1 | 5 | 5 | 0 | 0 | 0 |
| 82 | Univ Calif Berkeley | 2 | 4 | 2 | 2 | 4 | 2 |
| 83 | City Univ Hong Kong | 8 | 4 | 0.5 | 2 | 1 | 0.5 |
| 84 | Univ Michigan Flint | 1 | 4 | 4 | 1 | 4 | 4 |
| 85 | Univ Rhode Isl | 2 | 4 | 2 | 0 | 0 | 0 |
| 86 | Natl Univ Singapore | 7 | 4 | 0.57 | 4 | 2 | 0.5 |
| 87 | Natl Chengchi Univ | 3 | 4 | 1.33 | 2 | 4 | 2 |
| 88 | Tech Univ Ilmenau | 7 | 4 | 0.57 | 4 | 3 | 0.75 |
| 89 | MIT | 6 | 4 | 0.67 | 3 | 2 | 0.67 |
| 90 | Hong Kong Polytech Univ | 10 | 4 | 0.4 | 5 | 3 | 0.6 |
| 91 | Simon Fraser Univ | 2 | 4 | 2 | 0 | 0 | 0 |
| 92 | Univ East Anglia | 2 | 4 | 2 | 1 | 2 | 2 |
| 93 | Univ Tennessee | 2 | 4 | 2 | 0 | 0 | 0 |
| 94 | Univ Winchester | 1 | 4 | 4 | 1 | 4 | 4 |
| 95 | Univ Mississippi | 3 | 4 | 1.33 | 1 | 2 | 2 |
| 96 | Univ Warwick | 1 | 4 | 4 | 1 | 4 | 4 |
| 97 | Univ Tech Braunschweig | 1 | 4 | 4 | 1 | 4 | 4 |
| 98 | Texas Christian Univ | 1 | 4 | 4 | 0 | 0 | 0 |
| 99 | Soochow Univ | 2 | 4 | 2 | 0 | 0 | 0 |
| 100 | SMART Technol | 1 | 4 | 4 | 1 | 4 | 4 |

4) 移动购物研究的全球主要学者影响力分析

如表 1-2 所示,移动购物研究的代表性学者有 San-Martin、Wang、Malthouse、Krishnamurthi、Agrebi、Jallais、Ko、Kim、Lee、Lu 等。其中在前 100 位学者中,有 69 位学者的文献总被引次数在 10 次以上,最高达 40 次;第一作者或通讯作者中,San-Martin、Wang、Agrebi、Ko、Lu 等学者的文献被引较高,但也有很多作者的文献引用很少,甚至为零。

表 1-2　移动购物研究的全球主要学者影响力一览表(截至 2019 年 12 月,TOP100)

| 序号 | 作者名 | 文章总数 | 总被引用次数 | 平均被引次数 | 一作总数 | 一作被引次数 | 一作平均被引 | 通讯作者数 | 通讯文章被引 |
|---|---|---|---|---|---|---|---|---|---|
| 1 | San-Martin, S | 8 | 40 | 5 | 6 | 35 | 5.83 | 5 | 35 |
| 2 | Wang, RJH | 1 | 33 | 33 | 1 | 33 | 33 | 1 | 33 |
| 3 | Malthouse, EC | 1 | 33 | 33 | 0 | 0 | 0 | 0 | 0 |
| 4 | Krishnamurthi, L | 1 | 33 | 33 | 0 | 0 | 0 | 0 | 0 |
| 5 | Agrebi, S | 1 | 31 | 31 | 1 | 31 | 31 | 1 | 31 |
| 6 | Jallais, J | 1 | 31 | 31 | 0 | 0 | 0 | 0 | 0 |
| 7 | Ko, E | 1 | 30 | 30 | 1 | 30 | 30 | 0 | 0 |
| 8 | Kim, EY | 1 | 30 | 30 | 0 | 0 | 0 | 1 | 30 |
| 9 | Lee, EK | 1 | 30 | 30 | 0 | 0 | 0 | 0 | 0 |
| 10 | Lu, HP | 1 | 29 | 29 | 1 | 29 | 29 | 0 | 0 |
| 11 | Su, PYJ | 1 | 29 | 29 | 0 | 0 | 0 | 1 | 29 |
| 12 | Shankar, V | 2 | 22 | 11 | 1 | 22 | 22 | 1 | 22 |
| 13 | Kleijnen, M | 1 | 22 | 22 | 0 | 0 | 0 | 0 | 0 |
| 14 | Ramanathan, S | 1 | 22 | 22 | 0 | 0 | 0 | 0 | 0 |
| 15 | Rizley, R | 1 | 22 | 22 | 0 | 0 | 0 | 0 | 0 |
| 16 | Holland, S | 1 | 22 | 22 | 0 | 0 | 0 | 0 | 0 |
| 17 | Morrissey, S | 1 | 22 | 22 | 0 | 0 | 0 | 0 | 0 |
| 18 | Lopez-Catalan, B | 2 | 20 | 10 | 0 | 0 | 0 | 0 | 0 |

（续表）

| 序号 | 作者名 | 文章总数 | 总被引用次数 | 平均被引次数 | 一作总数 | 一作被引次数 | 一作平均被引 | 通讯作者数 | 通讯文章被引 |
|---|---|---|---|---|---|---|---|---|---|
| 19 | Aldas-Manzano, J | 1 | 19 | 19 | 1 | 19 | 19 | 0 | 0 |
| 20 | Ruiz-Mafe，C | 1 | 19 | 19 | 0 | 0 | 0 | 1 | 19 |
| 21 | Sanz-Blas，S | 1 | 19 | 19 | 0 | 0 | 0 | 0 | 0 |
| 22 | Williams，MD | 3 | 19 | 6.33 | 0 | 0 | 0 | 0 | 0 |
| 23 | Gao，LL | 1 | 18 | 18 | 1 | 18 | 18 | 1 | 18 |
| 24 | Waechter，KA | 1 | 18 | 18 | 0 | 0 | 0 | 0 | 0 |
| 25 | Bai，XS | 1 | 18 | 18 | 0 | 0 | 0 | 0 | 0 |
| 26 | Yang，SQ | 3 | 17 | 5.67 | 3 | 17 | 5.67 | 2 | 13 |
| 27 | Wei，JN | 2 | 16 | 8 | 0 | 0 | 0 | 1 | 4 |
| 28 | Dwivedi，YK | 3 | 15 | 5 | 0 | 0 | 0 | 1 | 0 |
| 29 | Prodanova，J | 2 | 15 | 7.5 | 0 | 0 | 0 | 0 | 0 |
| 30 | Blazquez，M | 1 | 14 | 14 | 1 | 14 | 14 | 1 | 14 |
| 31 | Yang，K | 2 | 14 | 7 | 1 | 14 | 14 | 2 | 14 |
| 32 | Forney，JC | 1 | 14 | 14 | 0 | 0 | 0 | 0 | 0 |
| 33 | Tan，GWH | 3 | 14 | 4.67 | 1 | 3 | 3 | 0 | 0 |
| 34 | Ooi，KB | 3 | 14 | 4.67 | 0 | 0 | 0 | 1 | 3 |
| 35 | Chung，N | 4 | 13 | 3.25 | 0 | 0 | 0 | 1 | 0 |
| 36 | Luo，XM | 2 | 13 | 6.5 | 1 | 0 | 0 | 1 | 0 |
| 37 | Lu，XH | 2 | 13 | 6.5 | 0 | 0 | 0 | 1 | 13 |
| 38 | Jimenez，N | 4 | 13 | 3.25 | 1 | 1 | 1 | 2 | 1 |
| 39 | Gross，M | 4 | 13 | 3.25 | 4 | 13 | 3.25 | 4 | 13 |
| 40 | Kim，MJ | 3 | 13 | 4.33 | 3 | 13 | 4.33 | 2 | 5 |
| 41 | Lee，CK | 3 | 13 | 4.33 | 0 | 0 | 0 | 1 | 8 |
| 42 | Preis，MW | 3 | 13 | 4.33 | 0 | 0 | 0 | 0 | 0 |
| 43 | Huang，L | 1 | 13 | 13 | 1 | 13 | 13 | 0 | 0 |
| 44 | Ba，SL | 1 | 13 | 13 | 0 | 0 | 0 | 0 | 0 |
| 45 | Fong，NM | 1 | 13 | 13 | 1 | 13 | 13 | 0 | 0 |

（续表）

| 序号 | 作者名 | 文章总数 | 总被引用次数 | 平均被引次数 | 一作总数 | 一作被引次数 | 一作平均被引 | 通讯作者数 | 通讯文章被引 |
|---|---|---|---|---|---|---|---|---|---|
| 46 | Fang，Z | 1 | 13 | 13 | 0 | 0 | 0 | 1 | 13 |
| 47 | Ozok，AA | 1 | 12 | 12 | 1 | 12 | 12 | 1 | 12 |
| 48 | Marriott，HR | 2 | 12 | 6 | 2 | 12 | 6 | 2 | 12 |
| 49 | Pantano，E | 2 | 12 | 6 | 2 | 12 | 6 | 0 | 0 |
| 50 | Wei，J | 2 | 12 | 6 | 0 | 0 | 0 | 0 | 0 |
| 51 | Sohn，S | 3 | 12 | 4 | 3 | 12 | 4 | 3 | 12 |
| 52 | Priporas，CV | 1 | 12 | 12 | 0 | 0 | 0 | 1 | 12 |
| 53 | Hew，JJ | 2 | 11 | 5.5 | 2 | 11 | 5.5 | 1 | 9 |
| 54 | Tojib，D | 3 | 10 | 3.33 | 1 | 5 | 5 | 1 | 5 |
| 55 | Lai，JY | 1 | 10 | 10 | 1 | 10 | 10 | 1 | 10 |
| 56 | Debbarma，S | 1 | 10 | 10 | 0 | 0 | 0 | 0 | 0 |
| 57 | Ulhas，KR | 1 | 10 | 10 | 0 | 0 | 0 | 0 | 0 |
| 58 | Natarajan，T | 2 | 10 | 5 | 2 | 10 | 5 | 2 | 10 |
| 59 | Balasubramanian，SA | 2 | 10 | 5 | 0 | 0 | 0 | 0 | 0 |
| 60 | Kasilingam，DL | 2 | 10 | 5 | 0 | 0 | 0 | 0 | 0 |
| 61 | Hubert，M | 1 | 10 | 10 | 1 | 10 | 10 | 0 | 0 |
| 62 | Blut，M | 1 | 10 | 10 | 0 | 0 | 0 | 0 | 0 |
| 63 | Brock，C | 1 | 10 | 10 | 0 | 0 | 0 | 0 | 0 |
| 64 | Backhaus，C | 1 | 10 | 10 | 0 | 0 | 0 | 1 | 10 |
| 65 | Eberhardt，T | 1 | 10 | 10 | 0 | 0 | 0 | 0 | 0 |
| 66 | Danaher，PJ | 1 | 10 | 10 | 1 | 10 | 10 | 1 | 10 |
| 67 | Smith，MS | 1 | 10 | 10 | 0 | 0 | 0 | 0 | 0 |
| 68 | Ranasinghe，K | 1 | 10 | 10 | 0 | 0 | 0 | 0 | 0 |
| 69 | Danaher，TS | 1 | 10 | 10 | 0 | 0 | 0 | 0 | 0 |
| 70 | Ramon-Jeronimo，MA | 1 | 9 | 9 | 0 | 0 | 0 | 0 | 0 |

（续表）

| 序号 | 作者名 | 文章总数 | 总被引用次数 | 平均被引次数 | 一作总数 | 一作被引次数 | 一作平均被引 | 通讯作者数 | 通讯文章被引 |
|---|---|---|---|---|---|---|---|---|---|
| 71 | Thakur，R | 4 | 9 | 2.25 | 4 | 9 | 2.25 | 4 | 9 |
| 72 | Badaruddin，MNBA | 1 | 9 | 9 | 0 | 0 | 0 | 0 | 0 |
| 73 | Moorthy，MK | 1 | 9 | 9 | 0 | 0 | 0 | 0 | 0 |
| 74 | Wong，CH | 1 | 9 | 9 | 1 | 9 | 9 | 0 | 0 |
| 75 | Lin，BS | 1 | 9 | 9 | 0 | 0 | 0 | 1 | 9 |
| 76 | Rigby，D | 1 | 8 | 8 | 1 | 8 | 8 | 0 | 0 |
| 77 | Wu，JH | 1 | 8 | 8 | 1 | 8 | 8 | 1 | 8 |
| 78 | Wang，M | 1 | 8 | 8 | 0 | 0 | 0 | 0 | 0 |
| 79 | Park，S | 5 | 8 | 1.6 | 4 | 2 | 0.5 | 2 | 1 |
| 80 | Jih，WJK | 1 | 8 | 8 | 1 | 8 | 8 | 1 | 8 |
| 81 | Lee，SF | 1 | 8 | 8 | 0 | 0 | 0 | 0 | 0 |
| 82 | Barnes，SJ | 1 | 8 | 8 | 1 | 8 | 8 | 1 | 8 |
| 83 | Kim，DJ | 2 | 8 | 4 | 0 | 0 | 0 | 0 | 0 |
| 84 | Seegebarth，B | 1 | 8 | 8 | 0 | 0 | 0 | 0 | 0 |
| 85 | Moritz，M | 1 | 8 | 8 | 0 | 0 | 0 | 0 | 0 |
| 86 | Beck，N | 1 | 8 | 8 | 1 | 8 | 8 | 1 | 8 |
| 87 | Rygl，D | 1 | 8 | 8 | 0 | 0 | 0 | 0 | 0 |
| 88 | Kim，C | 1 | 8 | 8 | 1 | 8 | 8 | 0 | 0 |
| 89 | Li，W | 1 | 8 | 8 | 0 | 0 | 0 | 0 | 0 |
| 90 | Lee，S | 3 | 7 | 2.33 | 2 | 7 | 3.5 | 2 | 7 |
| 91 | Yang，WS | 1 | 7 | 7 | 1 | 7 | 7 | 1 | 7 |
| 92 | Cheng，HC | 1 | 7 | 7 | 0 | 0 | 0 | 0 | 0 |
| 93 | Dia，JB | 1 | 7 | 7 | 0 | 0 | 0 | 0 | 0 |
| 94 | Dennis，C | 4 | 7 | 1.75 | 2 | 7 | 3.5 | 2 | 7 |
| 95 | Papagiannidis，S | 3 | 7 | 2.33 | 1 | 0 | 0 | 0 | 0 |
| 96 | Bourlakis，M | 3 | 7 | 2.33 | 0 | 0 | 0 | 0 | 0 |

（续表）

| 序号 | 作者名 | 文章总数 | 总被引用次数 | 平均被引次数 | 一作总数 | 一作被引次数 | 一作平均被引 | 通讯作者数 | 通讯文章被引 |
|---|---|---|---|---|---|---|---|---|---|
| 97 | Alamanos，E | 3 | 7 | 2.33 | 0 | 0 | 0 | 1 | 0 |
| 98 | Gupta，A | 1 | 7 | 7 | 1 | 7 | 7 | 1 | 7 |
| 99 | Arora，N | 1 | 7 | 7 | 0 | 0 | 0 | 0 | 0 |
| 100 | Chen，YG | 1 | 7 | 7 | 0 | 0 | 0 | 0 | 0 |

5）移动购物研究的主要期刊影响力分析

如表 1－3 所示，移动购物文献数量处于前 10 的期刊分别是 *Journal of Retailing and Consumer Services*、*Psychology & Marketing*、*Computers in Human Behavior*、*Industrial Management & Data Systems*、*Journal of Retailing*、*Internet Research*、*International Journal of Mobile Communications*、*Journal of Interactive Marketing*、*Journal of Marketing Research*、*Journal of Computer Information Systems*，其中，*Journal of Retailing and Consumer Services* 期刊文章总数和总被引次数均处于领先，但在平均被引次数方面并未保持较高水平。

表 1－3　移动购物研究的全球主要期刊影响力一览表（截至 2019 年 12 月，TOP50）

| 序号 | 期刊名 | 文章总数 | 总被引用次数 | 平均被引次数 |
|---|---|---|---|---|
| 1 | *Journal of Retailing and Consumer Services* | 36 | 122 | 3.39 |
| 2 | *Psychology & Marketing* | 6 | 57 | 9.5 |
| 3 | *Computers in Human Behavior* | 16 | 47 | 2.94 |
| 4 | *Industrial Management & Data Systems* | 6 | 41 | 6.83 |
| 5 | *Journal of Retailing* | 1 | 33 | 33 |
| 6 | *Internet Research* | 1 | 29 | 29 |
| 7 | *International Journal of Mobile Communications* | 9 | 28 | 3.11 |
| 8 | *Journal of Interactive Marketing* | 4 | 26 | 6.5 |
| 9 | *Journal of Marketing Research* | 2 | 23 | 11.5 |

（续表）

| 序号 | 期刊名 | 文章总数 | 总被引用次数 | 平均被引次数 |
|------|--------|----------|--------------|--------------|
| 10 | *Journal of Computer Information Systems* | 3 | 21 | 7 |
| 11 | *International Journal of Electronic Commerce* | 4 | 19 | 4.75 |
| 12 | *Journal of Business Research* | 12 | 18 | 1.5 |
| 13 | *Telematics and Informatics* | 7 | 18 | 2.57 |
| 14 | *Electronic Commerce Research* | 6 | 15 | 2.5 |
| 15 | *Journal of Electronic Commerce Research* | 3 | 14 | 4.67 |
| 16 | *Electronic Commerce Research and Applications* | 10 | 14 | 1.4 |
| 17 | *Information & Management* | 3 | 14 | 4.67 |
| 18 | *International Journal of Information Management* | 5 | 13 | 2.6 |
| 19 | *International Journal of Retail & Distribution Management* | 7 | 13 | 1.86 |
| 20 | *Personal and Ubiquitous Computing* | 10 | 10 | 1 |
| 21 | *Expert Systems with Applications* | 8 | 10 | 1.25 |
| 22 | *Journal of Organizational Computing and Electronic Commerce* | 2 | 9 | 4.5 |
| 23 | *Technological Forecasting and Social Change* | 4 | 9 | 2.25 |
| 24 | *Information Systems and E-Business Management* | 5 | 9 | 1.8 |
| 25 | *International Journal of Tourism Research* | 2 | 9 | 4.5 |
| 26 | *International Journal of Human-Computer Interaction* | 3 | 8 | 2.67 |
| 27 | *Harvard Business Review* | 1 | 8 | 8 |
| 28 | *Decision Support Systems* | 8 | 7 | 0.88 |
| 29 | *Journal of Marketing* | 2 | 6 | 3 |
| 30 | *Journal of Services Marketing* | 3 | 5 | 1.67 |
| 31 | *Mis Quarterly* | 1 | 5 | 5 |
| 32 | *Service Science* | 1 | 5 | 5 |

（续表）

| 序号 | 期刊名 | 文章总数 | 总被引用次数 | 平均被引次数 |
|---|---|---|---|---|
| 33 | *Appetite* | 1 | 3 | 3 |
| 34 | *Journal of Advertising Research* | 1 | 3 | 3 |
| 35 | *Service Industries Journal* | 4 | 3 | 0.75 |
| 36 | *Zeitschrift Fur Evaluation* | 3 | 3 | 1 |
| 37 | *Handheld and Ubiquitous Computing，Proceedings* | 2 | 3 | 1.5 |
| 38 | *Tourism Management* | 4 | 3 | 0.75 |
| 39 | *Technology in Society* | 2 | 3 | 1.5 |
| 40 | *Asia Pacific Journal of Marketing and Logistics* | 3 | 3 | 1 |
| 41 | *Jmir Mhealth and Uhealth* | 10 | 2 | 0.2 |
| 42 | *Ibm Journal of Research and Development* | 3 | 2 | 0.67 |
| 43 | *International Journal of Social Robotics* | 2 | 2 | 1 |
| 44 | *Behaviour & Information Technology* | 3 | 2 | 0.67 |
| 45 | *Applied Geography* | 1 | 2 | 2 |
| 46 | *Ieee Transactions on Mobile Computing* | 7 | 2 | 0.29 |
| 47 | *Environment International* | 1 | 2 | 2 |
| 48 | *International Journal of Production Research* | 3 | 2 | 0.67 |
| 49 | *Operations Research* | 1 | 2 | 2 |
| 50 | *International Journal of Pattern Recognition and Artificial Intelligence* | 1 | 2 | 2 |

6）移动购物研究的关键词及扩展关键词分析

（1）关键词分析。从图1－2可知，与移动购物研究密切相关的关键词为移动购物、移动商务、智能手机、电子商务、在线购物、信任、模型、风险感知、移动计算、移动应用、机器学习、移动市场、移动设备等。其中，从2014年至2019年，移动购物和在线购物的研究出现井喷式发展，表明移动购物的应用实践引起了学者们浓厚的研究兴趣。

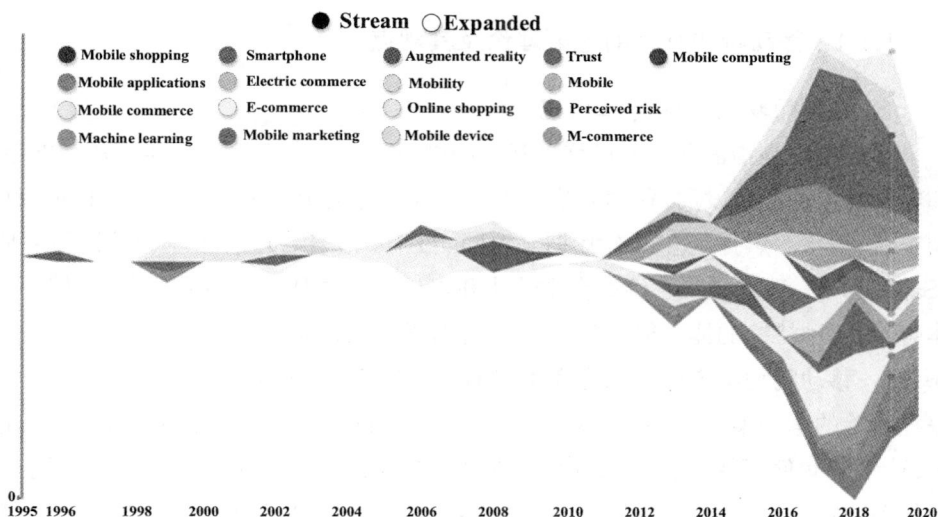

图 1-2　移动购物相关研究的关键词变化情况示意图

（2）扩展关键词分析。如图 1-3 所示，从 2012 年到 2019 年，移动购物研究中出现了一些扩展关键词，其中"框架""满意度""商务""意向""可接受度"等都出现了连续增长势头。这表明，移动购物在技术引领下，通过服务不断得到消费者的信任和认可，产生了技术接受模型的升级、优化等新的研究课题。

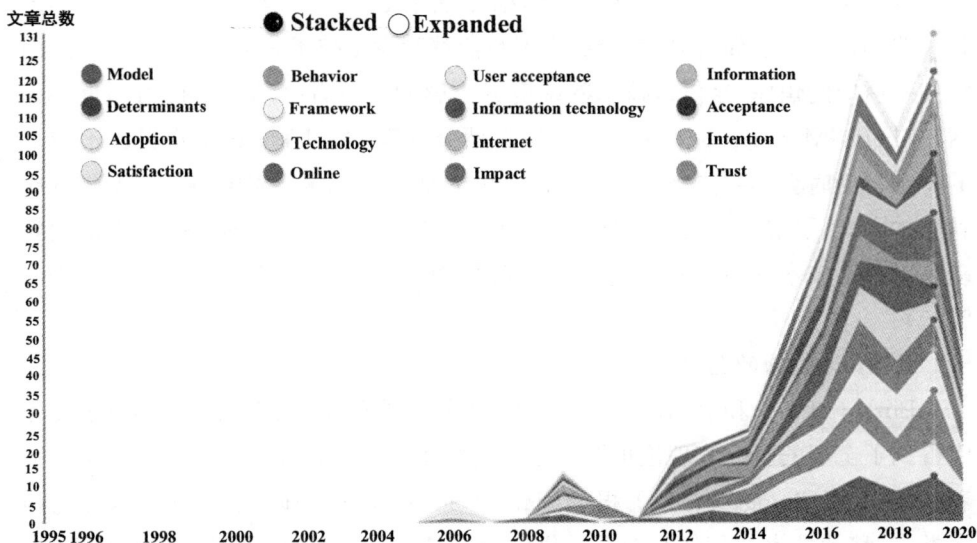

图 1-3　移动购物相关研究的扩展关键词变化情况示意图

### 1.2.4　移动购物行为的主要理论及其观点

**1) 移动购物渠道的特征研究**

移动购物是指消费者通过移动互联网进行的电子商务活动。伴随社交网络和电子商务的融合发展,移动购物越来越呈现出有别于传统电子商务的特征:移动技能、娱乐、焦虑、感知有用性、认同、推荐、信任、关系驱动和创新性等(Saprikis et al.,2018)。例如在个性化和娱乐氛围中使消费者获得更好的愉悦体验,而这种持续的体验能促使其产生更加强烈的冲动性购买行为(Liu et al.,2019)。移动购物渠道已经成为商家与消费者互相连接的重要媒介,是提升客户旅程体验的电子渠道接触点(Wagner et al.,2018),大量研究也从移动商务理论、移动中间件、无线用户基础设施、移动商务应用等方面试图更好地了解用户的移动购物。研究发现,感知 Web——移动渠道的信息一致性会显著影响消费者对移动渠道的感知服务质量和沉浸体验,进而影响消费者的移动购物行为(施亮,鲁耀斌,杨水清,2017)。然而,大多数研究通常关注移动服务及采纳意愿,而对移动购物行为特征的挖掘,以及在移动情景下购物渠道对消费行为的系统研究比较鲜见。因此,识别影响移动购物渠道的关键因素,有助于相关企业制定目标导向的商业战略,提高客户忠诚度。

**2) 移动购物的技能熟练度研究**

近年来,移动设备集成了很多传感器和智能芯片,在移动购物中发挥了越来越重要的作用。然而,消费者全面掌握智能移动设备技术并不容易,大多数人面临技术适应的焦虑,这使得技术熟练度成为影响消费者移动购物行为的重要因素(Albert,Moehrle & Meyer,2015)。研究发现,人们在尝试实现自己不擅长的特定行为时会感到焦虑(Lu & Su,2009),而一旦克服技术障碍就会增强其成就感。因此,了解移动技能对感知享受和感知有用性有积极的作用,如果消费者缺乏对移动技术的自我认知将会显著降低对享受和有用性的认知(Lu & Su,2009)。

**3) 移动购物的信任研究**

Butler(1991)和 Barber(1983)提出的信任,在经济学、市场营销和电子商务中得到了全面的研究和理论扩展。移动购物作为电子商务的一个新兴分支面临着信任问题(Chong,2013)。根据 Siau 和 Shen(2003)的研究,信任可以分为两大类:对移动技术的信任和对移动供应商的信任,这两类信任可以整合起来,为移动供应商找到持续的信任。在移动商务中,由于无线环境中的数据交易,消费者面临更高的安全和隐私风险(Chong et al.，2010)。因此,在移动商务中,获得客户信任是一项特别艰巨的任务,它对客户的决策行为有着重大影响(Lee & Park，2013)。研究表明,信任是移动购物者获取信息和产生购买意图的重要前因(Lu et al.，2010)。与消费者建立起最初的信任对于移动电子商务至关重要,因为消费者对传统电商的信任既直接影响其对移动购物的初始信任,又通过移动情景下的感知有用性和结构性保障因素间接影响移动购物的初始信任(万君,李静,赵宏霞,2015)。研究发现,基于迁移的线索(包括对网络购物服务的信任和功能一致性)与基于性能的线索(包括移动信息质量和移动服务质量)对移动购物初始信任有显著影响(Yang，2016)。以往研究表明,能力、正直和仁慈增加了消费者对实体店和网店的信任,它能对移动购物决策产生积极影响,并且不同购物渠道之间存在信任转移(Chang et al.，2019)。刘百灵、徐伟和夏惠敏(2018)研究发现,基于移动购物应用特征的感知质量、感知交互和感知愉悦能显著提高消费者的信任;基于个体特质的涉入度和自我效能对消费者信任产生积极影响,而且专注度和涉入度能减缓其对个人隐私的担忧。

4) 移动购物的焦虑研究

焦虑对移动购物行为有重要的抑制作用(Bailey et al.，2017)。研究发现,消费者对使用IT的焦虑主要集中在个人使用技术相关工具的能力和意愿上(Mcfarland & Hamilton，2006)。由于移动购物中的新颖性和独特性,消费者可能对其产生恐慌和焦虑(Yang & Forney，2013),而焦虑情绪增强了对移动支付的负面影响(Bailey et al.，2017)。进一步研究也表明,情绪上的矛盾在支付阶段加剧了移动购物者的焦虑,导致购物车被遗弃(Huang et al.，2018)。在移动环境中,消费者对使用数据服务的焦虑更高。因为在这种以技术为中介的环境中,交易失败或丢失的责任可能并不明确,消费者对与货币交易相关的服务更加敏感,这可能会损失金钱或使个人信息泄露,导致其焦虑情绪增加(Hourahine & Howard，2004)。郑称德等学者(2012)指出,移动购物者情绪上的焦虑感对于感知易用性产生负面影响,不可小觑。另外,考虑到移动设备个性化的特性,隐私和安全问题也正在增加(郑称德,刘秀,杨雪,2012)。

5) 移动购物意愿的促进与抑制因素

随着各种移动购物App的全面普及,移动购物迎来巨大的市场发展空间,洞悉移动购物者的消费行为将是移动商务的立足点。研究发现,移动购物的采纳具有促进因素和抑制因素,其中,促进因素包括时间压力(刘梦玮,汤定娜,2018)、移动感知无处不在、感知的个性化、感知的情境提供、移动技术适应与消费积极情绪(何军红,李仲香,杜尚蓉,2018),抑制因素包括感知的风险和感知的费用(陆敏玲,曹玉枝,鲁耀斌,2012)。然而,以往有关移动购物意愿的研究主要集中于决策复杂度、决策者特质或情绪,少有对决策场景进行深入探讨,研究发现,当场景与决策任务使消费者启动的思维模式相一致时,会提升决策流畅度,降低延迟选择(黄敏学,王薇,2019)。

## 1.3　本书的研究内容

在移动购物时代,无论是网络原住民还是新迁移人群都不约而同地拥抱网络,以消费者为中心的品牌社群正逐步掌握着话语权、主动权、谈判权,参与感成为这个时代的客户声音,影响着价值共创、客户获利能力和品牌信誉,各种移动服务新模式应运而生。随着大数据、云计算、区块链和人工智能等先进技术在移动商务领域的应用,基于消费者的空间位置、时间、社交情感、环境和社会情景等移动数据,预测消费者行为模式变化具有了现实的可能性,这有力地推动了移动购物绩效的挖潜工作。为此,学术界在探索用户采用和移动产品的使用方面做出了大量努力,初步获得了移动购物采纳意愿的影响因素。然而,一方面,移动技能、信任迁移、焦虑感等诸多因素对移动购物行为的影响机制随着消费渠道的融合和技术的渗透变得更加复杂,许多重要的课题仍然缺乏对移动营销环境下的移动购物行为的系统性研究。另一方面,以往有关移动购物行为的研究主要集中于决策复杂度、决策者特质或情绪,鲜有基于移动购物场景对移动购物行为进行深入探讨。因此,通过探索移动购物情景线索、行为目标以及目标导向的行为反应等认知规律,可以发现移动购物行为的系统性影响因素,这对于商家改善客户关系管理,以及获得消费者认同和忠诚行为都具有极其重要的作用。下面对移动购物行为相关研究主题进行简要阐述,以便于读者了解本书的核心思想。

1) 移动购物行为的本质、热点主题及其影响因素

移动购物作为移动商务的一个应用分支,其新兴的购物途径存在巨大的商业潜力,受到企业和消费者的青睐。然而,现有研究对移动购物行为的特征缺乏系统性认识。因为移动购物行为受到复杂情景、移动技术及消费者心理等因素的综合影响,传统电商情景下的购物行为理论难以解读移动购物行为特征。同时,由于智能化技术的广泛应用,移动购物行为与传统网购行为有着显著的区别和联系,探究其影响因素已成为国内外学者、管理实践及媒体智库关注的热点课题。因此,本书将用两章内容来分析这些问题,首先,通过文献计量和聚类分析,

获得全球学者和中国学者关于移动购物行为影响因素的研究成果;其次,通过移动电商实践智库报告的文本挖掘、关联分析和扎根分析,获得中国实践背景下移动购物行为影响因素的研究成果;最后,整理 WOS 全球学者、CSSCI 中国学者及媒体智库等观点,全方位审视移动购物行为的综合影响因素。

2) 移动购物行为执行意向的内涵、作用机理问题

在早期的行为科学研究领域,行为意向通常被作为行为的预测因素,但近年来的大量研究表明,即使是强烈的行为意向与随后的行为之间也存在着巨大的差距。研究发现,减少这种意向—行为差距的一个有效策略是形成执行意向(Gollwitzer,1993),它是最接近实际行为的预测变量,也是行为意向转化为实际行为的中介变量(Hall et al.,2012)。综合以往研究成果,执行意向是个体以行动目标为导向,通过连接情景线索和目标导向反应,建立行为意向和实际行为之间联系的中介变量(Norman et al.,2019)。也就是说,它通过强化认知记忆来增强个体情景线索识别能力,在一定的情景或条件刺激下,执行意向被自动、有效并且无意识地启动,它是一种行为临界状态,更能预测实际行为发生的可能性。计划是人类的重要特征之一,它可使我们自觉地预想未来和选择合适的行为反应(Tolman,1949)。执行意向利用这一特征,通过前瞻性记忆提醒个体某种情景是否适合目标导向行为,从而构造他们将在这种情景中去完成的行为,这就需要个体想象重要的情景和行为,这种想象带来的精神刺激过程可能导致个体在长期记忆中增强了行为的稳定性(Driskell Copper & Moran,1994)。由此可知,执行意图对前瞻记忆的影响不仅是自动的,而且涉及一个复杂的自动和受控过程的相互作用(Bugg et al.,2013;Burkard et al.,2014;Chen et al.,2015)。因此,人们可能使用形成执行意向的自我调节策略做出更好的消费决策,并促进这些决定转化为行动。它是一种行为临界状态,在捕捉消费者移动购物心理方面,执行意向比行为意向更有效(Belanger-Gravel et al.,2013)。因此,本书将基于执行意向理论,分别从情景感知视角和时空感知视角,探索移动购物行为执行意向的作用机理,为行为科学理论的发展和实践提供进一步的理论支撑与实践参考。

3) 移动购物行为执行意向的关联演化问题与预测问题

执行意向又称为"如果—那么"计划,以 if-then 格式指定何时、何地以及如何对给定目标采取行动,其有效性假设基于两个过程(Gollwitzer,1999;Duckworth et al.,2011)。首先,一旦个体的行为目标被激活,"如果"部分中的心理表征和情景线索就变得非常容易理解;其次,"那么"部分中目标导向的行为

反应与情景线索之间建立了紧密的联系。认知过程研究发现,心理对比激发了目标追求,并在未来的心理表征和情景线索与行为反应之间建立了强有力的联系(Kappes et al.,2012,2013;Kappes & Oettingen,2014)。

个体可以学习各种各样的情景信息,包括局部、全局信息、空间、特征线索等,从而产生情景线索,加快视觉搜索速度。然而,这一过程中有些情景信息可以被构建到情景记忆中去,受到视觉刺激的特征以及行为执行意向的影响。例如,情景线索使个体更加容易察觉并抓住重要的情景特征,执行意向通过增强情景线索的接近性帮助个体识别采取行动的好机会(Aarts et al.,1999);当出现那些帮助人们更快抓住合适机会的具体线索时,关联线索更快并更有效地驱动个体的实际行为(Webb & Sheeran,2006)。目前,情景线索理论为行为执行意向机制的探索开启了研究的可能性。情景线索理论和执行意向理论打开了心理学、神经科学与管理学科交叉的诸多研究领域,将行为、认知和生理有机地结合起来,为行为科学的研究提供了新的视角和启示。最初的生理学与认知过程的发现,以及最近在概念化、建模、分析、生理和认知方法方面的进展,进一步表明情景线索和执行意向已被证明影响注意力和记忆过程,并能够自动控制行为反应的过程。而且,以往这些研究成果将行为、认知和生理视角联系起来,进一步提高了我们对情景线索和执行意向的作用机理的认识,也增强了对执行意向如何支持行动控制的理解。

然而,以往研究过于关注个体的微观行为与生理指标的变化,未能系统理清情景线索的影响因素,以及是否是注意力导向还是行为反应相关过程为作用机制。同时,以往大多采用实验研究,未能结合商业智能时代的商业与消费者需求展开移动购物行为的应用性研究。因此,本书将在前面研究的基础上,通过数据挖掘技术探索情景线索和行为反应的关联机制,进而找到移动购物行为执行意向的认知规律。

4)移动购物行为执行意向的实验研究

传统的实证方法可以解释变量之间的因果关系,但有些变量在其数据收集阶段比较容易受到参与者主观上的影响,从而影响到调查结果的真实性。眼动追踪法被广泛应用于消费者行为领域,然而,基于消费者主观感知视角下的移动购物行为神经网络预测研究还较为少见。因此,本书将利用问卷调查法与眼动追踪法相结合,通过质性分析和机器学习方法,探索移动购物行为执行意向的影响机制。研究结果将对电商平台和消费者具有一定的实践启示。

5）移动购物的个性化推荐应用研究

移动互联网时代，随时随地购物成为一种流行趋势，实时变化的场景自然会对消费者的购物产生巨大的影响，身边某个情景线索的变化就可能引起消费者购物决策的变化。个性化推荐作为"认知助手"，通过学习顾客的兴趣、偏好，考虑用户心情对购物决策的影响，在移动购物中获得极大的应用。情景线索在网购行为的研究中已经成为必要的考虑因素，情景的研究也逐渐引起学者的注意，邓晓懿等（2013）运用情景信息对用户聚类来改善推荐质量。但是，以往的研究大多注重于用户历史数据分析，而不是情景线索的挖掘。因此，本书将以情景线索作为一个特征要素加入个性化推荐方法研究中，以期提高个性化推荐的准确率与满意度，为个性化推荐领域提供新的行为预测方法。

## 1.4　本书的研究方法

为实现上述研究目标，我们在文献调研和文献计量的基础上，利用扎根分析方法、实证研究方法、数据挖掘方法，将定性与定量研究相结合，借鉴计算机科学、心理学、管理学、情报学、传播学、社会学等多学科研究成果，保证移动购物行为相关研究的科学性和系统性。具体方法如下：

（1）文献研究。收集国内外关于移动购物行为研究的文献，跟踪移动电子商务新业态、新模式，不断更新文献数据库，并利用 CiteSpace、SciMAT 等文献计量与可视化工具全面剖析移动购物行为的前沿主题、演化趋势，为移动购物行为的创新研究提供方向和路径。

（2）扎根理论。采集移动电子商务理论文献与实践智库报告，借助先进的文本挖掘方法对移动购物行为非结构化文本数据进行扎根分析，初步构建移动购物行为影响因素。

（3）调查法。分别对移动购物平台用户购物行为、基于情景感知和时空感知视角的移动购物行为执行意向作用机制进行调研。

（4）数据挖掘法。对移动购物行为智库报告文本进行自然语言处理，采用数据挖掘技术中的关联挖掘算法获得移动购物行为的关联性影响因素；同时，对移动购物的情景线索与行为反应进行关联挖掘，获得移动购物行为执行意向的认知匹配机制。

（5）眼动追踪与心理实验法。眼动追踪法被广泛应用于消费者行为领域，但基于消费者主观感知视角下的移动购物行为神经网络预测的研究还较为鲜见。

我们以 69 名大学生作为被试,利用眼动追踪和心理实验法相结合来收集数据,通过眼动质性分析和机器学习方法,探索网购行为执行意向的影响机制。

(6)计算实验法。移动购物的兴起激活了个性化推荐的实践应用,特别是在商业智能中的应用日益突出,传统的个性化推荐方案大多是技术或商品数据导向,很少以揭示用户心理特征为导向。本书设计一种基于情景的移动购物个性化推荐算法,以改善移动购物中的个性化推荐效果。我们以亚马逊公开数据集为例,进行个性化推荐计算实验,验证其算法效果。

## 1.5 本书的预期价值

在理论方面,我们着力于在移动互联网、5G 技术、人工智能技术等新兴商务模式变革背景下,构建移动购物行为研究的理论框架,融合人文与计算思维,开启多学科交叉合作,推进移动购物行为研究成果在实践中的应用与反馈,促进行为科学与多学科深度融合发展。在实践方面,系统认识移动购物行为的发生、演化机制,总结移动购物行为的认知规律、影响因素和关联机制,有利于移动电子商务的个性化推荐、个性化服务、个性化定制等应用优化,增强移动服务品质,从而带动基于移动购物的品牌信誉、网红电商影响力的重塑,从而为移动商务治理、可持续发展及生态价值网络打造提供价值主张,改善客户关系,增强与消费者的情感依恋。

总之,本书中有关理论方面的内容可为电子商务、营销学、信息管理等专业学术研究提供理论参考;实证研究和实验成果可为相关企业和机构的电子商务管理部门提供决策参考。

# 第 2 章　移动购物行为研究热点及演化机制研究
## ——基于国内外知识图谱分析

【本章导读】

　　本章我们主要利用 HistCite、CiteSpace、VOSviewer 和 SciMAT 软件对移动购物相关文献进行计量分析。主要进行如下内容的探索:利用 VOSviewer 软件构建并形成具有一大派系特征的移动购物共词网络;利用 CiteSpace 软件探索移动购物突现文献;借助 HistCite 软件平台生成引证关系图,利用 Pajek 软件构建移动购物文献主路径;探索并利用 SciMAT 软件追踪移动购物研究领域主题的动态演化规律。本章为移动购物的相关研究提供了全面、全新的研究视角,为移动购物的理论和实践应用研究提供了重要参考。

## 2.1　研究目的

　　随着互联网和移动技术的出现,移动购物由于其主动控制、个性化、普遍存在的连接性、同步性和响应性,受到消费者的青睐,它对客户参与度产生了重大影响(Alalwan et al.,2020)。研究表明,消费者的感知有用性、满意度和娱乐性会显著影响其持续使用移动购物的意愿(Bolen & Ozen,2020)。由于提供给消费者的各种搜索与购买选择渠道的多样化,移动购物行为变得越来越复杂。这引起了计算机科学、情报学、传播学、心理学、管理学、社会学等不同领域学者的研究兴趣。然而受到不同学科研究视野和范式的限制,关于移动购物行为的特征及理论观点非常繁杂,研究者很难从大量文献中提炼出有价值的前沿学术研究。知识图谱技术和文献计量学的发展帮助解决了这一问题,本章将通过大量的文献挖掘和可视化呈现,揭示移动购物行为研究的前沿热点问题,为后续研究及移动购物相关领域研究提供新的方法和启示。

## 2.2　研究方法与数据预处理

### 2.2.1　文献计量方法

文献计量学是一套用于探索、组织和定量分析大量科学文献的数学和统计技术(Zanjirchi，Abrishami & Jalilian，2019)。本章利用 CiteSpace 工具对移动购物行为研究文献进行科学计量分析,该软件是由美国德雷塞尔大学陈超美博士于 2004 年开发,主要用于文献计量与可视化分析(Chen，2004)。

### 2.2.2　知识图谱方法

本章主要利用 HistCite、CiteSpace、VOSviewer 和 SciMAT 对移动购物相关文献进行计量分析。其中,HistCite 叫引文图谱分析软件,该软件系 SCI 的发明人加菲尔德开发,它能够用图示的方式绘制出一个领域的发展历史,定位出该领域的重要文献,以及最新的重要文献(Bornmann & Marx，2012);CiteSpace是当今最流行的知识图谱绘制软件之一;VOSviewer 是一个用于构建文献可视化和文献计量网络的工具,它可以进行共同引用分析、文献耦合分析或共同作者关系构建,它还提供文本挖掘功能,可从可视化科学文献提取的重要术语中构建共现网络(Flis，2018);SciMAT 软件是一个开源的知识图谱绘制工具,支持数据预处理、网络精简、聚类、可视化图谱制作等多种功能,可获得战略图、聚类网络图、演进图、覆盖图 4 种图谱(Cobo，2012)。因此,我们利用这些科研工具对移动购物的共词网络、施引文献和被引文献、合作网络突现研究主题及标志性文献等进行全面分析,以期揭示移动购物研究热点及演化趋势。

### 2.2.3　战略图分析方法

Law 等于 1988 年提出了用"战略坐标"来描述某一研究领域内部的主题线索和领域间的相互影响情况(Law et al.，1988)。战略坐标是在建立共词矩阵和主题词聚类的基础上,用可视化的形式来表示产生的结果(冯璐,冷伏海,2006)。共词聚类是基于文献假设生成和知识发现的有力方法(Stegmann，2003),2012年西班牙格拉纳达大学(Universidad de Granada)利用该原理开发了 SciMAT软件,其战略图的形式在学科可视化演进方面独具特色(Castillo-Vergara et al.，2018)。

战略图是根据关键词的共现关系,按照一定方法将关键词分为若干个簇,每个簇代表一个研究主题,然后利用 SciMAT 探索聚类主题的内部联系和不同主题间的相互联系(Moral-Munoz et al.,2014)。SciMAT 绘制的战略图中有 3 个指标(密度、中心度和相关文献量),通过不同研究时区聚类主题的变化与主题关系的变化可以展示各研究主题的演化状态(Cobo et al.,2012)。在战略图中,横轴代表中心度,纵轴代表密度。中心度和密度构成了战略图的四个象限,可以进一步分析主题成熟度及主题热度等信息。在战略图中,中心度越大,表示该领域与其他领域的联系越强;密度越大,表示聚类内部关键词的联系越紧密。

### 2.2.4　数据来源与预处理

1) 数据来源

一方面,我们利用 CSSCI 的高级检索功能,在 2008—2019 年的区间中,将"移动"与 19 个和购物或购买行为相关的不同关键词进行组合检索,获得中国学者关于移动购物行为相关的研究文献数据。另一方面,我们利用 WOS 的高级检索功能,在 2008—2019 年的区间中使用 mobile shopping / mobile commerce / m-commerce/ social commerce / s-commerce / e-commerce / electronic commerce / mobile market / mobile app / mobile marketing / mobile advertising 这些关键词进行组合检索,获得国外主流期刊有关移动购物行为的相关文献数据。

2) 数据预处理

一方面,利用 CiteSpace 对中文文献数据进行除重处理,并转化为 txt 格式后,保留共计 1 088 篇中文文献。另一方面,利用 CiteSpace 将英文文献数据进行除重处理,并转化为 txt 格式后,保留共计 1 274 篇外文文献。

## 2.3　移动购物行为研究热点及演化研究

### 2.3.1　基于共词网络的移动购物行为研究热点及其演化

1) 基于 CSSCI 数据库的移动购物行为共词网络的研究热点分析

关键词用于作者客观、精炼地表达论文核心内容的映射主题,通常由表征本质内容的词组构成。挖掘文献关键词和摘要中的核心词语及短文本也是文本挖掘领域的核心工作,因为这有助于揭示文献研究主题中心性和演化趋势,共词网络能够较好地构建词汇复杂网络(王晓光,程齐凯,2013),使研究者更好地发现移动购物研究的热点及派系。因此,我们利用 VOSviewer 软件,将关键词最小共现阈值设为 40,对国内移动购物文献关键词和摘要文本进行了可视化分析。如图 2-1 所示,我们通过该软件构建并形成具有一大派系特征的共词网络,这个网络围绕"移动互联网""移动图书馆""移动支付"等节点形成相关的研究社区,其余网络尚未围绕某些特定节点形成相关的研究社区。

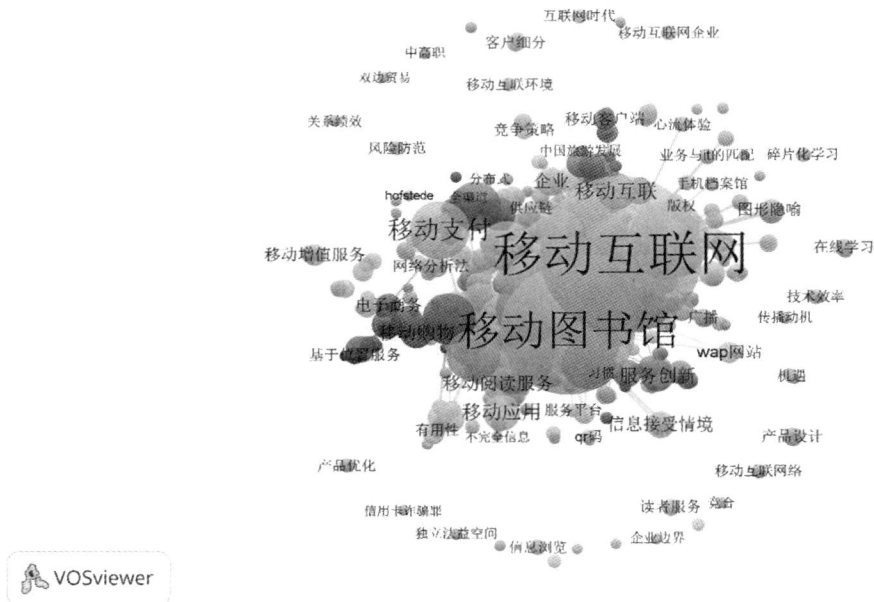

图 2-1　移动购物行为相关研究的国内共词网络

2)基于 WOS 数据库的移动购物行为共词网络的研究热点分析

我们利用 VOSviewer 软件,将关键词最小共现阈值设为 40,对国外移动购物文献关键词和摘要文本进行了可视化分析,构建并形成具有三大派系特征的共词网络。如图 2-2 所示,左侧网络围绕"信任""在线""行为"等节点形成相关的研究社区,右侧网络围绕"电子商务""网络""信息"等节点形成相关的研究社区,上方围绕"信息科技""移动商务""接受"等节点形成相关的研究社区。

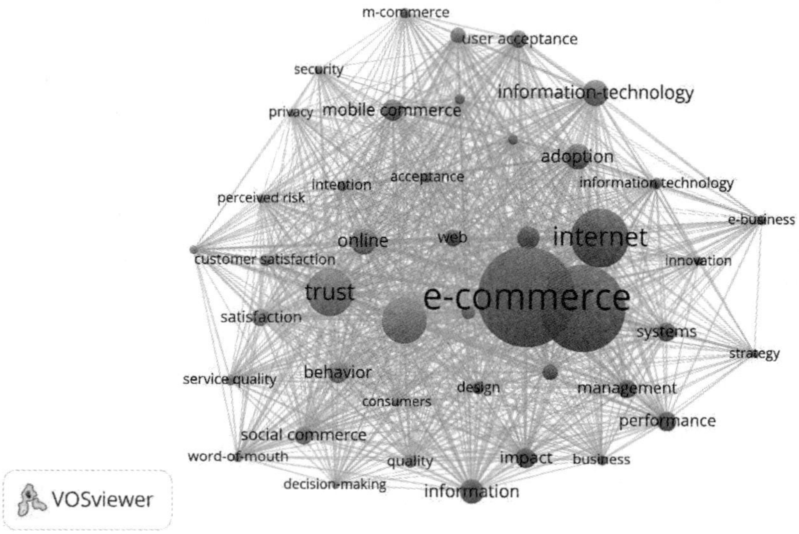

**图 2-2　移动购物行为相关研究的国外共词网络**

3) 核心词引用热度分析

在此基础上,我们利用 HistCite 软件进一步分析移动购物行为线索核心词的引用热度。如表 2-1 所示,"商务""电子化""移动化""社会""模型"等关键词的 TGCS(Total Global Citation Score)和 TLCS(Total Local Citation Score)值都较高,说明移动电子商务的实现方式与应用领域相关关键词的引用频次较高,单一的特征分析无法完整解析移动购物行为。移动购物行为的实现是复杂的心理和生理过程,目前大量文献通过实验和干预等手段探究不同变量对被试者的作用效果,这与图 2-2 的共词网络中的"信任""商务"有一定的契合度。因此,通过共词网络及关键词引用频次等的研究,我们可以看到,多维特征及特征关系的挖掘是移动购物行为研究的基础工作。

**表 2-1　移动购物行为研究核心关键词分布及其被引统计(TOP 30)**

| 排序 | 关键词 | 记录 | TLCS | TGCS | 排序 | 关键词 | 记录 | TLCS | TGCS |
|---|---|---|---|---|---|---|---|---|---|
| 1 | commerce 商务 | 2 494 | 4 241 | 49 951 | 16 | customer 顾客 | 93 | 300 | 4 151 |

（续表）

| 排序 | 关键词 | 记录 | TLCS | TGCS | 排序 | 关键词 | 记录 | TLCS | TGCS |
|---|---|---|---|---|---|---|---|---|---|
| 2 | electronic 电子化 | 598 | 996 | 14 701 | 17 | using 使用 | 91 | 66 | 829 |
| 3 | based 基于 | 284 | 333 | 4 391 | 18 | shopping 购物 | 90 | 242 | 1 617 |
| 4 | mobile 移动化 | 273 | 784 | 6 754 | 19 | empirical 经验主义 | 86 | 389 | 3 639 |
| 5 | social 社会 | 175 | 863 | 3 615 | 20 | information 信息 | 86 | 119 | 1 749 |
| 6 | model 模型 | 161 | 383 | 5 538 | 21 | case 案例 | 82 | 96 | 1 362 |
| 7 | business 商业 | 143 | 222 | 3 013 | 22 | systems 系统（复） | 81 | 93 | 1 564 |
| 8 | trust 信任 | 143 | 805 | 8 731 | 23 | framework 框架 | 79 | 161 | 1 370 |
| 9 | system 系统 | 126 | 72 | 1 259 | 24 | management 管理 | 79 | 78 | 1 202 |
| 10 | web 网络 | 126 | 234 | 3 237 | 25 | agent 代理 | 77 | 92 | 1 079 |
| 11 | adoption 应用 | 125 | 495 | 4 283 | 26 | approach 方法 | 75 | 82 | 822 |
| 12 | analysis 分析 | 118 | 192 | 2 252 | 27 | factors 因素 | 73 | 277 | 2 329 |
| 13 | consumer 消费者 | 109 | 483 | 4 811 | 28 | perspective 视角 | 72 | 147 | 1 214 |
| 14 | service 服务 | 95 | 78 | 1 071 | 29 | B2C 商家对顾客 | 69 | 196 | 2 442 |
| 15 | applications 手机应用 | 93 | 129 | 1 871 | 30 | online 在线 | 69 | 122 | 1 300 |

### 2.3.2　基于合作网络的移动购物行为研究热点主题类型及特征

1）基于 CSSCI 数据库的移动购物行为研究热点分析

如图 2‑3 所示，我们利用 CiteSpace 文献分析工具构建了作者合作网络。首先，对作者合作网络进行聚类并设计布局，使网络图更清晰、直观；其次，采用 LLR(Likelihood Rate)方法对聚类进行命名(Guo，Liu & Liu，2018)；最后，导出聚类特征，如表 2‑2 所示，整理形成了作者合作网络聚类主题及特征。

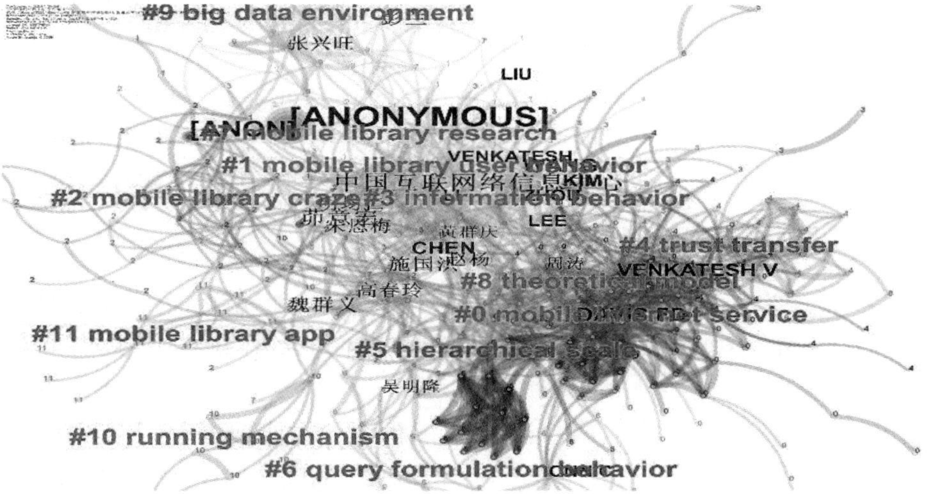

图 2‑3　国内作者合作网络热点主题

结合图 2‑3 和表 2‑2 内容可知，国内移动购物相关研究的作者主要聚焦于移动服务、移动互联网服务、购物意向、移动营销等研究主题，并围绕上述研究主题展开合作。近年来，移动购物的相关研究已经从传统的互联网相关内容逐步转向大数据、服务系统和推荐模型等新技术视角的研究，这说明大数据与人工智能相关产业的发展成果推动了相关基础应用研究，形成了多种学科交叉研究的社区，各种移动购物的研究成果在不同领域开始转化，相关研究更加注重消费者行为与体验。

表 2-2　移动购物国内相关研究作者合作网络热点主题聚类统计及特征分析

| 聚类序号 | 样本数量 | 代表年份 | 基于对数似然比(LLR)计算的聚类特征 |
|:---:|:---:|:---:|:---|
| 0 | 58 | 2011 | 移动互联网服务（1 273.38，1.0E-4）；使用背景（1 273.38，1.0E-4）；购物意向（1 273.38，1.0E-4）；近场移动支付（503.29，1.0E-4）；移动图书馆用户行为（322.93，1.0E-4）；实证研究（188.77，1.0E-4）；移动图书馆（185.77，1.0E-4） |
| 1 | 55 | 2015 | 移动图书馆用户行为（1 988.6，1.0E-4）；实证研究（411.4，1.0E-4）；影响因素（411.4，1.0E-4）；移动互联网服务（192.51，1.0E-4）；使用背景（192.51，1.0E-4）；购物意向（192.51，1.0E-4） |
| 2 | 49 | 2013 | 移动图书馆的痴迷（723.36，1.0E-4）；冷静反思（723.36，1.0E-4）；理性思考（342.39，1.0E-4）；移动图书馆服务（228.52，1.0E-4）；移动图书馆用户行为（209.85，1.0E-4）；比较分析（208.39，1.0E-4） |
| 3 | 36 | 2014 | 信息行为（361.87，1.0E-4）；移动社交应用（356.23，1.0E-4）；研究综述（356.23，1.0E-4）；基于定位的移动营销（263.41，1.0E-4）；文献综述（184.04，1.0E-4）；移动图书馆用户行为（81.77，1.0E-4）；移动互联网服务（62.44，1.0E-4）；使用背景（62.44，1.0E-4）；S意向（62.44，1.0E-4） |
| 4 | 36 | 2012 | 信托转让（654.63，1.0E-4）；移动环境（606.78，1.0E-4）；移动市场（287.88，1.0E-4）；实证研究（257.69，1.0E-4）；移动图书馆用户行为（95.6，1.0E-4）；文献综述（91.68，1.0E-4）；移动互联网服务（72.99，1.0E-4）；使用背景（72.99，1.0E-4）；S意向（72.99，1.0E-4） |
| 5 | 33 | 2011 | 分级量表（504.6，1.0E-4）；移动服务质量（504.6，1.0E-4）；多级模型（452.3，1.0E-4）；移动服务质量测量（452.3，1.0E-4）；实证研究（147.72，1.0E-4）；移动图书馆用户行为（79.29，1.0E-4） |
| 6 | 29 | 2015 | 查询公式行为（609.13，1.0E-4）；移动图书馆（550.66，1.0E-4）；搜索行为（173.69，1.0E-4）；服务质量感知（125.2，1.0E-4）；移动图书馆用户行为（60.98，1.0E-4）；比较分析（49.98，1.0E-4）；移动互联网服务（46.56，1.0E-4）；使用背景（46.56，1.0E-4）；S意向（46.56，1.0E-4） |

（续表）

| 聚类序号 | 样本数量 | 代表年份 | 基于对数似然比(LLR)计算的聚类特征 |
|---|---|---|---|
| 7 | 23 | 2015 | 移动图书馆研究（601.49，1.0E-4）；需求评价（148.8，1.0E-4）；移动图书馆（102.52，1.0E-4）；移动图书馆用户行为（26.52，1.0E-4）；移动互联网服务（20.25，1.0E-4）；使用背景（20.25，1.0E-4）；购物意向（20.25，1.0E-4） |
| 8 | 20 | 2012 | 理论模型（438.55，1.0E-4）；移动搜索（241.33，1.0E-4）；持续使用（241.33，1.0E-4）；验收行为（188.23，1.0E-4）；移动发布服务（188.23，1.0E-4）；实证研究（127.3，1.0E-4） |
| 9 | 15 | 2016 | 大数据环境（233.03，1.0E-4）；移动视觉搜索框架（229.74，1.0E-4）；基于数据的数字图书馆（229.74，1.0E-4）；移动视觉搜索游戏机制设计（164.27，1.0E-4）；语义相关性（116.92，1.0E-4）；服务聚合（116.92，1.0E-4）；移动视觉搜索资源（116.92，1.0E-4） |
| 10 | 11 | 2013 | 运行机构（90.33，1.0E-4）；学术图书馆（90.33，1.0E-4）；上下文感知移动服务（90.33，1.0E-4）；移动上下文感知服务系统（80.1，1.0E-4）；协作过滤推荐模型（39.68，1.0E-4）；云环境（39.68，1.0E-4）；移动信息服务（39.68，1.0E-4） |
| 11 | 11 | 2014 | 移动图书馆应用（124.48，1.0E-4）；用户信息采用行为（124.48，1.0E-4）；大学图书馆（92.59，1.0E-4）；移动服务（27.65，1.0E-4）；移动图书馆用户行为（7.46，0.01）；移动互联网服务（5.7，0.05）；使用背景（5.7，0.05）；购物意向（5.7，0.05） |

2）基于 WOS 数据库的移动购物行为研究热点分析

结合图 2－4 和表 2－3 内容可知，移动购物相关研究的作者主要聚焦于电子商务、消费者行为等主题，并围绕上述主题展开合作。近年来，移动购物的相关研究已经从传统的网站与美学设计逐步转向消费者心理与行为层面的探索，这说明移动终端和消费者研究的前期成果推动了基础应用研究，形成了多种学科交叉的研究社区，各种移动购物的研究成果在各自不同的领域开始转化，更加接近移动购物与消费者体验。

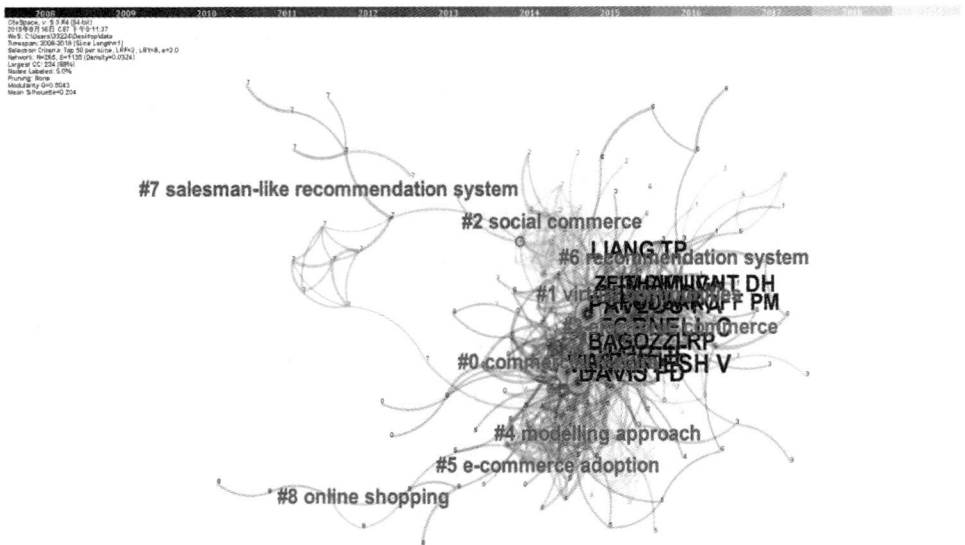

图 2-4　国外作者合作网络热点主题

表 2-3　移动购物国外相关研究作者合作网络热点主题聚类统计及特征分析

| 序号 | 样本数量 | 代表年份 | 基于对数似然比(LLR)计算的聚类特征 |
|---|---|---|---|
| 0 | 44 | 2009 | 商业特色（1 230.56，1.0E-4）；设计美学（987.12，1.0E-4）；增加信任（987.12，1.0E-4）；客户行为（961.13，1.0E-4）；电子采购经验（961.13，1.0E-4）；移动商务（591.51，1.0E-4） |
| 1 | 38 | 2010 | 虚拟社区（1 684.67，1.0E-4）；虚拟社区成员（1 684.67，1.0E-4）；c2c 电子商务买家（1 684.67，1.0E-4）；电子商务交易（484.38，1.0E-4）；综合模型（484.38，1.0E-4）；说明作用（415.55，1.0E-4）；存储选择（415.55，1.0E-4） |
| 2 | 36 | 2015 | 社会商务（1 779.11，1.0E-4）；电子商务（779.7，1.0E-4）；促进社会商业参与（689.04，1.0E-4）；个人利益（689.04，1.0E-4）；技术吸引力（689.04，1.0E-4）；驱动力（667.6，1.0E-4）；信任表现（399.64，1.0E-4）；消费者信任（399.64，1.0E-4）；各种特性（399.64，1.0E-4） |

（续表）

| 序号 | 样本数量 | 代表年份 | 基于对数似然比(LLR)计算的聚类特征 |
|---|---|---|---|
| 3 | 26 | 2011 | 电子商务（1 314.53，1.0E-4）；道德销售行为（976.3，1.0E-4）；研究领域（320.93，1.0E-4）；社会支持（246.35，1.0E-4）；关系质量（246.35，1.0E-4）；移动商务（116.6，1.0E-4）；电子商务验收模型（110.44，1.0E-4）；整合网站可用性（110.44，1.0E-4） |
| 4 | 25 | 2014 | 接近模型（1 431.94，1.0E-4）；描述不同的购物者区间（1 431.94，1.0E-4）；极小区域（1 431.94，1.0E-4）；移动购物验收（1 431.94，1.0E-4）；有限混合物（1 431.94，1.0E-4）；移动商务使用活动（741.26，1.0E-4）；电子商务（654.39，1.0E-4）；技术采用（643.17，1.0E-4） |
| 5 | 23 | 2010 | 电子商务采用（756.52，1.0E-4）；认知机构（570.53，1.0E-4）；推荐系统（272.85，1.0E-4）；策略导向操作模块（272.85，1.0E-4）；揭露关键成功因素（222.44，1.0E-4）；旅行社（222.44，1.0E-4） |
| 6 | 21 | 2010 | 推荐系统（473.01，1.0E-4）；零售电子商务（307.56，1.0E-4）；离散决策选择模型（292.22，1.0E-4）；消费者选择（292.22，1.0E-4）；b2c 环境（292.22，1.0E-4）；电子商务网站（255.11，1.0E-4） |
| 7 | 14 | 2010 | 销售员推荐系统（415.63，1.0E-4）；手机在线购物决策（415.63，1.0E-4）；web 使用挖掘（122.47，1.0E-4）；手机功能（113.67，1.0E-4）；混合推荐（113.67，1.0E-4）；支承装置自适应（87.31，1.0E-4）；多代理推荐系统（87.31，1.0E-4） |
| 8 | 7 | 2008 | 网上购物（127.32，1.0E-4）；经验比较（127.32，1.0E-4）；大学生人口（127.32，1.0E-4）；消费者可用性偏好（127.32，1.0E-4）；移动装置（127.32，1.0E-4）；主集装箱港（105.89，1.0E-4）；电子商务开发经验（105.89，1.0E-4） |

### 2.3.3　基于文献共被引知识图谱的移动购物行为研究热点及其演化

1）基于 CSSCI 数据库的移动购物行为相关文献的共被引分析

随着可视化技术的发展，时间、空间元素越来越能展现出一个研究主题是如何一步步发展和演化的,CiteSpace 软件能展示不同时间阶段移动购物主题聚类和演化过程,并且在每一个文献节点处自动推荐高被引文献,便于精读。图 2-5 是由国内文献共被引关键词聚类后形成的时间分布示意图。我们选择了 2008—2019 年之间的 1 088 篇移动购物中文文献,每两年抽取前 50 篇高被引文献进行共被引分析,得到 15 个核心主题,其主题与图 2-4 所示基本一致,不再赘述。由图可见,关键词"移动图书馆"在 2012 和 2014 年热度较高,"移动服务"在 2010、2012、2013 年都有一定的研究热度,"信息接受规律"在 2015 年受到了很大关注。除此之外可以发现,这些关键词涵盖了与移动电商有关的各个方面,如服务、搜索、用户、信息、社会化等,有利于对移动电商进行更为全面的分析。

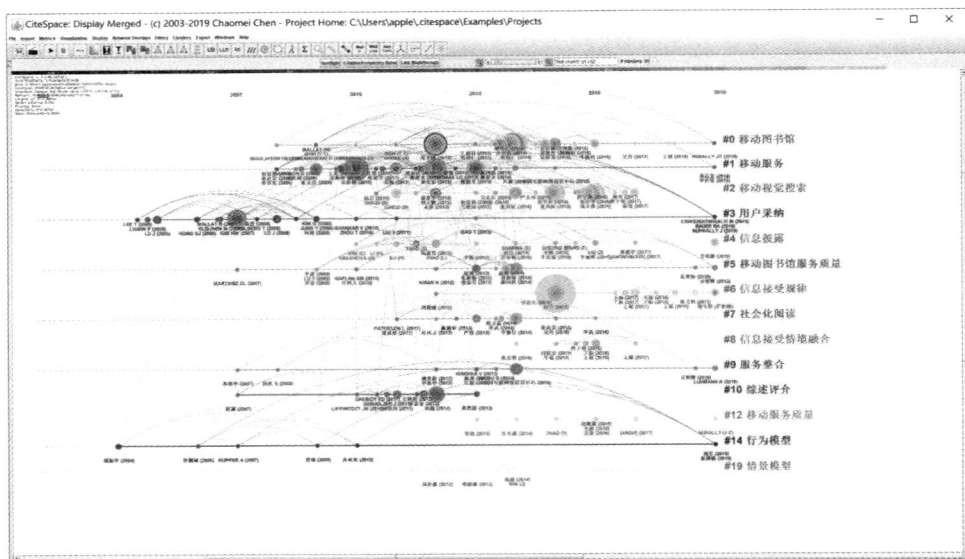

图 2-5　基于时间线的国内文献共被引示意图

2) 基于 WOS 数据库的移动购物行为相关文献的共被引分析

图 2-6 是由国外文献共被引关键词聚类后形成的时间分布图。我们选择了 2008—2019 年之间的 1 274 篇移动购物外文文献,每两年抽取前 50 篇高被引文献进行共被引分析,得到 19 个核心主题,其主题与图 2-5 所示基本一致,不再赘述。由图可见,关键词"social commerce"在 2010—2016 的每一年都呈现较大的研究热度,这说明现如今对于商业社交性、社会性的重视;关键词"m-commerce"在 2009 和 2012 年受到一定关注,"electronic commerce"在 2010 和 2014

年的年轮也呈现了较大宽度,这说明移动商务和电子商务也一直受到广泛关注。

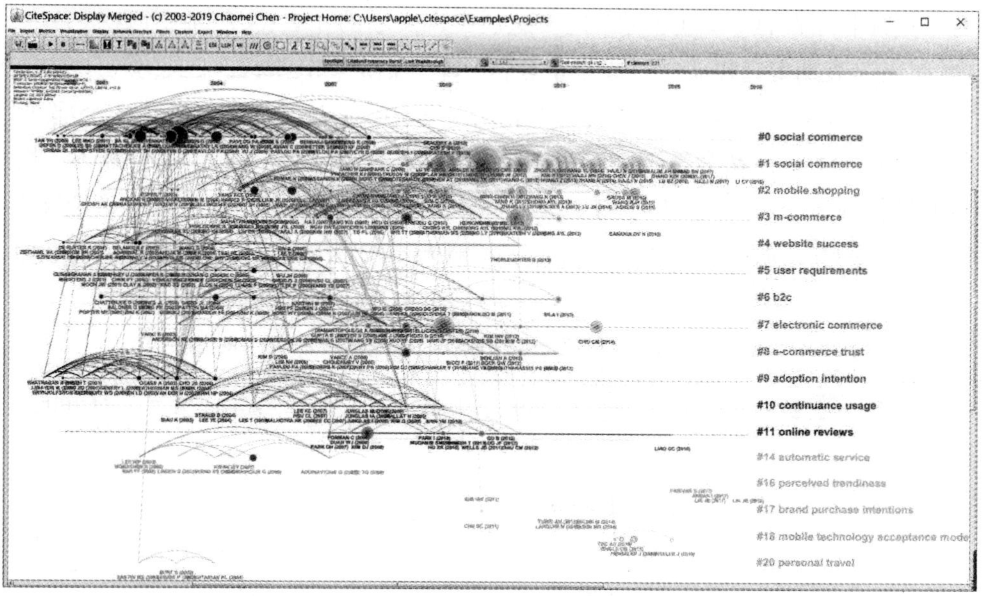

图 2-6　基于时间线的国外文献共被引示意图

### 2.3.4　基于突现文献的移动购物行为研究热点及其演化

1) 基于 CSSCI 数据库的移动购物行为突现文献的研究热点分析

通过 CiteSpace 软件能够快速搜索到突现引文,即引用量突然上升或下降的节点,在下图中用粗线表示。如图 2-7 所示,从我们采集的数据中分析只得出 7 个突现文献,除了"移动商务"的突现文献出现在 2008—2010 间,剩下 6 个基本出现在 2011—2015 期间,这说明对于移动商务的相关研究热点主要在这段时间爆发。

**Top 7 References with the Strongest Citation Bursts**

| References | Year | Strength | Begin | End | 2008 - 2019 |
|---|---|---|---|---|---|
| 袁雨飞, 2019, 移动商务, V0, P0 | 2019 | 2.6353 | 2008 | 2010 | |
| 宋恩梅, 2010, 中国图书馆学报, V0, P5 | 2010 | 3.6058 | 2011 | 2015 | |
| KIM HW, 2007, DECISION SUPPORT SYSTEMS, V43, P1 | 2007 | 2.8138 | 2012 | 2015 | |
| 魏群义, 2013, 图书馆, V0, P1 | 2013 | 2.738 | 2013 | 2014 | |
| 田蕊, 2012, 图书馆建设, V0, P7 | 2012 | 3.4034 | 2013 | 2015 | |
| 苟意宏, 2012, 中国图书馆学报, V0, P1 | 2012 | 3.9507 | 2014 | 2015 | |
| 中国互联网络信息中心, 2014, 第33次中国互联网发展状况统计报告, V0, P0 | 2014 | 2.9031 | 2014 | 2015 | |

图 2-7　移动购物国内相关研究突现文献(TOP 7)及研究热点

通过上述分析,我们知悉了移动购物研究的突现文献,对其强度和研究热点有了更加科学的认识,但是对于发表这些突现文献的作者、文献被引频次、突现度、被引半衰期等还需要进一步定量分析。本章借助 CiteSpace 工具的统计分析功能,对突现文献进行了文献"被引半衰期"的分析,它是指某学科利用的全部文献中较新的一半是在多长一段时间内发表的(蔡璐,2010)。如表 2-4 所示,半衰期最长的为 2010 年由宋恩梅发表在《中国图书馆学报》期刊上的一篇论文。此表格中的其余研究者的论文半衰期也相对来说较长。

表 2-4　移动购物国内突现文献被引频次及被引半衰期统计表(TOP 10)

| No. | Freq | Burst | Centrality | Author | Year | Source | Halflife |
|---|---|---|---|---|---|---|---|
| 1 | 19 | | 0.01 | 彭兰 | 2015 | 《新闻记者》 | 3 |
| 2 | 12 | | 0.06 | 明均仁 | 2014 | 《情报资料工作》 | 3 |
| 3 | 11 | 3.95 | 0 | 茆意宏 | 2012 | 《中国图书馆学报》 | 2 |
| 4 | 11 | 3.61 | 0.11 | 宋恩梅 | 2010 | 《中国图书馆学报》 | 4 |
| 5 | 10 | | 0.17 | 余世英 | 2014 | 《图书馆建设》 | 2 |
| 6 | 10 | | 0.22 | 朱多刚 | 2012 | 《图书情报知识》 | 3 |
| 7 | 9 | 2.74 | 0 | 魏群义 | 2013 | 《图书馆》 | 1 |
| 8 | 9 | | | 明均仁 | 2014 | 《图书馆学研究》 | 3 |
| 9 | 9 | | 0.01 | 张亭亭 | 2016 | 《情报资料工作》 | 1 |
| 10 | 9 | | 0.03 | 张兴旺 | 2015 | 《图书情报工作》 | 2 |

2)基于 WOS 数据库的移动购物行为突现文献的研究热点分析

图 2-8 为共被引突现引文 TOP10。CiteSpace 软件能够快速搜索到突现引文,即引用量突然上升或下降的节点,在图 2-8 中用粗线表示。如图所示,论文引用量大幅变化的情况基本出现在 2008 年附近,说明 2008—2012 年间是移动商务研究热度最高的时期,2012 至今的研究热度有所消退。结合研究背景,2008—2012 年正值移动商务的准备和起步阶段,因此研究热度和关注度较高。

## Top 10 References with the Strongest Citation Bursts

| References | Year | Strength | Begin | End | 2008 - 2019 |
|---|---|---|---|---|---|
| PORTER ME, 2001, HARVARD BUS REV, V79, P62 | 2001 | 3.6008 | 2008 | 2009 | |
| MCKNIGHT DH, 2002, J STRATEGIC INF SYST, V11, P297 | 2002 | 3.865 | 2008 | 2010 | |
| PAVLOU PA, 2002, J STRATEGIC INF SYST, V11, P215, DOI | 2002 | 2.5699 | 2008 | 2009 | |
| WU JH, 2005, INFORM MANAGE-AMSTER, V42, P719, DOI | 2005 | 4.1242 | 2008 | 2012 | |
| MCKINNEY V, 2002, INFORM SYST RES, V13, P296, DOI | 2002 | 3.6008 | 2008 | 2009 | |
| WANG WQ, 2007, J MANAGE INFORM SYST, V23, P217, DOI | 2007 | 2.5736 | 2008 | 2010 | |
| STEWART KJ, 2003, ORGAN SCI, V14, P5, DOI | 2003 | 3.2337 | 2008 | 2011 | |
| GEFEN D, 2004, OMEGA-INT J MANAGE S, V32, P407, DOI | 2004 | 2.5699 | 2008 | 2009 | |
| MIYAZAKI AD, 2001, J CONSUM AFF, V35, P27, DOI | 2001 | 3.6008 | 2008 | 2009 | |
| CHEN LD, 2002, INFORM MANAGE-AMSTER, V39, P705, DOI | 2002 | 3.4342 | 2008 | 2010 | |

图 2 - 8　移动购物国外相关研究突现文献（TOP 10）及研究热点

借助 CiteSpace 工具的统计分析功能，我们对突现文献进行了文献"被引半衰期"的分析，如表 2 - 5 所示，半衰期最长的为 2010 年由 Stephen AT 发表在 *J Marketing Res* 期刊上的一篇的论文；Liang TP、Venkatesh V、Wang C 等作者的论文紧随其后，半衰期也相对来说较长。

表 2 - 5　移动购物国外突现文献被引频次及被引半衰期统计表（TOP 10）

| Freq | Burst | Author | Year | Source | Vol | Page | Halflife | Clusters |
|---|---|---|---|---|---|---|---|---|
| 68 | 8.42 | Liang TP | 2011 | *Int J Electron Comm* | 16 | 69 | 6 | 1 |
| 65 | 9.22 | Liang TP | 2011 | *Int J Electron Comm* | 16 | 5 | 6 | 1 |
| 60 | 11.76 | Huang Z | 2013 | *Electron Commer R A* | 12 | 246 | 4 | 1 |
| 49 | 8.08 | Kim S | 2013 | *Int J Inform Manage* | 33 | 318 | 4 | 1 |
| 41 | 8.89 | Stephen AT | 2010 | *J Marketing Res* | 47 | 215 | 7 | 1 |
| 39 | 8.22 | Zhou LN | 2013 | *Electron Commer R A* | 12 | 61 | 4 | 1 |
| 38 | 11.42 | Venkatesh V | 2012 | *Mis Quart* | 36 | 157 | 6 | 3 |
| 37 | 9.79 | Hajli N | 2015 | *Int J Inform Manage* | 35 | 183 | 3 | 1 |
| 32 | 6.35 | Wang C | 2012 | *Commun Assoc Inf Sys* | 31 | 105 | 6 | 1 |
| 32 | 6.9 | Hair JF | 2010 | *Multivariate Data An* | 0 | 0 | 6 | 7 |

### 2.3.5　基于移动购物行为相关文献的主路径分析

主路径分析是提取有向网络骨干的有力工具,可以从庞大繁杂的引文网络中理清学科领域发展的主要脉络,帮助研究者清晰地理解和把握学科发展态势或技术演化轨迹,已广泛应用于文献计量学研究。首先,如图 2 - 9 所示,本研究借助 HistCite 软件平台选取 LCS(Local Citation Score)排名前 30 的文献,生成引证关系图;其次,如图 2 - 10 所示,从该平台导出 Pajek 格式数据,利用 Pajek 软件的 SPC(Search Path Count)功能生成移动购物文献主路径;最后,根据图 2 - 10 的主路径将核心文献映射到图 2 - 9,使移动购物研究的演化脉络更加清晰。

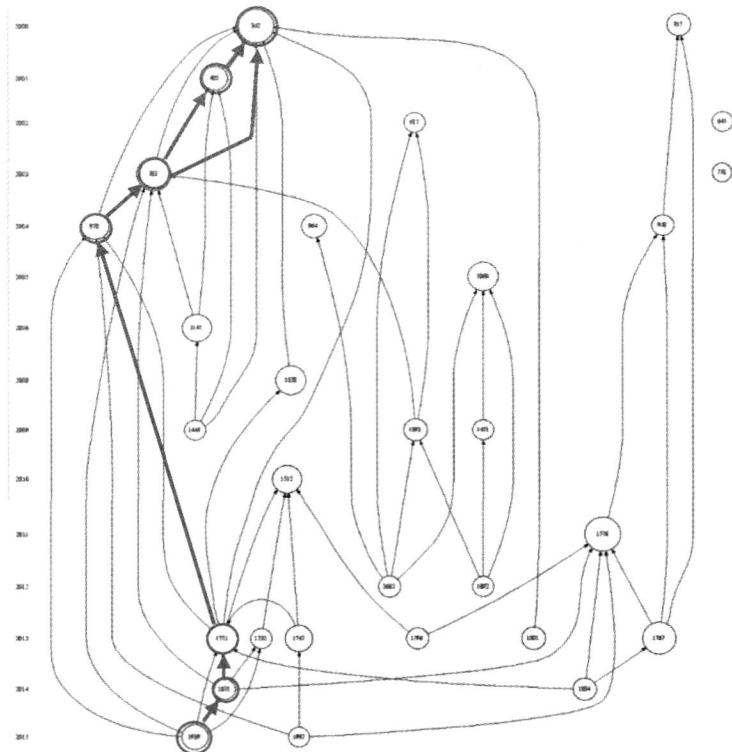

**图 2 - 9　基于 HistCite 平台的移动购物行为文献引证关系图**

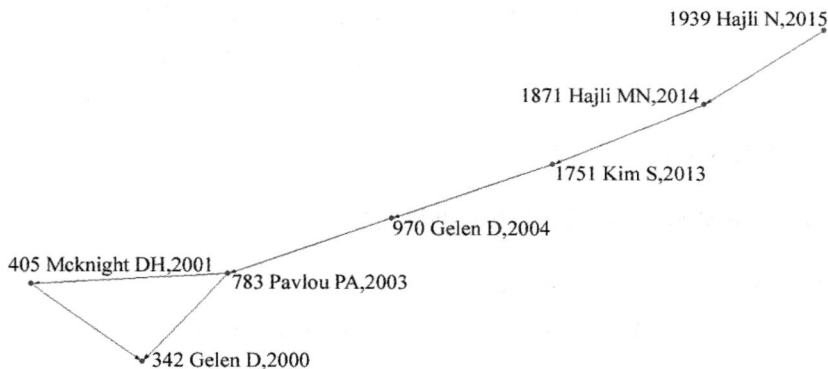

图 2‐10 基于 Pajek 软件的移动购物文献主路径

综上所述,结合如图 2‐9 和图 2‐10 的研究结果,我们发现移动购物行为研究最初的贡献者是 Hajli,其最初发表的文献奠定了移动购物行为研究的基石。学者 Gefen 对于移动购物行为后续的研究起到重要的支撑作用,2000—2001 年、2003—2004 年、2013—2015 年是移动购物行为研究持续创新的关键年份,其间产生了移动购物行为的经典文献。

## 2.4 移动购物行为主题动态演化过程及路径研究

### 2.4.1 研究区间划分

我们选取 2008—2019 年共计 12 年的文献数据,分成四组,刚好每组包含三年的文献。根据 CiteSpace 制成的共被引关键词聚类后形成的时间分布图,不难发现,在关键词"♯1 社会商务 social commerce"时间线上,2008—2010 年该词热度逐渐增加,2011—2013 年热度达到最大,2014—2016 年热度有所降低,2017—2019 年热度逐渐消退。我们的分组与共被引时间线相吻合。所以,我们将 2008—2019 年共计 12 年的数据分成四组,每组三年,分别是:2008—2010 年(254),2011—2013 年(252),2014—2016 年(342),2017—2019 年(423)。论文数量呈上升趋势。

### 2.4.2 参数设置

文献数据量过大会导致知识图谱计算过于庞杂,不利于提炼重要信息,阈值设置能够突出关键信息，使得图谱更加清晰，这也是提高效率的必要策略（Balaid et al.，2016）。为了了解 4 个阶段中的关键词演化情况，综合考虑后选取出现 3 次以上的关键词进行分析，设置共现阈值为 3，网络精简阈值为 2，网络大小 3～10 来建立模型。演化图的相似度指标选择 Jaccard 系数，根据相邻时期主题之间概念关系的语义关联强度构建主题演化路径。

### 2.4.3　移动购物行为研究的战略图分析

1）整体时间段的战略图分析

如表 2 - 6 所示，我们利用 SciMAT 的文献统计分析功能，计算了整体时间段内移动购物相关研究主题的中心度、密度、H 指数及发文量等。如图 2 - 11 所示，第一象限的研究主题主要包括推荐系统（recommender systems）、认知（perceptions）、创新（innovation）和战略（strategy）。根据战略图的表示方法，这些主题被认为是对该领域的研究具有重大影响且自我发展较好的主题，此结论可以从 H 指数、集中度、密度的大小比较看出来。

表 2 - 6　移动购物相关研究主题中心性及指数统计

| Cluster | Centrality | Density | H-Index | Documents Count | Sum Citations |
|---|---|---|---|---|---|
| recommender systems | 5.49 | 2.79 | 8 | 17 | 191 |
| perceived risk | 2.64 | 1.61 | 7 | 23 | 153 |
| innovation | 3.55 | 1.59 | 9 | 27 | 303 |
| perceptions | 3.63 | 1.4 | 13 | 36 | 507 |
| systems | 2.69 | 0.45 | 10 | 20 | 307 |
| behavior | 2.58 | 0.84 | 12 | 23 | 680 |
| strategy | 4 | 1.19 | 8 | 20 | 190 |
| impact | 3.24 | 0.39 | 9 | 24 | 376 |
| model | 2.02 | 0.84 | 11 | 24 | 687 |
| technology | 4.22 | 0.37 | 7 | 28 | 283 |
| services | 4.98 | 0.39 | 13 | 26 | 504 |
| information technology | 5.26 | 0.53 | 24 | 93 | 1 746 |
| products | 0.57 | 0.43 | 3 | 4 | 37 |

如表 2-6 和图 2-11 所示,感知风险(perceived risk)、模型(model)、行为(behavior)处于第二象限,自我发展较好,在未来可能成为第一领域的热点主题。相较而言,在第三象限的产品(products)、系统(systems)、影响(impact)有逐渐被淘汰的趋势。处于第四象限的信息科技(information technology)、服务(services)、科技(technology)属于基础理论范畴,影响力较大但是发展程度(density)较低。

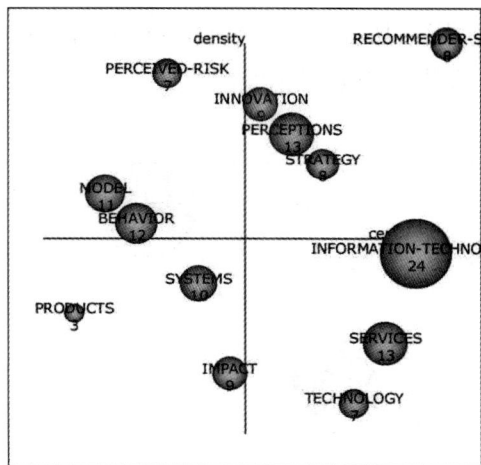

**图 2-11　整体时间段的移动购物主题战略分布图**

2) 2008—2010 年分析

在整体时间段分析基础上,本研究对移动购物相关研究按照之前划分的时间区间进行分析。如表 2-7、图 2-12 所示,这一时期形成聚类的关键词较少,主要形成了三个主题:模型(相关主题 15 个)、行为(相关主题 13 个)和信息科技(相关主题 13 个)。根据表 2-7、图 2-12 也可以得到如下几点信息:三者 H-Index 代表的被引量相差不大,理论影响力相近;主题"模型"处于第一象限,且发展程度极高,对该时期这一领域起着重要的作用;主题"信息科技"发展程度最低,但向心性最高,说明该主题与研究发展紧密联系;主题"行为"相关文献数量最多。

表 2-7 移动购物相关研究第一阶段主题网络中心性及被引统计（2008—2010 年）

| Cluster | Centrality | Density | H-Index | Documents Count | Sum Citations |
| --- | --- | --- | --- | --- | --- |
| behavior | 2.72 | 2.83 | 13 | 16 | 1 560 |
| information technology | 5.64 | 1.97 | 13 | 25 | 611 |
| model | 5.29 | 5.08 | 15 | 20 | 875 |

其中，如图 2-12 所示，"模型"主题处于第一象限，代表这一时期移动购物研究的主流方向；"行为"主题处于第二象限，为移动购物潜在的研究方向；"信息科技"主题处于第四象限，为支柱型主题。

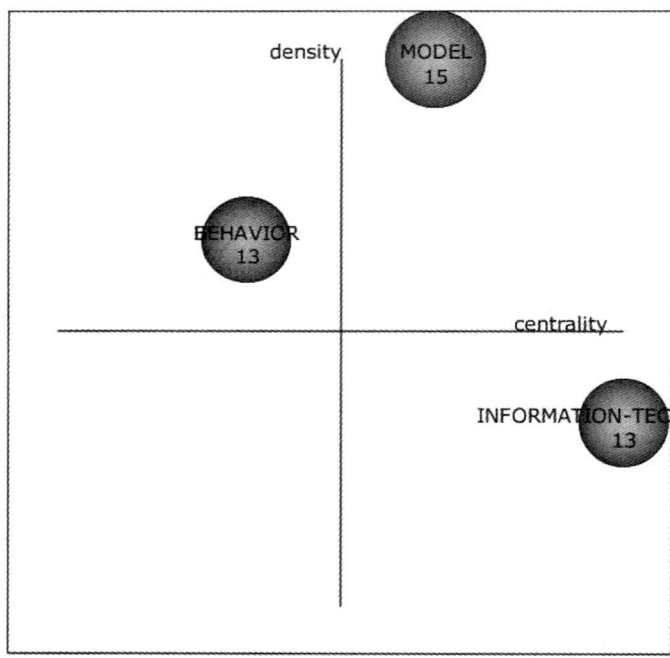

图 2-12 移动购物第一阶段研究主题战略图（2008—2010）

SciMAT 软件可以进一步分析这三大主题的网络演化情况。如图 2-13 所示，① 由视角（perspective）、风险（risk）、服务、设计（constructs）、消费者（consumers）、意向（intention）、动机（motivation）、感知风险、感知九个子主题不断演化形成了"行为"研究主题；② 由科技、网页（web-site）、态度（attitude）、文化

（culture）、影响、组织（organizations）、战略、系统八个子主题不断演化形成了"信息科技"研究主题；③由谈判（negotiation）、产品、行为意向（behavioral intention）、国家（country）、文化差异（cultural differences）、期望（expections）、智能代理（intelligent agents）、市场（marketplaces）、民族文化（national culture）9个子主题不断演化形成了"模型"研究主题。

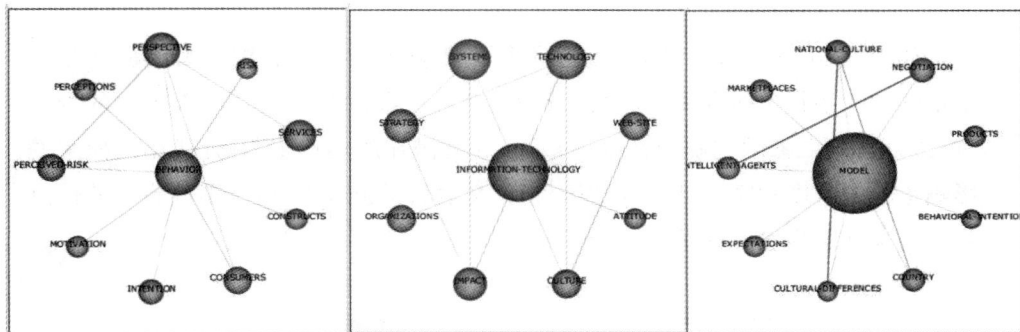

图 2‑13　移动购物第一阶段研究主题战略图（2008—2010 年）

3) 2011—2013 年分析

相较于上一阶段，如表 2‑8 所示，这一阶段主要形成了媒介、行为、信息科技、服务、影响五大研究主题。从图表可知如下信息：行为和信息科技被引量最大，理论影响力较大；与上一阶段相比，主题"行为"从第二象限移到第一象限，且"发展程度"极高，说明该词对该时期这一领域起着重要的作用；与上一阶段相比，主题"信息科技"仍然处于第四象限，发展程度较低，但中心性最高，说明该主题与研究发展紧密联系，其地位与影响力有所提升；第一阶段"信息科技"的衍生主题——"媒介"和"影响"的被引量和文献数都较低，"媒介"有一定的发展趋势，而"影响"在逐渐衰退。

表 2‑8　移动购物相关研究第二阶段主题网络中心性及被引统计（2011—2013 年）

| Cluster | Centrality | Density | H-Index | Documents count | Sum Citations |
|---|---|---|---|---|---|
| agents | 1.04 | 2.43 | 3 | 3 | 70 |
| behavior | 4.54 | 2.83 | 13 | 22 | 621 |

（续表）

| Cluster | Centrality | Density | H-Index | Documents count | Sum Citations |
|---|---|---|---|---|---|
| impact | 2.1 | 1.59 | 3 | 3 | 216 |
| information technology | 4.55 | 1.44 | 12 | 16 | 649 |
| services | 3.13 | 1.8 | 8 | 11 | 190 |

如图 2-14 所示，处于第一象限的行为和服务中心度和密度都较高，产生了大量移动购物相关研究成果，尤其行为对这一阶段的主题演化有着重要的推动意义；处于第二象限的媒介密度值最高，成为潜在的热点主题；处于第三象限的影响主题中心度和密度都很低，发表相关文献数量也较少；位于第四象限的信息科技是移动购物发展的基础。

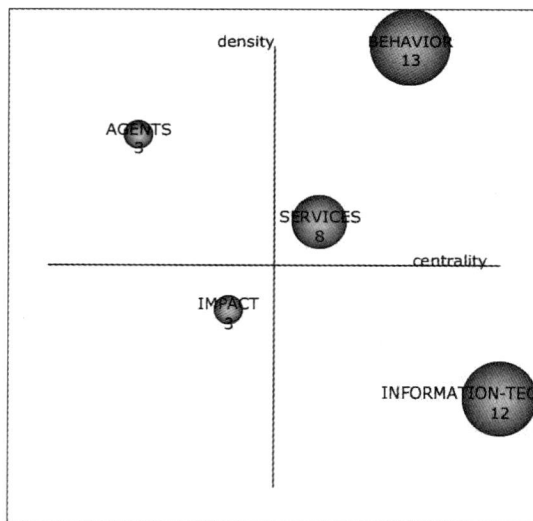

图 2-14　移动购物第二阶段研究主题战略图（2011—2013）

SciMAT 软件可以进一步分析这三大主题的网络演化情况。如图 2-15 所示，① 风险、科技、态度、商业（business）、消费者、消费者行为（consumer behavior）、体验（experience）、模型和感知风险九个子主题不断演化形成了"行为"研究主题；② 由中小企业（small and medium sized enterprises，简称 SMES）、结构方程模型（structural equation model）、接受模型（acceptance model）、公司

(firm)、创新、意向、神经网络(neural networks)、视角和微商(small business)九个子主题不断演化形成了"信息科技"研究主题;③由安全(security)、系统(system)、算法(algorithm)、顾客(customer)、内在动机(intrinsic motivation)和市场 6 个子主题不断演化形成了"服务"研究主题。

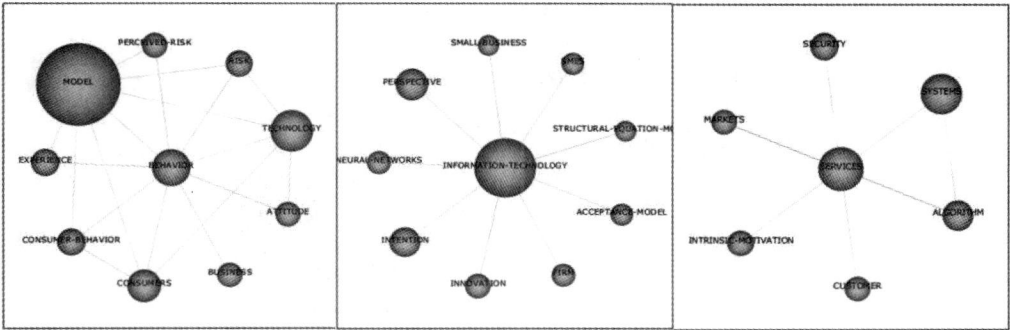

图 2-15　移动购物第二阶段两个关键主题演化网络

4) 2014—2016 年分析

如表 2-9 所示,在这一阶段,"行为"研究主题依然是学者们关注的热点,相关研究文献总量占据了这一阶段的榜首,且 H 指数也得到大幅提高。

表 2-9　移动购物相关研究第三阶段主题网络中心性及被引统计(2014—2016 年)

| Cluster | Centrality | Density | H-Index | Documents Count | Sum Citations |
|---|---|---|---|---|---|
| behavior | 6.09 | 2.88 | 10 | 16 | 374 |
| consumers | 2.49 | 0.88 | 3 | 5 | 25 |
| environments | 0.11 | 4.17 | 4 | 6 | 100 |
| information technology | 2.35 | 4.23 | 9 | 18 | 278 |
| model | 4.9 | 0.86 | 10 | 26 | 399 |
| perspective | 5.72 | 2.33 | 9 | 19 | 232 |
| systems | 4.04 | 1.68 | 7 | 13 | 160 |

这一阶段行为主题依旧为研究者们最关注的主题。如图 2-16 所示,在这

一阶段"视角"也进入第一象限,且发表相关文献数量及被引量均较高,成为这一阶段的热门主题;这一阶段学者们对信息科技和环境(environments)主题引起浓厚兴趣,被称为潜在研究主题;处于第三象限的"消费者"主题在这一阶段的中心度和密度均较低,其影响力越来越弱。"系统"和"模型"被称为这一阶段的支柱型研究主题。

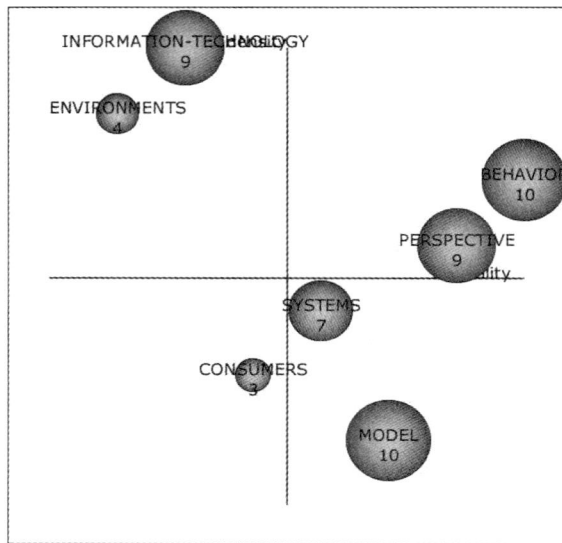

图2-16　移动购物第三阶段研究主题战略图(2014—2016年)

使用 SciMAT 软件进一步分析这三大主题的网络演化情况。如图2-17所示,①由社会化商务建构(social commerce constructs)、社交网站(social networking sites)、虚拟社区(virtual communities)、消费者评论(consumer reviews)、顾客、电子商务(electronic markets)、激励、在线市场(online marketplaces)和价格(price)九个子主题不断演化形成了"行为"研究主题;②由创新、市场、科技、商业、性能、交流(communication)、消费者行为、影响和工业(industry)九个子主题不断演化形成了"视角"研究主题;③由微商、中小企业、社会影响、接受模型、行为意向、竞争优势(competitive advantage)、发展中国家(developing countries)、公司和风险9个子主题不断演化形成了"信息科技"研究主题。

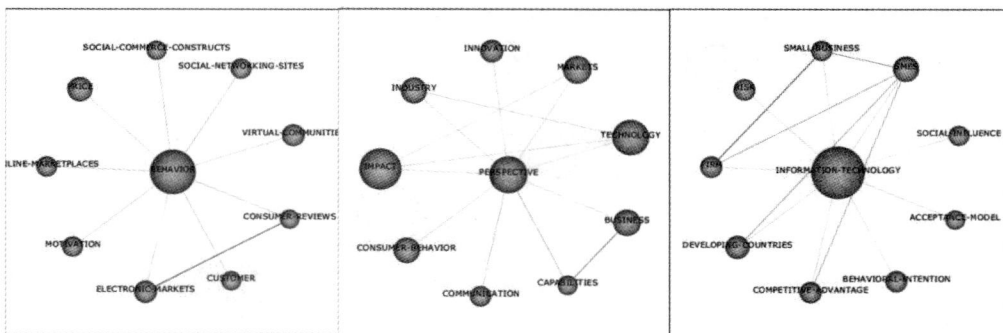

**图 2 - 17　移动购物第三阶段三个关键主题演化网络**

5）2017—2019 年分析

"模型"作为上一阶段的新兴主题，如表 2 - 10 所示，在这一阶段发展迅猛，其优势地位得到进一步巩固；其他相关文献主题在中心度、密度及 H 指数等方面均比上阶段有了较大幅度的提升，在当前学科领域中处于引领地位。

**表 2 - 10　移动购物相关研究第四阶段主题网络中心性及被引统计（2017—2019 年）**

| Cluster | Centrality | Density | H-Index | Documents Count | Sum Citations |
|---|---|---|---|---|---|
| impact | 3.64 | 1.23 | 5 | 25 | 75 |
| information technology | 5.81 | 1.05 | 6 | 30 | 81 |
| markets | 1.19 | 1.72 | 1 | 4 | 4 |
| model | 7.22 | 1.76 | 5 | 41 | 125 |
| purchase intention | 4.92 | 2.52 | 5 | 22 | 77 |
| strategy | 0.24 | 6.11 | 2 | 5 | 7 |
| technology | 3.53 | 2.99 | 4 | 19 | 54 |

如图 2 - 18 所示，这一阶段移动购物相关主题依旧很丰富；"模型"主题研究保持了较高的中心度，继续占优势地位；战略、科技相关文献伴随数据挖掘技术的发展保持了较高的密度，成为潜在研究主题；"市场"的研究从政治等领域进入管理学视野，引起一定的关注度；"影响"和"信息科技"成为支柱性主题。

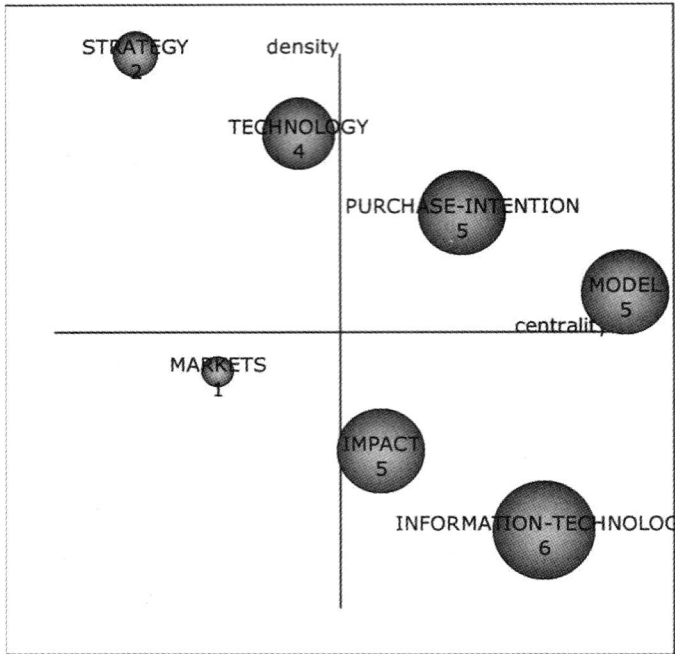

**图 2 - 18　移动购物第四阶段研究主题战略图（2017—2019）**

　　如图 2 - 19 所示，我们在战略图分析基础上选取了这一阶段具有代表性的三个关键主题进行演化分析：①由价格溢价（price premiums）、支持向量机（support vector machines）、虚拟社区、算法、行为、行为意向、消费者、满意（gratifications）、价格九个子主题聚类形成"模型"研究主题，该主题伴随计算机新技术的发展保持了强大的发展势头；②由使用意向、网页、网站、品牌（brand）、在线市场、感知风险、再购买意向（repurchase intention）、风险、社会影响九个子主题聚类形成购买意向主题，其保持了较高的中心度和密度；③由安全、中小企业、社会网络、消费者感知、持续意向（continuance intention）、发展中国家、经历（experience）、机制（mechanisms）、研究趋势（research trends）九个子主题聚类形成了"科技"研究主题，该主题得益于计算机技术的快速发展，成为潜在主题。

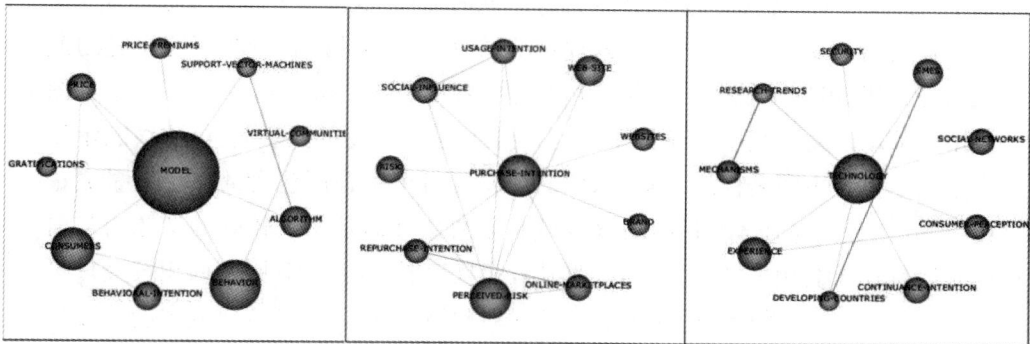

图 2 - 19　移动购物第四阶段三个关键主题演化网络

### 2.4.4　移动购物行为研究的主题动态演化路径分析

利用 SciMAT 软件分析在 2008—2019 年之间移动购物文献的关键词动态演化情况,一方面能够刻画其相关研究伴随时间变化的演化趋势,另一方面能够在连续时间段内分析并追踪移动购物研究领域主题的动态演化规律(Montero-Diaz et al.,2018)。如图 2 - 20 所示,圆圈代表子周期,圈内的数字表示该时期的关键词数量,连续子周期之间用箭头连接,其上方的数字代表两个子周期之间共享的关键词数量,其括弧内的数值表示相似度索引(重叠分数),该子周期上方的输入箭头表示产生的新兴关键词,输出箭头表示该时期中断的关键词。例如,在 2014—2016 年,有 126 个关键词(重叠分数为 0.74)来自 2011—2013 年的共享关键词,其间产生了 93 个新兴关键词,另有 54 个关键词被淘汰,同时在这一时期有 165 个关键词(重叠分数为 0.75)保留至 2017—2019 年的子周期中。

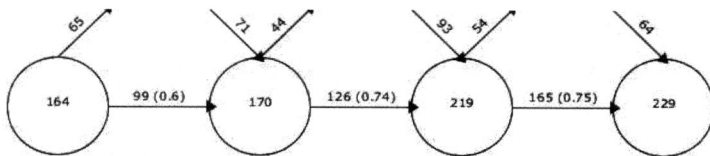

图 2 - 20　重叠部分(连续子周期之间的输入和输出关键字)

由图 2 - 20 可知:每个阶段的关键词数量一直在增加;2014—2016 年增加的关键词数量最多,从稳定性来看,每年的关键词的递延率均在 60% 及以上,且总体上一直处于增高状态,到最后一个阶段,尽管 2019 年为不完全统计,但仍达到了 75％,说明该领域在横向扩展加速的同时,纵向深入研究也越来越稳定。

在关键词演化分析基础上,通过对不同时期的移动购物行为研究主题的演化路径分析,可以了解不同时期研究主题的演化规律。如图 2-21 所示,整个图显示了移动购物研究主题演化路径,实线表示连接主题的共享名称,虚线表示该主题共享不是主题名称的元素,球体的体积与每个主题所包含的文献数量成正比。基于所建立的模型可知,对该领域有重要意义而且发展较好的课题均与前一阶段有很大的相关性(实线相对明显),而且发展程度较高(圆形面积较大)。

如前所述,人类行为的相关研究是移动购物的基础,早期的研究主题比较单一,进入 2011 年以后移动购物相关主题开始细化和分化,产生了多个重要主题。例如人类"行为"的预测研究促进了"模型"和"消费"主题的形成与演化。

如图 2-21 所示,可获得移动购物的几条主要演化路径:①行为→消费者→模型;②行为→服务→系统→影响;③信息科技→影响→视角→市场/影响。

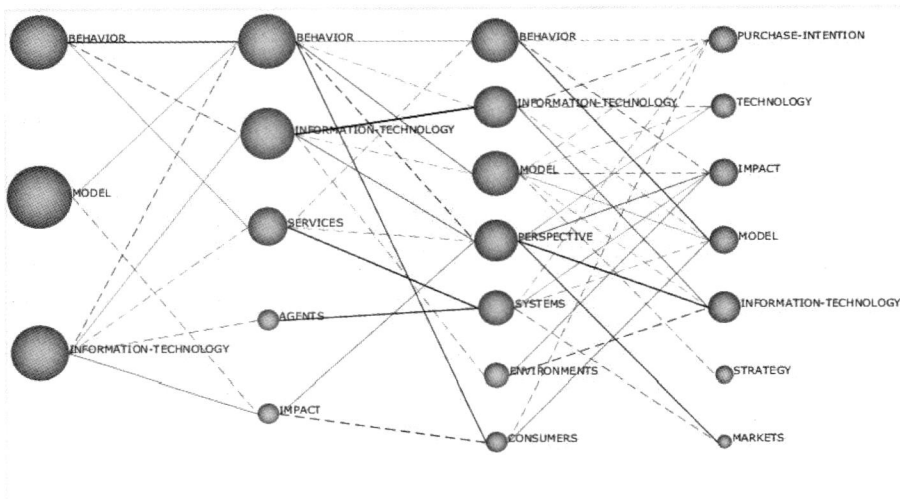

图 2-21　研究主题动态演化图(2008—2019)

总之,伴随信息技术的崛起和购物变革的驱动,移动购物越来越重视市场研究和科技发展,而且移动购物领域也越来越重视战略理论,购买意向的研究价值成为一种新颖的方法论,它可以帮助研究人员更加了解消费者行为。

## 2.5  本章小结

本章我们主要利用 HistCite、CiteSpace、VOSviewer 和 SciMAT 对移动购物相关文献进行计量分析。获得了如下重要发现：

（1）利用 VOSviewer 软件，对国内移动购物文献进行了可视化分析，构建并形成具有一大派系特征的共词网络。

（2）利用 CiteSpace 软件突现文献分析，发现 2008 年左右出现文献引用量大幅变化，2008—2012 年间是移动商务研究热度最高的时期，是其准备和起步阶段，2012 年至今研究热度有所消退。

（3）借助 HistCite 软件平台生成引证关系图，利用 Pajek 软件生成移动购物文献主路径，使演化脉络更加清晰。

（4）利用 SciMAT 软件，分析在 2008—2019 年之间移动购物文献的关键词动态演化情况，一方面能够刻画其相关研究伴随时间变化的演化趋势，另一方面能够在连续时间段内分析并追踪移动购物研究领域主题的动态演化规律。

（5）近年来，移动购物的相关研究已经从传统的互联网相关内容逐步转向大数据、服务系统和推荐模型等新技术视角的研究，各种移动购物的研究成果在各自不同的领域开始转化，更加注重消费者的行为与体验。

# 第3章 移动购物行为特征及影响因素研究：文献分析与文本挖掘

## 【本章导读】

前面章节梳理了移动购物的背景、热点及问题，由于移动购物行为受到复杂情景、移动技术及消费者心理等因素的综合影响，已成为国内外学者、管理实践及媒体智库关注的热点课题。因此，本章通过文献计量与内容分析、媒体智库文本挖掘等方法，探索移动购物行为的特征及影响因素。研究发现：① 通过WOS文献数据库的文献计量分析，获得了全球学者关于移动购物行为影响因素的研究成果，其主要因素包括社会与环境因素、技术因素、个体与群体因素、时空因素。② 通过CSSCI中文文献数据库的文献聚类分析，获得了中国学者关于移动购物行为影响因素的研究成果，其主要因素包括移动购物社会与环境感知因素、移动购物风险感知因素、移动购物心理因素、物流与服务质量因素和个性化应用因素。③ 通过移动电商实践智库报告的文本挖掘、关联分析和扎根分析，获得中国实践背景下移动购物行为影响因素的研究成果，其主要因素包括宏观产业协同性因素、数字化变革因素和价值共生性因素。④ 我们整理了来自WOS全球学者、CSSCI中国学者及媒体智库等数据，全方位审视移动购物行为的综合影响因素。结果发现，基于学术视角的移动购物行为影响因素比较偏向微观因素，而基于实践视角比较偏向产业、战略联盟等宏观因素。因此，我们对两种视角进行了整合。其综合影响因素包括情景与社会环境因素、技术与服务因素、消费者心理因素。因此，本章研究成果为后面章节的实证分析和数据挖掘提供了理论支撑。

# 3.1　研究目的

首先，移动购物行为受到复杂情景、移动技术及消费者心理等因素的综合影响，掌握其特征将有助于建立行为启动线索；其次，由于移动感知技术的智能化应用，移动购物行为与传统网购行为有着显著的区别和联系，探究其影响因素已成为国内外学者、管理实践及媒体智库关注的热点课题。因此，本章研究通过文献计量与内容分析、媒体智库文本挖掘等方法，探索移动购物行为的特征及影响因素，为后面章节的实证分析和数据挖掘提供理论支撑。

# 3.2　移动购物行为数据收集与预处理

### 3.2.1　移动购物的国内外文献数据收集与预处理

1）基于 CSSCI 数据平台的国内学者移动购物相关研究的文献收集

首先，考虑到网购行为研究的权威性，选取南京大学中国社会科学研究评价中心 CSSCI 数据库平台为移动购物行为研究的主要国内文献数据来源。通过检索"移动购物""手机购物""移动支付""移动搜索""移动商务""网络购物"等关键词，获得 500 多篇高质量文献，5 700 篇被引文献数据。

其次，导出这些文献数据，并利用 CiteSpace 文献知识图谱工具转换成对应格式，并利用该工具进行文献去重操作，去重后共获得 340 篇文献数据，用于后续的文献分析。

2）基于 WOS 核心数据库平台的移动购物相关研究文献收集

首先，考虑到全球学者关于移动购物相关研究的权威性，选取了 WOS 核心数据库 SCI/SSCI 为文献来源。通过检索"mobile commerce""mobile shopping""mobile payment""online shopping""mobile marketing"等关键词，获得 1 300 篇文献数据。

其次，导出这些文献数据，并利用 CiteSpace 文献知识图谱工具去重操作，获得 1 224 篇文献数据，用于后续内容分析。

### 3.2.2　移动购物媒体智库数据采集与预处理

首先，筛选国内电子商务领域的权威网站，确定中国国际电子商务网、亿邦动力网等综合性平台，这些平台基本覆盖了主流媒体和新媒体智库报告，共采集到 5 万份报告。

其次,如图 3-1 所示,对来源数据进行预处理,得到如图 3-2 所示智库报告来源统计图,从图中可以看出智库报告来源可靠,文本报告分布较广泛,具有一定的代表性。通过预处理,保留了 22 106 份智库报告,用于后续的文本挖掘和扎根分析。

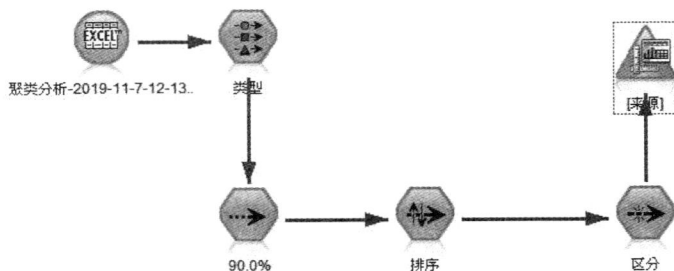

图 3-1 媒体智库报告来源预处理流程

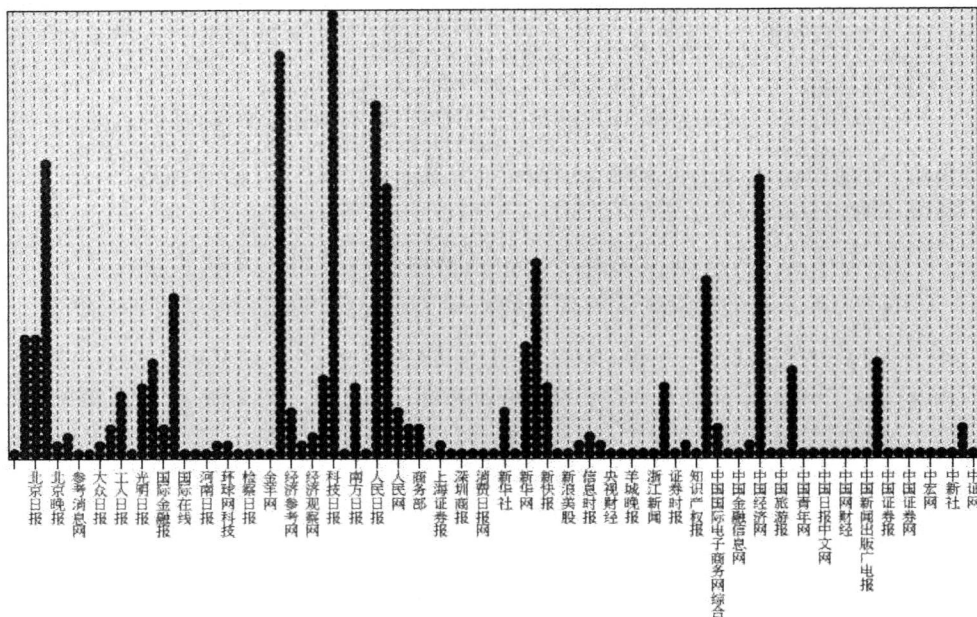

图 3-2 基于媒体智库的文本报告来源统计图

## 3.3　基于文献计量与内容分析的移动购物行为特征挖掘

### 3.3.1　基于 WOS 数据库的移动购物行为特征与影响因素分析

首先,梳理全球学者对移动购物行为的研究热点及关键词,并将关键词翻译为中文;其次,统计文献提及关键词的频次,计算其突现文献指数;最后,如表 3-1所示,根据扎根理论方法对关键词进行开放式编码和主轴编码,形成基于 WOS 文献挖掘的移动购物行为特征及影响因素。

表 3-1　基于 WOS 文献挖掘的移动购物行为扎根分析(2008—2019 年)

| 文献提及频次 | 突现文献指数 | Sigma 值 | 关键词 | 核心范畴 | 主范畴 |
|---|---|---|---|---|---|
| 2 | | 1 | 用户采用 | 采纳行为 | |
| 2 | | 1 | 可用性问题 | 采纳行为 | |
| 40 | 4.12 | 1.34 | 技术接受模型 | 接受度 | |
| 2 | | 1 | 用户接受度 | 接受度 | 采纳意愿 |
| 2 | | 1 | 消费者接受度 | 接受度 | (54) |
| 2 | | 1 | 消费者采纳 | 接受度 | |
| 2 | | 1 | 关联规则 | 推荐意愿 | |
| 2 | | 1 | 基于代理的消费者推荐机制 | 推荐意愿 | |
| 7 | | 1 | 产品资料 | 产品创新能力 | |
| 4 | | 1 | 产品价格 | 产品创新能力 | |
| 2 | | 1 | 过滤产品信息 | 产品创新能力 | |
| 2 | | 1 | 产品数据格式 | 产品创新能力 | |
| 6 | | 1 | 个人创新 | 创新能力 | |
| 4 | | 1 | 新方法 | 创新能力 | |
| 4 | | 1 | 新见解 | 创新能力 | 创新活力 |
| 3 | | 1 | 新机会 | 创新能力 | (43) |
| 3 | | 1 | 创新扩散理论 | 创新能力 | |
| 2 | | 1 | 新方向 | 创新能力 | |
| 2 | | 1 | 新频道 | 创新能力 | |
| 2 | | 1 | 新的商业模式 | 创新能力 | |
| 2 | | 1 | 创新产品 | 创新能力 | |

（续表）

| 文献提及频次 | 突现文献指数 | Sigma 值 | 关键词 | 核心范畴 | 主范畴 |
|---|---|---|---|---|---|
| 2 | | 1 | 购买交易 | 交易行为 | 撮合行为 |
| 2 | | 1 | 即兴购买 | 交易行为 | （4） |
| 5 | | 1 | 享乐动机 | 动机 | |
| 12 | 3.44 | 1.03 | 用户行为 | 个体行为 | |
| 3 | | 1 | 个体差异 | 个体行为 | |
| 3 | | 1 | 顾客行为 | 个体行为 | |
| 2 | | 1 | 顾客意图 | 个体行为 | |
| 2 | | 1 | 人为因素 | 个体心理 | 个体特征 |
| 4 | | 1 | 消费者偏好 | 偏好 | （39） |
| 2 | | 1 | 积极的态度 | 态度 | |
| 2 | | 1 | 消费者态度 | 态度 | |
| 2 | | 1 | 品牌态度 | 态度 | |
| 2 | | 1 | 用户需求 | 需求分析 | |
| 18 | 4.13 | 1.03 | 主观规范 | 行为规范 | 行为控制 |
| 5 | | 1 | 控制论 | 行为控制 | （28） |
| 5 | | 1 | 行为控制 | 行为控制 | |
| 2 | | 1 | 购物环境 | 环境因素 | 环境感知 |
| 2 | | 1 | 车间环境 | 环境因素 | （4） |
| 2 | | 1 | 认知价值 | 价值感知 | 价值感知 |
| 2 | | 1 | 娱乐价值 | 价值感知 | （4） |
| 6 | | 1 | 人机交互 | 交互合作行为 | |
| 6 | | 1 | 用户体验 | 体验 | 交互体验 |
| 2 | | 1 | 购物体验 | 心理流体验 | （14） |

（续表）

| 文献提及频次 | 突现文献指数 | Sigma 值 | 关键词 | 核心范畴 | 主范畴 |
|---|---|---|---|---|---|
| 15 | 4.95 | 1.03 | 购买决定 | 决策行为 | 决策能力（16） |
| 6 | | 1 | 采购决策 | 决策行为 | |
| 2 | | 1 | 战略决策 | 决策行为 | |
| 2 | | 1 | 模糊理论 | 决策行为 | |
| 2 | | 1 | 模糊系统 | 决策行为 | |
| 2 | | 1 | 模糊决策 | 决策行为 | |
| 2 | | 1 | 消费者决策 | 决策行为 | |
| 6 | | 1 | 绩效预期努力预期 | 预期行为 | 期望行为（8） |
| 2 | | 1 | 预期性能 | 预期行为 | |
| 2 | | 1 | 客观知识 | 客户知识 | 客户智能（10） |
| 2 | | 1 | 消费者知识 | 客户知识 | |
| 2 | | 1 | 推进知识 | 客户知识 | |
| 4 | | 1 | 潜在的顾客 | 潜在购买力 | |
| 2 | | 1 | 执行地点 | 空间感知 | 空间感知能力（15） |
| 2 | | 1 | 网络空间行为 | 空间行为 | |
| 2 | | 1 | 行人轨迹 | 行为痕迹 | |
| 7 | | 1 | 移动互联网 | 移动环境 | |
| 2 | | 1 | 视觉吸引力 | 视觉感知 | |
| 2 | | 1 | 体验美好 | 美感 | 美感（4） |
| 2 | | 1 | 有趣的发现 | 趣味性 | |
| 20 | | 1 | 积极效果 | 积极情绪 | 情绪传染（39） |
| 11 | | 1 | 积极影响 | 积极情绪 | |
| 2 | | 1 | 积极联想 | 积极情绪 | |
| 2 | | 1 | 负面影响 | 消极情绪 | |
| 2 | | 1 | 负效应 | 消极情绪 | |
| 2 | | 1 | 主要缺点 | 消极情绪 | |

（续表）

| 文献提及频次 | 突现文献指数 | Sigma 值 | 关键词 | 核心范畴 | 主范畴 |
|---|---|---|---|---|---|
| 35 | | 1 | 移动购物 | 购物渠道 | 渠道丰富度（75） |
| 14 | | 1 | 网络购物 | 购物渠道 | |
| 5 | | 1 | 在线购买 | 购物渠道 | |
| 5 | | 1 | 移动购物者 | 购物渠道 | |
| 4 | | 1 | 实体商店 | 购物渠道 | |
| 2 | | 1 | 购物网站 | 购物渠道 | |
| 2 | | 1 | 购买渠道 | 购物渠道 | |
| 2 | | 1 | 在线市场 | 购物渠道 | |
| 2 | | 1 | 移动购物代理 | 购物渠道 | |
| 2 | | 1 | 管理在线购物网站 | 购物渠道 | |
| 2 | | 1 | 电子商务平台 | 购物渠道 | |
| 4 | | 1 | 在线零售商 | 渠道整合能力 | 渠道融合度（8） |
| 2 | | 1 | 零售店 | 渠道整合能力 | |
| 2 | | 1 | 零售业 | 渠道整合能力 | |
| 6 | | 1 | 人类行为 | 群体行为 | 群体认同（33） |
| 2 | | 1 | 共同经历 | 群体认同 | |
| 25 | | 1 | 社交网络 | 社交关系 | |
| 16 | 4.35 | 1.01 | 智能电话 | 商业智能化 | 商业智能化水平（40） |
| 8 | 3.33 | 1 | 智能手机用户 | 商业智能化 | |
| 3 | | 1 | 智能手机应用 | 商业智能化 | |
| 3 | | 1 | 业务模式 | 商业智能化 | |
| 2 | | 1 | 智能电网计划 | 商业智能化 | |
| 2 | | 1 | 智能系统科学 | 商业智能化 | |
| 2 | | 1 | 智能系统 | 商业智能化 | |
| 2 | | 1 | 计算机智能 | 商业智能化 | |
| 2 | | 1 | 自主移动机器人 | 自动感知与响应能力 | |

（续表）

| 文献提及频次 | 突现文献指数 | Sigma 值 | 关键词 | 核心范畴 | 主范畴 |
|---|---|---|---|---|---|
| 37 | 5.94 | 1.09 | 社会化媒体 | 社会化价值传播能力 | 社会化价值开发能力（75） |
| 22 | | 1 | 社会影响 | 社会化价值传播能力 | |
| 6 | | 1 | 社会商业 | 社会化价值传播能力 | |
| 4 | | 1 | 社会价值 | 社会化价值传播能力 | |
| 2 | | 1 | 社会的相互影响 | 社会化价值传播能力 | |
| 2 | | 1 | 社会公益 | 社会化价值传播能力 | |
| 2 | | 1 | 蔬菜货车 | 物流服务能力 | |
| 2 | | 1 | 短时间 | 时间感知 | 时间感知（2） |
| 2 | | 1 | 情报收集 | 数据采集能力 | 数据管理能力（34） |
| 2 | | 1 | 数据收集 | 数据采集能力 | |
| 14 | | 1 | 数据分析 | 数据赋能 | |
| 11 | | 1 | 大数据 | 数据赋能 | |
| 3 | | 1 | 数据设备 | 数据赋能 | |
| 2 | | 1 | 提供数据 | 数据赋能 | |
| 42 | | 1 | 消费者行为 | 消费行为 | 消费行为（75） |
| 19 | | 1 | 购买行为 | 消费行为 | |
| 2 | | 1 | 购物行为 | 消费行为 | |
| 2 | | 1 | 消费行为 | 消费行为 | |
| 2 | | 1 | 消费者购买行为 | 消费行为 | |
| 8 | | 1 | 消费者感知 | 消费者感知 | |

| 文献提及频次 | 突现文献指数 | Sigma 值 | 关键词 | 核心范畴 | 主范畴 |
|---|---|---|---|---|---|
| 23 | | 1 | 住宅新技术 | 新技术嵌入性 | |
| 13 | | 1 | 信息科技 | 新技术嵌入性 | |
| 6 | | 1 | 增强现实 | 新技术嵌入性 | |
| 4 | | 1 | 技术验收 | 新技术嵌入性 | |
| 4 | | 1 | 高级信息网络 | 新技术嵌入性 | |
| 3 | | 1 | 虚拟现实 | 新技术嵌入性 | |
| 3 | | 1 | 云计算 | 新技术嵌入性 | 新技术 |
| 2 | | 1 | 社会信息学 | 新技术嵌入性 | 渗透性 72 |
| 2 | | 1 | 互联网技术 | 新技术嵌入性 | |
| 2 | | 1 | 智能信息技术应用 | 新技术嵌入性 | |
| 2 | | 1 | 信息系统分析 | 新技术嵌入性 | |
| 2 | | 1 | 信息搜索 | 新技术嵌入性 | |
| 2 | | 1 | 信息检索 | 新技术嵌入性 | |
| 2 | | 1 | 信息处理 | 新技术嵌入性 | |
| 2 | | 1 | 新兴技术 | 新技术嵌入性 | |
| 12 | 7.41 | 1.05 | 移动代理 | 移动代理能力 | |
| 14 | | 1 | 服务供应商 | 移动服务能力 | |
| 11 | 4.65 | 1.01 | 服务质素 | 移动服务能力 | |
| 4 | | 1 | 移动支付服务 | 移动服务能力 | |
| 4 | | 1 | 移动银行服务 | 移动服务能力 | 移动服务 |
| 2 | | 1 | web 服务 | 移动服务能力 | 能力 55 |
| 2 | | 1 | 服务器网络 | 移动服务能力 | |
| 2 | | 1 | 提供服务 | 移动服务能力 | |
| 2 | | 1 | 在线健康服务 | 移动服务能力 | |
| 2 | | 1 | 移动数据服务 | 移动服务能力 | |
| 2 | | 1 | 风险认知 | 安全感知 | 移动购物 |
| 2 | | 1 | 风险因素 | 安全感知 | 安全感知 4 |

（续表）

| 文献提及频次 | 突现文献指数 | Sigma 值 | 关键词 | 核心范畴 | 主范畴 |
|---|---|---|---|---|---|
| 55 | | 1 | 购买意向 | 行为意向 | |
| 34 | | 1 | 行为意图 | 行为意向 | |
| 10 | | 1 | 持续意图 | 行为意向 | |
| 7 | | 1 | 消费者意向 | 行为意向 | |
| 6 | | 1 | 计划好的行为 | 行为意向 | 移动购物 |
| 6 | | 1 | 计划行为 | 行为意向 | 意向 128 |
| 4 | | 1 | 用户意图 | 行为意向 | |
| 2 | | 1 | 重用意图 | 行为意向 | |
| 2 | | 1 | 消费者意愿 | 行为意向 | |
| 2 | | 1 | 神经网络 | 行为预测 | |
| 45 | | 1 | 移动技术 | 移动技术嵌入性 | |
| 2 | | 1 | 移动计算机处理技术 | 移动技术嵌入性 | |
| 5 | | 1 | 营销策略 | 移动营销能力 | |
| 4 | | 1 | 移动广告 | 移动营销能力 | |
| 2 | | 1 | 制定适当的营销策略 | 移动营销能力 | |
| 62 | 4.02 | 1.75 | 移动商务 | 移动应用能力 | |
| 49 | | 1 | 移动应用 | 移动应用能力 | |
| 24 | | 1 | 手机银行 | 移动应用能力 | |
| 7 | | 1 | 移动营销 | 移动应用能力 | 移动技术 |
| 7 | | 1 | 移动游戏 | 移动应用能力 | 应用能力 |
| 4 | | 1 | 移动式遥控装置 | 移动应用能力 | 409 |
| 4 | | 1 | 移动支付系统 | 移动应用能力 | |
| 4 | | 1 | 移动通信 | 移动应用能力 | |
| 4 | | 1 | 日常生活 | 移动应用能力 | |
| 2 | | 1 | 移动路径 | 移动应用能力 | |
| 2 | | 1 | 移动自主 | 移动应用能力 | |
| 2 | | 1 | 移动顺序模式挖掘 | 移动应用能力 | |
| 2 | | 1 | 移动顺序模式 | 移动应用能力 | |
| 2 | | 1 | 移动市场 | 移动应用能力 | |

（续表）

| 文献提及频次 | 突现文献指数 | Sigma 值 | 关键词 | 核心范畴 | 主范畴 |
|---|---|---|---|---|---|
| 2 | | 1 | 移动学习 | 移动应用能力 | |
| 2 | | 1 | 移动手机 | 移动应用能力 | |
| 2 | | 1 | 移动商务环境 | 移动应用能力 | |
| 2 | | 1 | 移动商务使用活动 | 移动应用能力 | 移动技术应用能力 409 |
| 109 | | 1 | 移动装置 | 移动硬件能力 | |
| 22 | 3.49 | 1.04 | 移动用户 | 移动用户能力 | |
| 6 | | 1 | 手机用户 | 移动用户能力 | |
| 31 | | 1 | 移动支付 | 移动支付能力 | |
| 10 | | 1 | 便利条件 | 便利性 | |
| 2 | | 1 | 转换成本 | 忠诚度 | |
| 2 | | 1 | 顾客忠诚度 | 忠诚度 | 忠诚度 22 |
| 2 | | 1 | 优惠券赎回率 | 忠诚度 | |
| 2 | | 1 | 消费者忠诚度 | 忠诚度 | |
| 4 | | 1 | 客户满意度 | 满意度 | |

如图 3-3 所示,在上述扎根分析基础上,我们进一步结合文献内容分析,得到如下基于 WOS 数据库的移动购物行为影响因素。其中,社会和环境因素与环境感知、社会化价值开发能力、美感、价值感知和交互体验有关;技术因素与新技术嵌入性、移动技术服务能力、移动技术应用能力、商业智能化水平、数据管理能力和客户智能有关;个体和群体因素与采纳意愿、创新活力、撮合行为、个体特征、行为控制、安全感知、情绪传染和群体认同有关;时空因素与时间感知、空间感知能力、渠道丰富度和渠道融合度有关;行为绩效因素与移动购物意向、消费行为、决策能力、期望行为和忠诚度有关。

### 3.3.2　基于 CSSCI 数据库的移动购物行为主题聚类分析

在上一节,我们从全球视角分析了移动购物行为影响因素理论模型,本节我们从中国学者视角探索移动购物行为特征及影响因素。首先,如图 3-4 所示,我们利用 CiteSpace 文献知识图谱分析软件,对 CSSCI 数据库中有关移动购物行为进行可视化聚类呈现。

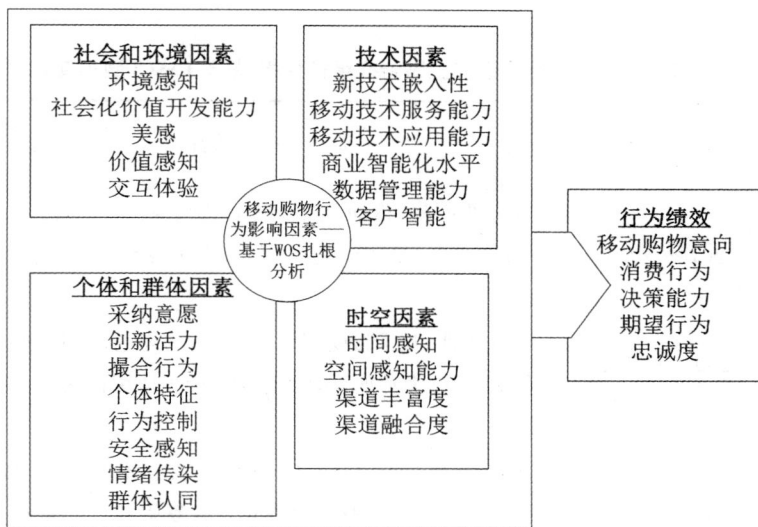

图 3‑3　基于 WOS 的移动购物行为影响因素理论模型

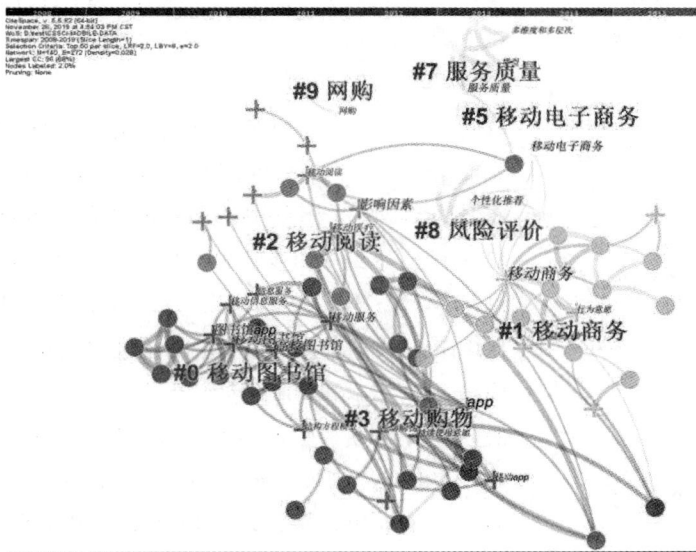

图 3‑4　基于 CSSCI 数据库的移动购物行为关键词聚类知识图谱

　　其次，如表 3‑2 所示，我们对中国学者有关移动购物行为文献成果进行聚类分析，共形成九类主题，时间跨度为 2009—2019 年之间，每个聚类都形成了显著的类特征。

表 3-2　移动购物行为研究主题特征聚类分析（基于 CSSCI 数据库）

| 聚类编号 | 时间跨度 | 聚类特征 |
|---|---|---|
| ♯0 | 2014—2016 | 移动图书馆；移动 App；图书馆服务；信息服务；移动用户；移动信息服务；移动服务；用户采纳；移动应用；功能设计 |
| ♯1 | 2009—2012；2016—2018 | 用户采纳；技术接受模型；理性行为理论；心理舒适感；隐私反馈；行为意愿；隐私保护；持续使用；ECM 信任因素模型 |
| ♯2 | 2013；2016—2019 | 移动阅读；用户体验；艺术范式；交互体验设计；移动数字阅读；广告活动；移动互联网；服务质量；异国文化认同；规范思维；消费者信任；感知风险；跨境网购；用户信任 |
| ♯3 | 2012；2015—2019 | 移动购物；移动环境刺激；持续意愿；隐私计算理论；个人信息；信息隐私关注；消费者创新性；采纳行为；期望确认模型；持续使用意愿；沉浸体验；自我披露意愿；期望确认模型；音乐社交 |
| ♯5 | 2010；2012；2016—2017 | 移动电子商务；决策偏好；个性化推荐；情景模型；多维信息推荐；移动支付；感知价值；在线评论；参照群体；网购意愿；参照效应；感知风险；互联网信息；战略联盟 |
| ♯7 | 2009；2017 | 服务质量；多维度和多层次；服务质量评价；语言评价信息；移动数字阅读；信息质量；退出意愿；服务质量评价 |
| ♯8 | 2018 | 风险评价；信息披露；个人隐私；网络分析法；信息泄露；隐私信息；模糊综合评价法 |
| ♯9 | 2012；2014；2016 | 服务拥塞度；资源配置；网购快递；服务资源；态度确定性；标签内容；态度矛盾性；在线评论意愿；税收征管；商品推荐；供应链资源整合；第四方物流 4PL；模型及算法；态度确定性 |

　　基于 CSSCI 聚类分析基础上，我们进一步梳理得到中国学者关注的移动购物行为属性特征，进而归纳整理得到如图 3-5 所示的移动购物行为影响因素。

其中,移动购物社会与环境感知因素与跨境、情景、税收征管、信息质量、参照群体、战略联盟和移动环境刺激等有关;移动购物风险感知因素与隐私反馈、隐私保护、感知风险、隐私计算、隐私关注、风险评价、信息披露和信息泄露等有关;移动购物心理因素与期望、态度、信任、舒适感、文化认同、采纳行为、评论意愿、自我披露、决策偏好、感知价值、技术接受能力、沉浸体验、交互式体验、退出意愿和持续使用意愿等有关;移动购物的物流与服务质量因素与服务拥塞度、服务资源、服务质量、消费者创新、供应链资源整合水平和第四方物流服务能力等有关;个性化应用因素与个性化推荐、多维信息推荐、音乐社交、移动阅读、移动广告、移动支付等有关。

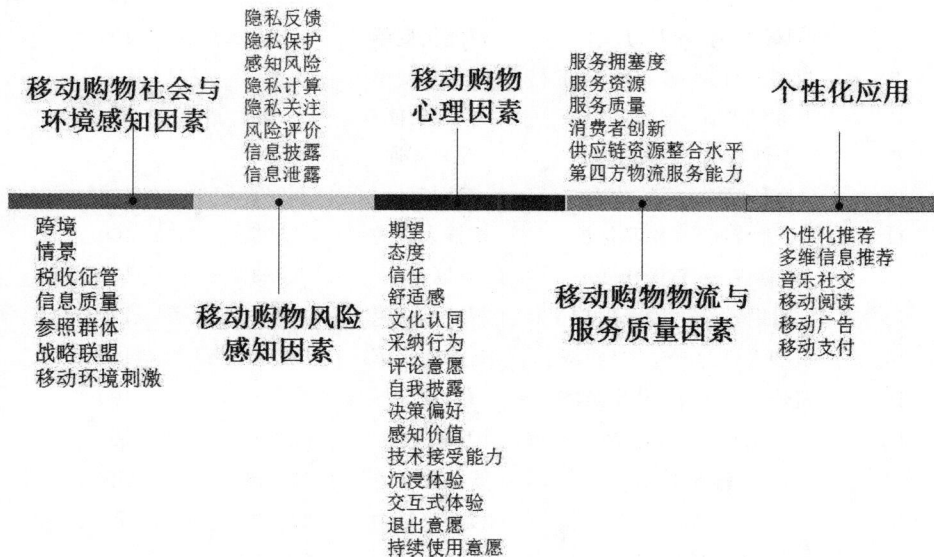

图 3‑5　基于 CSSCI 聚类的移动购物影响因素框架图

## 3.4　基于媒体智库的移动购物行为特征挖掘及影响因素分析

### 3.4.1　移动购物行为特征提取及关联分析

由于移动电子商务的快速变革,各种实践获得了突破性进展,各种媒体纷纷报道,持续跟进,同时新媒体也借助自身传播优势广泛传播移动电商的创新应用,使消费者有了广泛的参与和认可,这助推了移动购物市场的繁荣。然而,相关理论却滞后于移动电商实践,想要全面理清移动购物行为的影响因素,有必要从媒体智库出发,挖掘其行为特征。因此,我们利用 IBM SPSS Modeler 18.0 数据挖掘软件,对媒体智库移动购物有关的文本内容进行 Apriori 算法关联挖掘。如表 3-3 所示,我们得到 41 个关联规则。

表 3-3　基于 Apriori 算法的移动购物行为关联规则

| 编号 | 前项 | 后项 | 支持度 | 置信度 |
| --- | --- | --- | --- | --- |
| 1 | 个性特征 | 智能化变革 | 10.526 | 100 |
| 2 | 隐私保护 | 机器人行为 | 7.895 | 100 |
| 3 | 区块链技术 | 5G 体验 | 5.263 | 100 |
| 4 | 隐私保护 | 智能化变革 | 7.895 | 100 |
| 5 | 国产认同 | App | 5.263 | 100 |
| 6 | 共享行为 → 移动支付 | 智能化变革 | 5.263 | 100 |
| 7 | 机器人行为 → 移动支付 | 智能化变革 | 5.263 | 100 |
| 8 | 互联网产业 → 数字经济 | 人工智能 | 5.263 | 100 |
| 9 | 个性特征 → 5G 体验 | 互联互通 | 5.263 | 100 |
| 10 | 隐私保护 → 5G 体验 | 互联互通 | 5.263 | 100 |
| 11 | 个性特征 ＋ 隐私保护 | 机器人行为 | 7.895 | 100 |
| 12 | 新零售 → 智能化变革 | 互联互通 | 5.263 | 100 |
| 13 | 个性特征 ＋ 隐私保护 | 智能化变革 | 7.895 | 100 |
| 14 | 机器人行为 → 共享经济 | 智能化变革 | 5.263 | 100 |
| 15 | 机器人行为 ＋ 共享经济 | 移动支付 | 5.263 | 100 |
| 16 | App → 5G 体验 | 互联互通 | 5.263 | 100 |
| 17 | 移动支付 | 智能化变革 | 10.526 | 75 |
| 18 | App | 机器人行为 | 10.526 | 75 |
| 19 | 短视频行为 | 互联互通 | 10.526 | 75 |
| 20 | 短视频行为 | 5G 体验 | 10.526 | 75 |
| 21 | 移动入口 | 智能化变革 | 10.526 | 75 |
| 22 | 短视频行为 | 智能化变革 | 10.526 | 75 |
| 23 | 个性特征 | 机器人行为 | 10.526 | 75 |
| 24 | 机器人行为 | 智能化变革 | 10.526 | 75 |
| 25 | 大数据技术 | 个人信息 | 7.895 | 66.667 |
| 26 | 大数据技术 | 智能化变革 | 7.895 | 66.667 |
| 27 | 互联网产业 | 数字经济 | 7.895 | 66.667 |
| 28 | 互联网金融 | 智能手机 | 7.895 | 66.667 |
| 29 | 互联网产业 | 人工智能 | 7.895 | 66.667 |

（续表）

| 编号 | 前项 | 后项 | 支持度 | 置信度 |
|------|------|------|--------|--------|
| 30 | 隐私保护 | 互联互通 | 7.895 | 66.667 |
| 31 | 智能手机 | 智能化变革 | 7.895 | 66.667 |
| 32 | 隐私保护 | 法律规范 | 7.895 | 66.667 |
| 33 | 隐私保护 | 5G 体验 | 7.895 | 66.667 |
| 34 | 大数据技术 | 信息安全 | 7.895 | 66.667 |
| 35 | 移动互联网 | 机器人行为 | 7.895 | 66.667 |
| 36 | 隐私保护 → 工业互联网 | 互联互通 | 7.895 | 66.667 |
| 37 | 短视频行为 → 5G 体验 | 互联互通 | 7.895 | 66.667 |
| 38 | 移动支付 → 智能化变革 | 互联互通 | 7.895 | 66.667 |
| 39 | 个性特征 ＋ 隐私保护 | 5G 体验 | 7.895 | 66.667 |
| 40 | 个性特征 ＋ 隐私保护 | 互联互通 | 7.895 | 66.667 |
| 41 | App → 智能化变革 | 互联互通 | 7.895 | 66.667 |

如图 3-6 和图 3-7 所示，为了使以上关联规则能更加直观地呈现给读者，我们利用 IBM SPSS Modeler 18.0 软件的网络图功能，输出关联网络图，线越粗代表两者关联性越高。

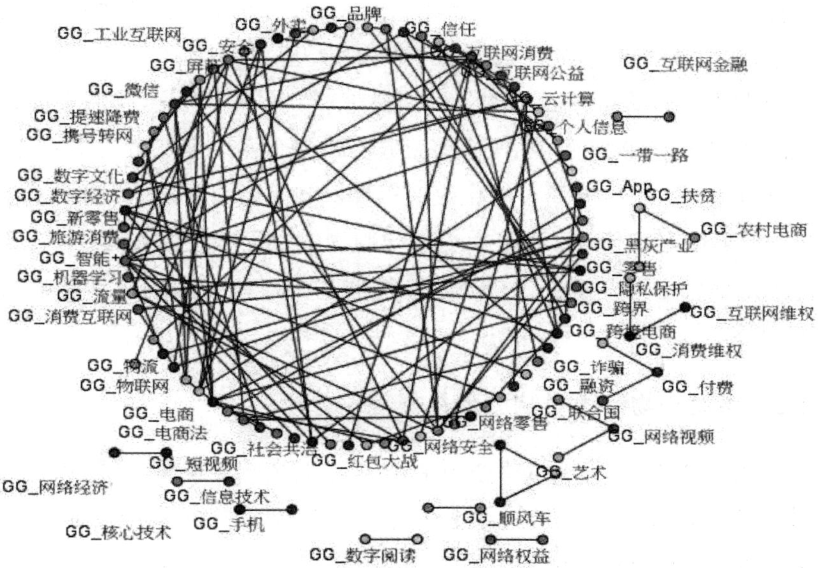

**图 3-6　基于媒体智库的移动购物行为关联网络图（a）**

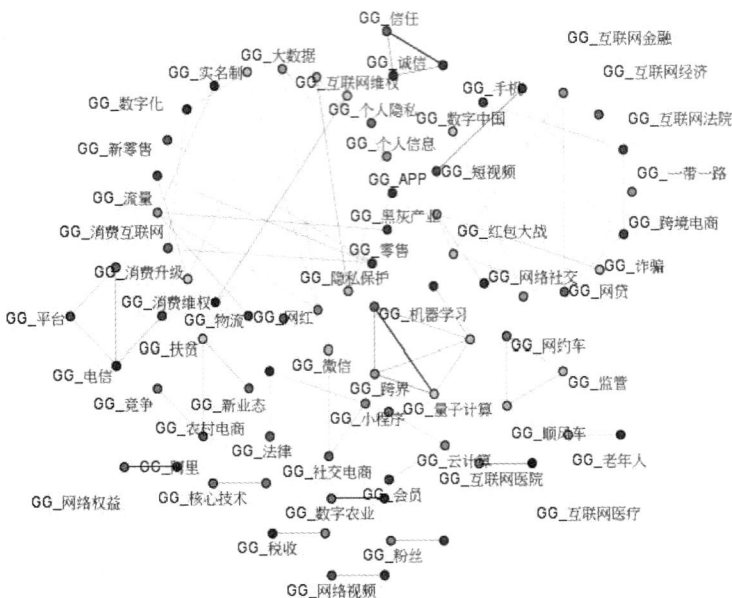

**图 3‑7　基于媒体智库的移动购物行为关联网络图（b）**

从图 3‑6 和图 3‑7 可以看出，一方面，媒体智库报道了当前移动商务中最基础、最前沿、最新颖的移动商务及其商业模式；另一方面，关联网络图也反映了处于核心网络边缘的移动商务离散特征，例如，"互联网法院""互联网医疗""网络权益"等特征是移动商务面对的各种新挑战、新机遇。为此，我们全面梳理以上智库数据挖掘的关联模型，发现移动商务实践中企业以消费者为中心，搭建产业协同与开放平台、工厂电商智能化改造等环境与平台，积极将移动技术嵌入移动购物，并保障隐私安全，而消费者在移动购物中要面临技术焦虑、信任危机等心理因素的影响。因此，如图 3‑8 所示，得到基于媒体智库的移动购物行为影响因素框架图。

### 3.4.2　移动购物行为影响因素扎根理论分析

（1）开放式编码。上述数据挖掘中的结果主要依赖关联算法，意味着一些重要的因素因算法的不同可能被过滤或去除。因此，我们对媒体智库的文本内容再进行深入的内容分析，以弥补机器学习的不足。首先，如表 3‑4 所示，对 858 条标注文本进行开放式编码。

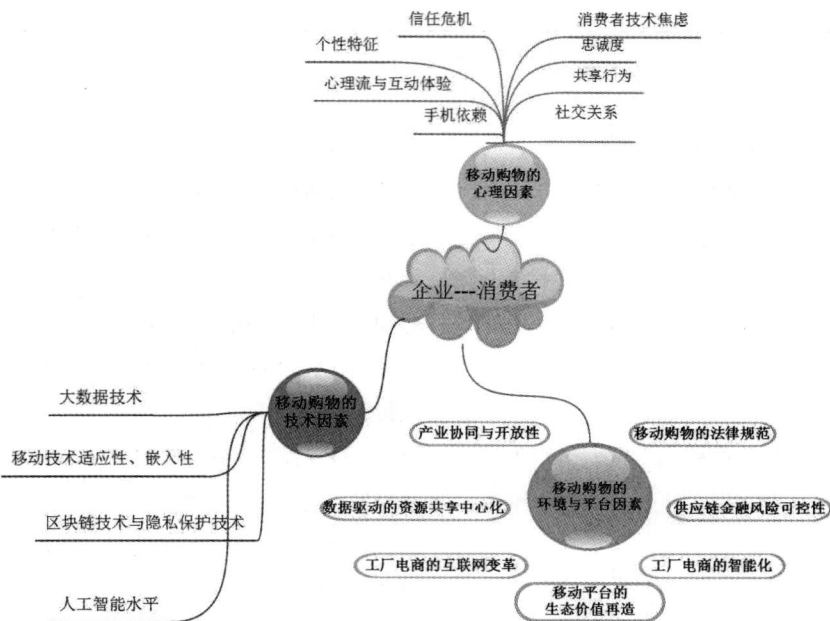

**图 3‑8　基于媒体智库的移动购物行为影响因素框架图**

**表 3‑4　开放式编码（总标注词数 858，以下为部分编码）**

| ID | 范畴 | 标注条 | 百分比（%） | 典型原始资料语句 |
|----|------|--------|------------|------------------|
| 01 | 人工智能 | 76 | 8.86 | AI 时代下智慧教育已成趋势 如何让技术成为支持而非控制？ |
| 02 | 5G | 44 | 5.13 | 5G 时代带来的远不只是速度 |
| 03 | 网络零售 | 35 | 4.08 | 去年电子商务交易达 31.63 万亿元，网络零售超 9 万亿元 |
| 04 | 互联网 | 30 | 3.50 | 互联网下"直销"和"返利"如何共生 |
| 05 | 共享经济 | 28 | 3.26 | 共享经济可持续发展路正宽 |
| 06 | 数字经济 | 28 | 3.26 | 中国数字经济规模已达 31 万亿元 约占 GDP 三分之一 |
| 07 | 电商法 | 23 | 2.68 | 电商法实施 行业更规范 |
| 08 | 互联网企业 | 23 | 2.68 | 互联网行业"吃青春饭"但总有什么能对抗衰老 |

（续表）

| ID | 范畴 | 标注条 | 百分比（%） | 典型原始资料语句 |
|---|---|---|---|---|
| 09 | 网络安全 | 20 | 2.33 | 技术与安全应该找到平衡点 |
| 10 | 智能化 | 19 | 2.21 | 打造智能城市从点滴做起 |
| 11 | 电商经济 | 18 | 2.10 | 央视特别报道"2019中国电商半年报"：电商增速触顶…… |
| 12 | 移动支付 | 16 | 1.86 | 移动支付重塑中国"繁荣线" |
| 13 | App | 15 | 1.75 | 知名国际数据分析：支付宝是中国最热门数字支付服务平台 |
| 14 | 跨境电商 | 14 | 1.63 | 跨境电商赋能"一带一路"建设 |
| 15 | 智慧化 | 14 | 1.63 | 智慧城市建设切莫一哄而上 |
| 16 | 快递 | 13 | 1.52 | 2018年中国快递发展指数报告：业务量占全球快递包裹…… |
| 17 | 短视频 | 12 | 1.40 | 半年增1亿用户 短视频成移动互联网最后一座金矿 |
| 18 | 网约车 | 12 | 1.40 | 网约车加重拥堵，但并非唯一"真凶" |
| 19 | 春节 | 11 | 1.28 | 春节红包大战之外 还有其他玩法吗 |
| 20 | 工业互联网 | 11 | 1.28 | 工业互联网究竟是怎样一张"网" |
| 21 | 隐私 | 10 | 1.17 | 用户隐私，App不可触碰的"高压线" |
| 22 | 智能手机 | 10 | 1.17 | 调查显示：智能手机首度超越计算机成为网购主要工具 |
| 23 | 大数据 | 9 | 1.05 | 大数据会是媒体融合发展的下一个风口吗 |
| 24 | 零售 | 9 | 1.05 | 入股线下商场超市 多家互联网巨头布局大快消零售 |
| 25 | 流量 | 9 | 1.05 | "流量换金钱"的阅读忧思 |
| 26 | 社交 | 9 | 1.05 | 互联网协会报告：社交电商规模将超2万亿元 |
| 27 | 数据安全 | 9 | 1.05 | 人民时评：共同守护数据安全 |
| 28 | 数字化 | 9 | 1.05 | 报告：数字化成产业互联网突破口 |
| 29 | 网红经济 | 9 | 1.05 | 智见：网红经济需探索可持续盈利方式 |

（续表）

| ID | 范畴 | 标注条 | 百分比（%） | 典型原始资料语句 |
|---|---|---|---|---|
| 30 | 机器人 | 8 | 0.93 | 研究报告:2030 年机器人或将取代 2000 万个制造业岗位 |
| 31 | 区块链 | 8 | 0.93 | 区块链存储四大优势不可不知 |
| 32 | 网贷 | 8 | 0.93 | 李鑫:以互联网贷款化解融资难尚需破除多重障碍 |
| 33 | 消费 | 8 | 0.93 | 2018 阿里生活服务大数据发布 揭示消费升级新现象 |
| 34 | 信息安全 | 8 | 0.93 | 加强个人信息安全须提升管理技术 |
| 35 | 产业互联网 | 7 | 0.82 | 产业互联网转型助推云业务快速增长 |
| 36 | 安全 | 6 | 0.70 | 构建自主可控的物联网安全秩序 |
| 37 | 科技 | 6 | 0.70 | "时髦"新职业是科技进步的展现 |
| 38 | 农村电商 | 6 | 0.70 | 人民日报:激活农村电商的致富潜能 |
| 39 | 网络直播 | 6 | 0.70 | 网络直播中低俗行为怎么管? 专家建议立法进行规范 |
| 40 | 携号转网 | 6 | 0.70 | 携号转网乱了谁的阵脚 |
| 41 | 新零售 | 6 | 0.70 | 新零售何时走出"试错期"? |
| 42 | 白皮书 | 5 | 0.58 | 区块链司法存证应用白皮书正式发布 |
| 43 | 版权 | 5 | 0.58 | 网络版权保护,多方合作才能行稳致远 |
| 44 | 法律 | 5 | 0.58 | 面对人工智能 法律应该做什么 |
| 45 | 个人信息 | 5 | 0.58 | 人民日报:筑牢个人信息安全防线 |
| 46 | 互联网医疗 | 5 | 0.58 | 未来互联网医疗市场增速约四成 |

　　(2)主轴编码。如表 3 - 5 所示,我们在开放式编码基础上,对其进行主轴编码,得到影响移动购物行为的三大因素:宏观产业协同性、数字化变革和价值共生性。其中,宏观产业协同性与全渠道融合度、技术嵌入度、政策支持度有关;数字化变革与数字化路径、流畅度体验、数字化风险感知有关;价值共生性与数字权利、口碑信誉、利润共享、合作共赢、服务锁定、资源共通有关。

表 3-5　主轴编码

| 影响因素 | 主范畴 | 概念化关键词 |
|---|---|---|
| **宏观产业协同性**<br>(宏观产业协同性是对企业提供市场机遇的主要社会力量的动员和协同效应,包括互联网的基础设施保障,移动购物的技术保障与协同,政策支持与产业协同) | 全渠道融合度 | 互联网 |
| | | 互联网企业 |
| | | 互联网产业 |
| | | 互联网法院 |
| | | 互联网客服 |
| | | 互联网保险 |
| | | 互联网广告 |
| | | 互联网融资 |
| | | 互联网消费 |
| | | 工业互联网 |
| | | 互联网医疗 |
| | | 产业互联网 |
| | | 互联网经济 |
| | | 互联网金融 |
| | | 移动互联网 |
| | | 物联网 |
| | 技术嵌入度 | 人工智能 |
| | | 人脸识别 |
| | | 机器人 |
| | | 新技术 |
| | | 云计算 |
| | | 大数据 |
| | | 携号转网 |
| | | 创新 |
| | | IT |
| | | 搜索引擎 |
| | | 智能化 |
| | | 智能＋ |
| | | 智慧化 |
| | | 科技 |
| | | 黑科技 |
| | 政策支持度 | 白皮书 |
| | | 国产 |
| | | 一带一路 |

（续表）

| 影响因素 | 主范畴 | 概念化关键词 |
|---|---|---|
| **数字化变革**<br>（数字化变革是企业利用数字化技术进行自我改变和自我发展的战略选择，是数字时代的特征，机遇与挑战并存的变革） | 数字化路径 | 数字中国 |
| | | 数字阅读 |
| | | 数字经济 |
| | | 数字税 |
| | | 数字贸易 |
| | | 数字丝路 |
| | | 数字化 |
| | 流畅度体验 | 5G |
| | | 6G |
| | 数字化风险感知 | 网络安全 |
| | | 数据安全 |
| | | 信息安全 |
| | | 安全 |
| | | 个人信息保护 |
| | | 隐私 |
| | | 个人隐私 |
| | | 支付安全 |
| | | 传销 |
| | | 黑灰产业 |

（续表）

| 影响因素 | 主范畴 | 概念化关键词 |
|---|---|---|
| **价值共生性**<br>（价值共生性是市场运作各个领域的各自价值呈现出共同实现的和谐面貌,是个体价值或局部价值与总体价值的和谐共生,也是未来互联网时代发展的目标） | 数字权利 | 法律 |
| | | 电商法 |
| | | 版权 |
| | | 网络版权 |
| | | 知识产权 |
| | | 知识付费 |
| | | 会员经济 |
| | 口碑信誉 | 网红经济 |
| | | 网络直播 |
| | | 信息消费 |
| | 利润共享 | 流量 |
| | | 共享经济 |
| | | 顺风车 |
| | 合作共赢 | 网约车 |
| | | 网约护士 |
| | 服务锁定 | 短视频 |
| | | 视频 |
| | | 网贷 |
| | | 服务 |
| | | 快递 |
| | | 社交 |
| | | 外卖 |
| | 资源共通 | 电商经济 |
| | | 电商平台 |
| | | App |
| | | 网购 |
| | | 海淘 |
| | | 消费 |
| | | 智能手机 |
| | | 物流 |
| | | 小程序 |

## 3.5　本章小结

首先，通过 WOS 文献数据库的文献计量分析，获得了全球学者关于移动购物行为影响因素的研究成果，其主要因素包括社会与环境因素、技术因素、个体与群体因素、时空因素。这些因素包含了丰富的子因素，例如，"美感""新技术嵌入性""采纳意愿""时间感知""忠诚度"等。

其次，通过 CSSCI 中文文献数据库的文献聚类分析，获得了中国学者关于移动购物行为影响因素的研究成果，其主要因素包括移动购物社会与环境感知因素、移动购物风险感知因素、移动购物心理因素、物流与服务质量因素和个性化应用因素。这些因素包含了中国情景下的移动购物行为的一些具体影响因素，例如，"移动环境刺激""隐私保护""舒适感""沉浸体验""服务拥塞度""个性化推荐"等。

再次，通过移动电商实践智库报告的文本挖掘、关联分析和扎根分析，获得中国实践背景下移动购物行为影响因素的研究成果，其主要因素包括宏观产业协同性因素、数字化变革因素和价值共生性因素。这些因素包含了中国电商情景下移动购物行为的一些宏观及生态价值因素，例如，"互联网法院""政策支持度""流畅度体验""技术焦虑""利润共享""合作共赢"等。

最后，我们整理了 WOS 全球学者、CSSCI 中国学者及媒体智库等观点，全方位审视移动购物行为的综合影响因素。结果发现，基于学术视角的移动购物行为影响因素比较偏向微观因素，而基于实践视角比较偏向产业、战略联盟等宏观因素。因此，我们对两种视角进行了整合，最后形成如图 3-9 所示的移动购物行为影响因素综合模型。其主要因素包括情景与社会环境因素、技术与服务因素、消费者心理因素。这些因素包含了产业政策与规范、共生性组织、时空情景感知、技术服务能力、移动技术嵌入性与适应性、互动与美感体验、信任及认同等。

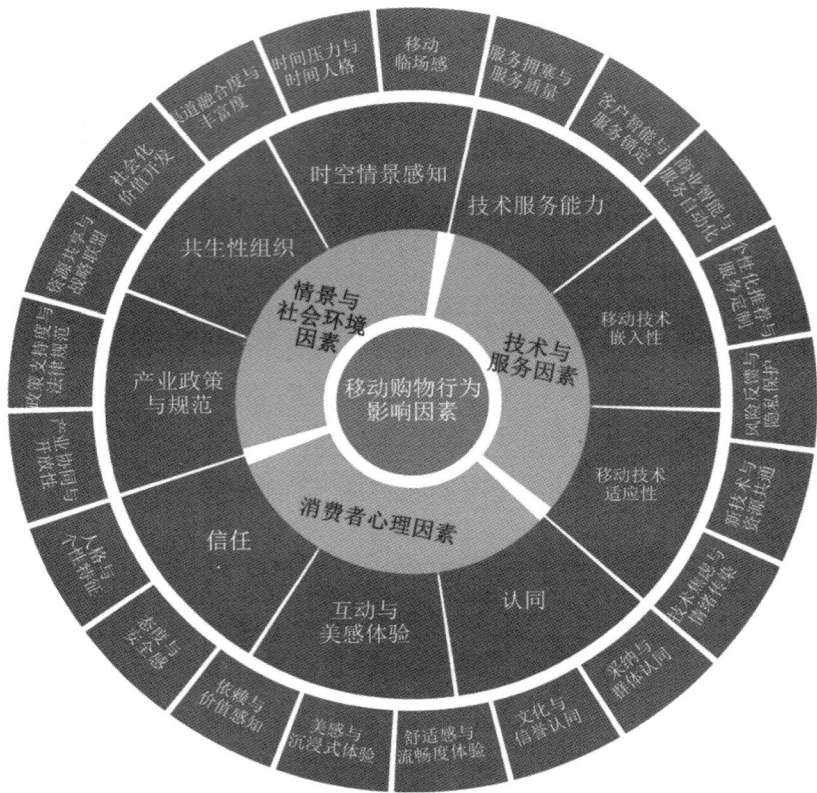

图 3 - 9　基于文献计量与媒体智库内容分析的移动购物行为影响因素综合模型

# 第4章 临场感与依恋视角下移动购物行为案例研究

【本章导读】

第 3 章提供了移动购物行为的综合影响因素模型,获得了重要研究结论。在移动商务时代,阅读其他消费者的评论信息现已成为网购消费者进行品牌与商品评估的重要渠道,和其他消费者进行在线品牌与商品的讨论也成为消费者做出购买选择前的重要步骤,消费者对于品牌的正面口碑传播成为网络商家低成本且有效的营销方式,如何促进消费者传递品牌正面的口碑信息成为我们的研究重点。为此,本章将以移动购物平台——小红书为案例研究对象,采用实证研究方法,综合探讨移动购物情景下,移动临场感、信息处理与品牌依恋对移动口碑传播的影响。研究发现:品牌依恋正向显著影响移动口碑传播;品牌忠诚和信任对品牌依恋与移动口碑传播起部分中介作用;移动空间临场感正向影响移动口碑传播。最后,本章提出了口碑传播的相关建议及未来研究展望。

## 4.1 研究目的

移动网络环境的不断改善和个人智能终端的快速覆盖促使传统 PC 端的网购用户迅速且大量地向移动端分流,各类移动购物 App 成为网购消费者选择商品时必不可少的工具。中国互联网络信息中心(CNNIC)的统计发现,截至 2018 年底,中国网民数量达到 8.29 亿,手机网民占比为 98.6％,72.5％的网民使用手机购物,手机购物的网民数量持续增长。在移动网络环境下,手机等移动智能终端成为 24 小时的在线传感器和购物工具,人们可以随时随地进行移动在线交易。正是由于移动购物具有随时随地性、个性化和便利性等特点,因此,移动口碑传播不同于传统口碑和基于 PC 固定互联网的网络口碑。口碑传播是非正式的信息传播,积极的口碑传播对企业提升顾客资产价值以及产品的市场绩效大有裨益。相比传统的商业广告等企业控制的信息源,品牌的口碑内容来源于品牌购买者,因而,对潜在消费者具有非常强和不同的影响力,正是因为这个原因,来自消费者之间的口碑传播被认为是可信且有效的信息源。同时,正面的品牌传播信息能够提高人们对品牌的认知度、促进新产品的快速扩散、提高品牌销量,进而提升企业销售的利润和市场竞争力;反之,负面口碑的传播会带来显著的破坏作用,甚至影响企业的长期发展。因此,口碑传播越来越受到品牌管理者的重视。在移动购物环境下,消费者可以在短时间内获取大量的品牌信息,这也使越来越多的在线商家意识到口碑传播的重要性,相比投资于传统的媒体广告,他们也在尝试更加便捷且有效的互联网手段,如小红书等营销平台积攒"人脉",吸引消费者关注品牌。本章研究将从品牌依恋、品牌信任等移动网购者与品牌之间的关系出发,考虑移动环境的特殊因素,研究移动端网购用户的口碑传播行为,研究结论可以为在线商家激发网购者的正向口碑传播行为引出策略。以往关于口碑传播的研究多集中在传统企业的线下口碑和固定互联网背景下的网络口碑,在移动网络购物的背景下,移动口碑传播的研究相对较少。我们将研究背景完全定义为移动环境,探索网购消费者的口碑传播行为,在理论上丰富口碑传播行为的运作模型。从实践意义上讲,本章研究通过研究中介变量的作用,从研究结果中得出如何增强移动购物消费者进行口碑传播行为的结论,从如何维护品牌与消费者之间的关系、如何构建合适的购物环境以及如何引导消费者做出有效的信息处理方式等角度为移动在线商家提供建议及参考,进而增强消费者对于本店品牌的正向口碑传播,以有效且成本较低的方式获取到更多的忠诚顾客,提升品牌竞争力。

　　本章研究通过对调查问卷反馈数据的整理与分析,旨在探索品牌依恋、移动临场感和信息处理对移动口碑传播的影响,并对品牌信任和品牌忠诚的中介作用进行验证。根据研究结果得出研究结论,有依据地对移动在线商家如何引导消费者进行正向移动口碑传播提出建议。

## 4.2　相关理论基础

### 4.2.1　品牌依恋

　　品牌依恋理论概念的提出源于三种理论:心理学中的依恋理论、营销学中的品牌关系理论和自我一致性理论(姜岩,董大海,2008)。随着 Susan Schultz 将心理学中的依恋理论引入营销学领域中,国内外众多学者均对其概念进行明晰和界定,研究成果丰富且具有参考价值。Trinke 等认为,品牌依恋是顾客对特定品牌的特殊的感情和态度(Trinke & Bartholomew,1997);Thomson 等认为,品牌依恋类似于人和人之间的情感依恋(Thomson,Macinnis & Park,2005);Thach 等认为,品牌依恋是顾客与特定品牌的情感联系(Thach & Olsen,2006);Lacoeuilhe 和 Samy(2007)指出,品牌依恋是顾客对某一企业品牌的偏爱和心理上的接近;洪浏妗(2010)认为,人与物之间的情感联系可以用来描述品牌依恋的概念;吴丽丽等(2017)指出,跨文化特性会对品牌依恋产生潜在的影响。总之,学者们对于此概念的界定在表述上略有差异但本质上趋于一致,即都认为顾客与品牌之间的情感纽带关系就是品牌依恋。

### 4.2.2　品牌信任

将信任引入营销学产生了品牌信任的概念,最早研究指出此概念包括可靠性、安全性、忠诚性三方面的内容(Chaudhuri & Holbrook,2001)。品牌信任是对某种品牌的信心和安全感(霍映宝,韩之俊,2004;金玉芳等,2006),让消费者在面临风险时,依旧对某品牌持有一定期望并持续消费(Delgado-Ballester,2003)。研究表明,消费者对企业的信任能够促进其参与度,从而影响品牌信任度(Liu et al.,2018)。总之,品牌信任具体表现在三个方面:对商品品质和企业履行承诺能力的信任以及对企业的认可态度(袁登华,2007)。本章研究将品牌信任定义为消费者经过理性分析、并对某一品牌所持有信心的一种品牌态度。

### 4.2.3　品牌忠诚

品牌忠诚作为购买者的一种心理购买过程,是消费者购买某品牌商品时的一种长期存在的行为反应。在营销学领域中,国内外学者们对于品牌忠诚的研究非常丰富。Dick 和 Basu(1994)认为,品牌忠诚指消费者对于特定品牌的重复购买行为和长期热烈购买的积极态度;后有学者明确提出行为忠诚和态度忠诚的概念(Oliver,1999;Abimbola et al.,2012)。近年来,基于消费者视角形成了品牌忠诚的如下主要观点:重复购买该品牌,愿意为该品牌支付更高的价格,并对该品牌充满持续热情,愿意为其传播正向口碑(Albert et al.,2013);负责任的品牌个性更能激发消费者的自我一致性,使其对竞争品牌的促销活动或诱惑具有更强的免疫力,从而使企业获得更大的竞争优势(Molinillo et al.,2017)。本章研究将品牌忠诚概括为消费者对某一品牌产生了承诺,在面临外界环境的影响及其他品牌的营销活动时,消费者仍然愿意购买该品牌并且维护该品牌的利益。

### 4.2.4 信息处理

研究表明,人们通常使用双系统信息处理模式对信息进行分析和处理。尽管学者们对两个系统命名不同,但是大多数学者都赞同这两种系统分别是基于理性的系统和基于直觉的系统。分析式和启发式就是处理信息的两种方式(Ferreira et al.,2016)。其中,分析式系统按照思考流程进行,占用消费者较多的心理资源,处理速度较慢,因加工的过程和结果更多依赖理性的思考,所以信息处理的过程和结果都可以被消费者感知到;启发式系统依赖于直觉反应,进度快,消费者只能意识到信息处理的结果。一般情况下,消费者会倾向于启动启发式思考,只能从事情的表面特征,按照简单的经验原则做出决定;在特殊情形下,消费者才会投入更多的心理资源,对信息内容进行全面的思考,依次得到结论;也有学者指出,外部信息越复杂,消费者越会主动投入较多的认知成本去思考,进而启动分析式思考模式(Kim et al.,2012)。Zhao 等(2011)认为,如果购买者对某一产品不够了解,他们会更加在意产品在使用时的特征,进入分析式处理模式;如果购买者对某一产品较为了解,他们会更加关注产品使用的结果而非过程,进入启发式处理模式(Zhao,Hoeffler & Zauberman,2011)。

### 4.2.5 移动临场感

临场感(presence)源自人机交互研究领域中的"远程临场感"(telepresence)(Ou et al.,2014),Ijsselsteijn 等学者(2000)从心理学视角认为远程临场感和临场感这两个术语在本质上是同义的,并将临场感分为空间临场感(physical presence)和社会临场感(social presence)(赵宏霞等,2015)。其中,空间临场感指仿佛置身于真实环境的感觉,社会临场感指与人打交道的感受(戴鑫,卢虹,2015)。目前,电商领域的研究中临场感涉及相对甚少;服装类商品购买者感知到的购物界面临场感会影响他们的购物体验和购物选择;功利性价值、享乐价值和信任感会中介社会临场感和消费者对于网站的重复访问;本章研究根据近年来的相关研究成果(于婷婷,窦光华,2014),将临场感定义为网购者对媒介的感知。结合本章研究背景,移动临场感即是消费者对于个人智能移动端的一种感知,并将移动临场感分为移动空间临场感和移动社会临场感两个层面。

### 4.2.6 移动口碑传播

消费者向其他人赞扬、推荐和宣传有关企业、店铺、品牌及产品信息的行为被认为是口碑传播行为(Brown et al.,2005)。Villanueva 等认为口碑是非正式的、不涉及商业信息的交流方式,即被认为是可靠、真实、有效的信息来源,对于信息接收者具有非常强的影响力(Villanueva et al.,2008)。Westbrook(1987)将口碑传播界定为个体之间关于产品和服务的正面和负面评价,这一定义获得了大多数营销学者的认同和支持;张晓飞和董大海(2011)认为网民之间在网络上互相讨论对特定商品、企业或服务的评价、体验、推荐意见即为网络口碑。口碑传播的渠道分为线下和网络两种,本书研究的是以网络为传播渠道的正向移动口碑传播行为,提及的移动口碑传播或口碑传播都特指正向的移动口碑传播,特此备注。本章研究将移动口碑定义为:网购者在移动互联网上通过移动终端和其他消费个体交流对某商品、企业或服务的评价信息的行为(Wiedemann,2007)。

## 4.3 研究假设与模型构建

### 4.3.1 品牌依恋与移动口碑传播的关系

品牌依恋是一种情感依赖,网购者对某商品的情感依赖越强,越会导致其重复购买行为,自然热衷于为该产品传播"好话"。Holt(1998)认为与其他人谈论某个品牌是消费者利用该品牌构建其个性形象过程中重要的一部分,而当消费者认为该品牌和其个性形象越符合时,消费者会越加致力于积极的口碑传播(Carroll & Ahuvia,2006);Carroll 和 Ahuvia(2006)认为较强的情感依赖会让购买者对商品和服务进行正向评价和口碑。关于口碑行为动机的类型目前尚无定论,处于探索阶段(阎俊,2011)。本章研究根据动机理论、口碑传播等已有研究成果,归纳整理了基于场景、品牌和信息的移动网络口碑行为动机,即自我形象塑造、利他主义和责任感(Hu & Kim,2018)。其中,自我形象塑造是主要的心理动机,消费者对自己喜爱的、同时能体现自身个性的品牌会积极地进行口碑传播,尝试着影响身边的人对自己和该品牌的看法,以便凸显自身个性,提高自己在群体中的影响力。而消费者利用品牌构建自我形象的出发点即是其认为该品牌与自己的形象一致、与自己有一定的情感联结,同时,也可以体现出,消费者是依赖该品牌来塑造自我形象的。因此,本章研究提出以下研究假设:

假设 1:品牌依恋对于移动口碑传播具有正向预测作用。

### 4.3.2 品牌依恋、品牌忠诚与移动口碑传播的关系

研究认为,如果品牌表现出的个性和形象与消费者对于自我形象相吻合,那么消费者会对该品牌产生一种情感依赖,双方长时间的情感依赖就会形成消费者对品牌的忠诚情感,进而更加长久地维护与品牌之间的关系(王财玉,2013);研究表明,品牌依恋会影响顾客的态度忠诚(杨春,2009),而忠诚会影响顾客的口碑推荐和传播(谢毅,彭泗清,2014);同时,也有研究表明,口碑传播是表现消费者品牌忠诚的重要行为结果(Srinivasan,2002)。本章研究基于移动购物展开口碑传播的研究,提出以下研究假设:

假设2:品牌忠诚对品牌依恋与移动口碑传播之间的关系具有中介作用。

### 4.3.3 品牌依恋、品牌信任与移动口碑传播的关系

根据品牌依恋理论,我们认为顾客与品牌间的情感依赖越强,即两者关系越密切,顾客越容易对该品牌产生信任。Belaid 和 Behi(2011)研究发现,消费者对于品牌的依恋可以直接影响他们对品牌的信任和忠诚度;我国学者高翔和吕庆华(2012)研究发现,城市品牌依恋对城市品牌信任具有显著的正向影响。

品牌信任来源于心理学中的信任理论,学者们将此概念引申至营销领域中并展开深入研究。最初,学者们将顾客对于品牌的可靠性和友好性程度定义为品牌信任(Doney & Cannon,1997)。Morgan 和 Hunt(1994)的研究指出信任是建立和维系长期顾客关系的关键性因素,当消费者对于店铺、品牌或产品建立起信任时,他们会对此增加正面的、积极的推荐和评价,减少负面的抱怨和讨论(DeWitt,2008),正是由于品牌信任的特殊能力,企业往往将品牌信任作为促进消费者建立品牌忠诚和进行正面口碑传播的前提条件(Sichtmann,2007)。而且,消费者在进行口碑传播行为之前,大多会对传播信息进行真实性和可靠性的判断,只有顾客对品牌或产品有足够相信和认同,他们才会进行传播和扩散;由于提供信息存在风险性,正常情况下,人们都不希望将错误的信息传递给其他人,所以消费者对于品牌高水平的信任才更加容易促进积极口碑传播行为的发生(Ranaweera & Prabhu,2003)。Sichtmann(2007)从社会风险的角度解释了品牌信任对口碑传播意愿及行为的影响,论证了信任度对口碑传播意愿的正向影响。综合梳理口碑传播领域的文献,我们发现,信任被确定是影响口碑传播意图的重要维度,因此,本章研究根据前人的文献支撑,探究品牌依恋、品牌信任和移动口碑传播的关系,提出以下研究假设:

假设 3：品牌信任对品牌依恋与移动口碑传播之间的关系具有中介作用。

### 4.3.4　移动临场感与移动口碑传播的关系

网站呈现给消费者的临场感越强，越会提升顾客的购物体验（Wu，2005），对于进行移动端网购的顾客来说，好的临场感可能会促进他们产生购买行为，进而促进他们对商品性能进行评价与在线讨论。因此，本章研究提出以下研究假设：

假设 4：移动空间临场感对于移动口碑传播具有正向预测作用。

假设 5：移动社会临场感对于移动口碑传播具有正向预测作用。

### 4.3.5　移动临场感、品牌信任与移动口碑传播的关系

Gefen 和 Straub（2004）、Waller 和 Bachmann（2006）研究发现，在互联网的服务场景中，社会临场感知可以引发消费者对于品牌或产品的信任；Suntornpithug 和 Khamalah（2010）研究发现，临场感对信任有正向的预测作用；Shin（2011）发现临场感能够帮助提升消费者在网购过程中的心理安全感和购买体验；吕洪兵（2012）从意识和认知的两个维度，验证了社会临场感对信任的正向预测作用；赵宏霞等（2015）基于互动的视角验证了临场感与顾客信任呈正相关关系；孟宪佳等（2015）提出企业可以通过加强与消费者的互动（人机互动和人人互动）来减少他们对于风险的感知，进而增强顾客对品牌的信任感。

在移动购物背景下，消费者与移动终端的"密切"接触可以增强空间和社会临场感，即增强消费者"身临其境"的感觉和"与他人共在"的感受。通过中外学者的研究我们可以发现，临场感和信任之间存在一定的关系，而消费者对于品牌的信任又可以激发其对品牌信息的口碑传播行为，因此，本章研究基于移动互联网的大环境，提出以下假设：

假设 6：品牌信任对移动空间临场感与移动口碑传播之间的关系具有中介作用。

假设 7：品牌信任对移动社会临场感与移动口碑传播之间的关系具有中介作用。

### 4.3.6　信息处理方式与移动口碑传播的关系

研究发现，当人们接收到特定品牌的口碑信息时，他们会提取品牌信息的关键词（王小毅，2008），然后根据关键词对品牌的可信性进行评估（Bouerau，2009），最终形成自身对于该品牌的情感与态度。由于消费者在移动端网购过程

中,会提取商品信息及评论信息进行推理与决策研究,进而判断是否进行购买行为及购后的口碑传播行为,因此,本章研究认为消费者进行口碑传播行为时会受到启发式系统和分析式系统的影响,进而,本章研究提出以下研究假设:

假设8:启发式信息处理对于移动口碑传播具有正向预测作用。

假设9:分析式信息处理对于移动口碑传播具有正向预测作用。

### 4.3.7　概念模型

根据以上的理论分析与假设,建立如图4-1所示的概念模型。

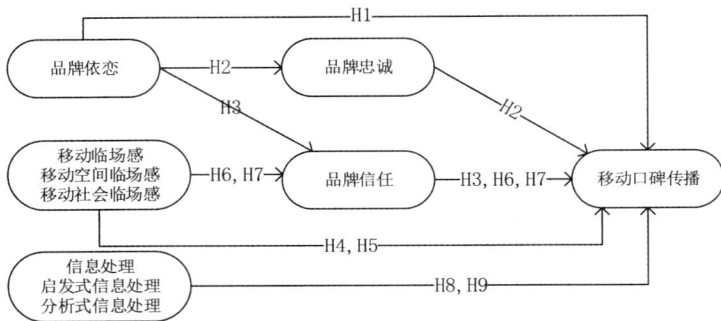

图4-1　概念模型

## 4.4　研究方法

### 4.4.1　调查问卷设计

根据以上分析假设,此次调查问卷共有七部分:人口统计学变量、品牌依恋、品牌信任、品牌忠诚、移动口碑传播、移动临场感和信息处理方式。

第一部分:人口统计学变量共8道题,包括性别、年龄、文化程度、职业、月收入、月网购次数、网购产品类型和钟爱品牌。

第二部分:品牌依恋共4道题,其中第1道题采用Park等(2010)开发的消费者对于特定品牌的依恋和态度测量量表,2、3、4题采用Park等(2006)开发的品牌依恋测量量表;两份量表均得到国内外学者的引用且信效度均得到验证,可以测量消费者对于特定品牌的依恋程度。

第三部分:品牌信任共3道题,采用学者Chaudhuri和Holbrook(2001)开发的品牌信任程度测量量表,原量表中共包含4个测量条目,经本研究的问卷预测结果显示,量表中条目2与其他条目相关性较小,故正式问卷中删除条目2。

第四部分:品牌忠诚共 3 道题,其中第 1 道题来自对 Pedeliento 和 Andreini(2016)开发的工业背景下品牌忠诚度量表的改编,第 2 题来自对 Chaudhuri 和 Holbrook(2001)开发的品牌忠诚程度测量量表中条目的直接引用,第 3 题来自对 Yi 等(2018)开发的展会依恋模型关于忠诚测量量表的改编。

第五部分:移动口碑传播共 3 道题,对学者 Harrison-Walker(2001)开发的口碑传播测量量表做了改编,修订成适合本研究的移动口碑传播量表,对新量表的信效度进行了仔细验证,适合进行下一步分析。

第六部分:移动临场感共 7 道题,其中移动空间临场感 3 道题,移动社会临场感 4 道题。关于移动空间临场感和移动社会临场感的测量分别参考了Barfield 等(1995)和 Hassanein 等(2007)的量表,并结合移动购物特点、预测问卷结果及课题组反复讨论进行了谨慎修改。

第七部分:信息处理方式共 6 道题,其中启发式和分析式各 3 道题。该部分6 道题参考 Griffin、Dunwoody 和 Neuwirth(1999)及 Trumbo(1999,2003)关于信息处理模型研究的量表,并根据问卷预调查结果稍作修订。

问卷共设计 34 道题,除人口统计学方面的 8 道题外,其他 26 道题均采用李克特 7 点评分法,以正向积分进行测量,"从非常不同意"到"非常同意"依次计为1 至 7 分。问卷中条目包含成熟量表和成熟量表改编,整体题目数量适中,各条目易于理解与作答。

### 4.4.2　样本分析

本研究的被调查对象均符合两个要求:①有移动端网购的经验;②有移动端网购的钟爱品牌。在问卷正式发放前,首先将问卷发放给符合上述要求的 38 名预调查对象,回收 37 份有效问卷。在预调查过程中,一对一地了解到调查对象对于问卷条目及结构的反馈,再依据数据信度和效度的检验结果,将品牌依恋量表中第一道题和启发式信息处理量表中第二道题稍作改编,使问题易于理解;将效度检验中旋转后系数较低的条目进行了删减。正式调查采用线上问卷的形式,后期根据被试者是否有钟爱品牌及问卷填写内容真实性来增加问卷的有效性。本次调查共计收回 263 份问卷,其中有效问卷共 205 份。

调查样本中,女性消费者(61.5%)比男性消费者(38.5%)多;18 岁以下和 40岁以上的样本数量较少,18~24 岁的样本数量较多(79.0%),该年龄段的群体多为大学生和研究生,拥有丰富的移动端网购经验,适合进行网购行为研究;文化程度本科占比较高(84.4%),高中及以下(5.4%)与研究生(7.3%)所占比例较为接近;职业中学生占比较高(75.6%),其他职业样本数量分布相对均匀;月个人收入(生活费)低于2 000元的样本数量较多(58.5%),8 001元以上的样本数量较少(3.4%),其他月收入样本数量分布较为均匀;月移动端网购3~5次的样本数量较多(62.0%),8次以上的样本数量较少(7.3%),其他样本数量分布较为均匀;调查问卷中网购产品类型题项为多选题,由调查结果可知,消费者通过移动端网购的产品类型是丰富多样的,其中,游戏话费(51.2%)、服装鞋包(80.5%)、美妆饰品(63.4%)和百货食品(64.9%)占比较高,手机数码(29.8%)、运动户外(22.4%)、书籍报刊(36.1%)和文化玩乐(25.9%)的占比较为接近,如表4-1所示。

表4-1　人口统计学变量的调查结果分析

| 变量 | 类别 | 频数 | 百分比 | 变量 | 类别 | 频数 | 百分比 |
|---|---|---|---|---|---|---|---|
| 性别 | 男 | 79 | 38.5% | 个人月收入 | 低于2 000元 | 120 | 58.5% |
| | 女 | 126 | 61.5% | | 2 000~3 000元 | 34 | 16.6% |
| 年龄 | 18岁以下 | 4 | 2.0% | | 3 001~5 000元 | 22 | 10.7% |
| | 18~24岁 | 162 | 79.0% | | 5 001~8 000元 | 22 | 10.7% |
| | 25~30岁 | 22 | 10.7% | | 8 001元以上 | 7 | 3.4% |
| | 31~40岁 | 12 | 5.9% | 移动端网购次数/月 | 2次以下 | 37 | 18.0% |
| | 40岁以上 | 5 | 2.4% | | 3~5次 | 127 | 62.0% |
| 文化程度 | 高中及以下 | 11 | 5.4% | | 6~8次 | 26 | 12.7% |
| | 大专 | 5 | 2.4% | | 8次以上 | 15 | 7.3% |
| | 本科 | 173 | 84.4% | 移动端网购产品类型 | 游戏话费 | 105 | 51.2% |
| | 研究生 | 15 | 7.3% | | 服装鞋包 | 165 | 80.5% |
| | 博士及以上 | 1 | 0.5% | | 手机数码 | 61 | 29.8% |
| 职业 | 学生 | 155 | 75.6% | | 家用电器 | 28 | 13.7% |
| | 教师 | 8 | 3.9% | | 美妆饰品 | 130 | 63.4% |
| | 公务员 | 4 | 2.0% | | 母婴用品 | 9 | 4.4% |
| | 中高层管理人员 | 13 | 6.3% | | 家居建材 | 8 | 3.9% |
| | 普通员工 | 21 | 10.2% | | 百货食品 | 133 | 64.9% |
| | 进城务工 | 2 | 1.0% | | 运动户外 | 46 | 22.4% |
| | 其他 | 2 | 1.0% | | 书籍报刊 | 74 | 36.1% |
| | | | | | 文化玩乐 | 53 | 25.9% |
| | | | | | 其他 | 5 | 2.4% |

## 4.5　结果及分析

### 4.5.1　描述性统计分析

1) 独立样本 $T$ 检验

为了检验问卷中除人口统计学问题外其他问题的鉴别度,对其进行独立样本 T 检验。由于研究对于调查对象的性别及年龄等没有特别要求,所以本研究选取变量总分值较大和较小的数据作为两类变量。计算问卷中第二部分到第七部分中 26 道题项的总分,将 205 份问卷数据按照总分值大小进行排序,1 类变量为总分值较小的前 27% 的问卷数据,即前 55 份问卷数据,2 类变量为总分值较大的后 27% 的问卷数据,即后 55 份问卷数据,检验上述高低两组数据是否存在显著差异。以题项 1 为例,根据 Levene 法检验结果显示,$F=16.542$,$p=0.000$ 小于 0.05,达到显著水平,所以两组的方差不相等。当两组的方差不相等时,表中 $t$ 检验结果为 $t=-10.241$,$p=0.000$ 小于 0.05,达到显著水平,说明此题项鉴别程度高,不需删除。以此类推,题项 2、3、4、5、6、7、8、9、10、11、12、14、18、19、20、23、24、25、26 均有较高的鉴别度,应当保留。

而对于题项 13,根据 Levene 法检验结果显示,$F=1.25$,$p=0.266$ 大于 0.05,未达到显著水平,所以两组的方差相等。当两组的方差相等时,表中 $t$ 检验结果为 $t=-8.877$,$p$ 值为 0.000 小于 0.05,达到显著水平,说明此题项鉴别程度高,不需删除。以此类推。题项 15、16、17、21、22 均有较高鉴别度,应当保留。

2) 探索性因子分析

如表 4-2 所示,大部分量表的 KMO 值是大于 0.700 的,表明变量适合进行因子分析,其中启发式信息处理的 KMO 值为 0.658,分析式信息处理的 KMO 值为 0.691,尚可进行因子分析。量表总体 KMO 值为 0.899＞0.5,适合进行因子分析。此外,Bartlett 的球形度检验显示,近似卡方值＝3 644.135,自由度 $df=325$,显著性 $p$ 值小于 0.001,达到显著水平,说明变量间含有共同因素,适合进行探索性因子分析。

表 4 - 2  分量表及总量表 KMO 和 Bartlett 的检验

| 变量及测量问项 | 结果 | 量表来源 |
|---|---|---|
| 品牌依恋：<br>(1)消费该品牌产品已成为我生活的一部分<br>(2)该品牌作为我自身的一部分能够很好地反映我是谁<br>(3)我有时不自觉地在脑海里涌起对该品牌的思绪<br>(4)我经常对该品牌产生感想 | $KMO=0.762$<br>卡方$=372.091$<br>$df=6$<br>$Sig=0.000$ | Park et al.,2006；<br>Park et al.,2007 |
| 品牌信任：<br>(1)该品牌有能力满足消费者的需求<br>(2)该品牌是个诚实的品牌<br>(3)该品牌是个可靠的品牌 | $KMO=0.729$<br>卡方$=356.729$<br>$df=3$<br>$Sig=0.000$ | Chaudhuri &<br>Holbrook,2001 |
| 品牌忠诚：<br>(1)如果我必须更换该品牌的一个产品,我会买同样的牌子<br>(2)我愿意为该品牌付出比其他品牌高的价格<br>(3)我会关注该品牌的其他产品 | $KMO=0.701$<br>卡方$=160.810$<br>$df=3$<br>$Sig=0.000$ | Chaudhuri &<br>Holbrook, 2001；<br>Pedeliento et al.,<br>2016；<br>Yi et al., 2018 |
| 移动口碑传播：<br>(1)我会通过 QQ、微信等推荐该品牌给那些寻求建议的人<br>(2)我会通过网络向其他人说该品牌的好话(在线好评等)<br>(3)我愿意通过网络谈及对该品牌有利的事情(朋友圈扩散等) | $KMO=0.715$<br>卡方$=383.038$<br>$df=3$<br>$Sig=0.000$ | Harrison-<br>Walker,2001 |
| 移动空间临场感：<br>(1)手机购物时,会不自觉地感到自己正在置身于购物 App 中<br>(2)手机购物时,会不自觉地感到购物 App 的商品真实呈现在我眼前<br>(3)手机购物时,会不自觉地感到自己已被 App 的购物环境所包围 | $KMO=0.737$<br>卡方$=346.513$<br>$df=3$<br>$Sig=0.000$ | Barfield et al.,<br>1995 |

（续表）

| 变量及测量问项 | 结果 | 量表来源 |
|---|---|---|
| 移动社会临场感：<br>（1）手机购物时，我会有与人打交道的感觉<br>（2）手机购物时，会感觉到我、网上商店和快递公司之间存在一种亲近感<br>（3）手机购物时，卖家知道我的意见和主张<br>（4）手机购物时，有一种温馨的感觉 | $KMO=0.825$<br>卡方$=491.406$<br>$df=6$<br>$Sig=0.000$ | Hassanein & Head，2007 |
| 启发式信息处理：<br>（1）我认为，评价者等级越高，评价内容越可信（心级、钻石、皇冠、金冠）<br>（2）我主要关注了一下评价的主要态度（好、中、差评）<br>（3）我觉得评价信息越长，应该越可信 | $KMO=0.658$<br>卡方$=118.659$<br>$df=3$<br>$Sig=0.000$ | Griffin et al.，1999；Trumbo，1999；Trumbo，2003 |
| 分析式信息处理：<br>（1）我比较仔细地阅读了评价的细节内容<br>（2）阅读时，我会停下来考虑评价内容的可靠性<br>（3）阅读时，我会停下来考虑评价内容的真实性 | $KMO=0.691$<br>卡方$=286.790$<br>$df=3$<br>$Sig=0.000$ | |
| 总体 | $KMO=0.899$<br>卡方$=3644.135$<br>$df=325$<br>$Sig=0.000$ | |

　　如表 4-3 所示，各分量表中提取的公因子可以较高程度地代表变量信息，解释的变异量均在 84.000% 以上；对总体量表运用主成分分析法，提取出的共同因素一共可以解释 72.303% 的变异量，说明代表性良好。调查问卷中总体量表 α 值为 0.931，其中，各研究变量的 α 值均大于 0.700，说明问卷题项的内部一致性良好，信度较好。

表 4 - 3　分量表及总量表解释的总方差与信度分析

| 变量 | 题数 | 结果 | α 值 |
|---|---|---|---|
| 品牌依恋 | 4 | 84.565% | 0.851 |
| 品牌信任 | 3 | 93.358% | 0.884 |
| 品牌忠诚 | 3 | 84.771% | 0.771 |
| 移动口碑传播 | 3 | 94.146% | 0.894 |
| 移动空间临场感 | 3 | 92.470% | 0.887 |
| 移动社会临场感 | 4 | 86.202% | 0.894 |
| 启发式信息处理 | 3 | 84.572% | 0.709 |
| 分析式信息处理 | 3 | 92.560% | 0.845 |
| 总体 | 26 | 72.303% | 0.931 |

## 3) 相关分析

如表 4 - 4 所示,各变量的相关系数处于 0.1 到 0.8 之间,说明这些变量之间存在较强的相关关系,可以做进一步分析讨论。

表 4 - 4　相关分析结果

| | M | SD | 1 | 2 | 3 | 4 | 5 | 6 | 7 | 8 |
|---|---|---|---|---|---|---|---|---|---|---|
| 1.BA | 17.85 | 5.41 | 1 | | | | | | | |
| 2.BT | 16.38 | 3.34 | 0.541** | 1 | | | | | | |
| 3.BL | 15.01 | 3.44 | 0.619** | 0.680** | 1 | | | | | |
| 4.MWM | 15.85 | 3.61 | 0.536** | 0.545** | 0.637** | 1 | | | | |
| 5.MST | 12.93 | 4.28 | 0.528** | 0.305** | 0.379** | 0.417** | 1 | | | |
| 6.mst | 16.63 | 5.48 | 0.669** | 0.369** | 0.515** | 0.399** | 0.729** | 1 | | |
| 7.HIP | 13.71 | 3.73 | 0.132 | 0.183** | 0.169* | 0.174* | 0.256** | 0.100 | 1 | |
| 8.AIP | 16.49 | 3.25 | 0.376** | 0.445** | 0.480** | 0.345** | 0.340** | 0.371** | 0.293** | 1 |

注 1:* $p < 0.05$, ** $p < 0.01$, *** $p < 0.001$;$N = 205$;

注 2:BA:品牌依恋,BT:品牌信任,BL:品牌忠诚,MWM:移动口碑传播,MST:移动空间临场感,mst:移动社会临场感,HIP:启发式信息处理,AIP:分析式信息处理。

### 4.5.2　回归分析

1) 品牌依恋、移动临场感、信息处理等变量与移动口碑传播的关系分析

为了考察品牌依恋、移动临场感、信息处理、品牌信任和品牌忠诚对移动口碑传播的关系，本研究对移动口碑传播进行了分层回归分析。首先，将人口统计学变量(性别、年龄、文化程度、职业、月个人收入、月移动端网购次数)作为第一层，放入回归模型；其次，将品牌依恋、品牌信任、品牌忠诚、移动空间临场感、移动社会临场感、启发式信息处理和分析式信息处理作为第二层，放入回归模型，第二层变量加入模型后，品牌依恋、品牌信任、品牌忠诚和移动空间临场感对因变量移动口碑传播表现出了显著的正向预测作用，预测系数如表 4-5 所示；再次，根据第二层的回归分析结果，将品牌依恋、品牌信任、品牌忠诚和移动空间临场感的两两乘积项作为第三层，放入回归模型，第三层变量加入模型后，交互项：品牌依恋×品牌忠诚、品牌忠诚×移动空间临场感对因变量移动口碑传播表现出了显著的正向预测作用，交互的预测系数分别为 1.408 和−1.166；最后，根据第三层的回归分析结果，将品牌依恋、品牌忠诚和移动空间临场感、三个变量的乘积项作为第四层引入回归模型，得出显著性 $sig > 0.05$，故停止回归作用的检验，并将上述四步回归分析的显著性结果呈现在表 4-5 中。在进行交互项相乘之前，本研究将所有的自变量进行了去中心化处理，即变量总分与变量均值做差。分析结果时，应当优先考虑高阶交互作用的显著性(Yothaker，1994)。结果如表 4-5 所示，品牌依恋、品牌信任、品牌忠诚和移动空间临场感均对移动口碑传播有显著正向预测作用，假设 1 和假设 4 通过验证且成立；品牌依恋与品牌忠诚、品牌忠诚与移动空间临场感的乘积项对移动口碑传播有显著预测作用，其中，品牌依恋与品牌忠诚的乘积项对移动口碑传播有显著的正向预测作用、品牌忠诚与移动空间临场感的乘积项对移动口碑传播有显著的反向预测作用。

综上所述，本研究得到概念模型的回归方程，即移动口碑传播 Y＝0.201×品牌依恋＋0.149×品牌信任＋0.433×品牌忠诚＋0.185×移动空间临场感＋1.408×品牌依恋×品牌忠诚−1.166×品牌忠诚×移动空间临场感。

表 4 - 5　移动口碑传播的回归分析

| 变量 | 移动口碑传播 | | |
| --- | --- | --- | --- |
| | 第一步 | 第二步 | 第三步 |
| 性别 | 0.079 | 0.155 ** | 0.141 ** |
| 年龄 | 0.008 | −0.019 | 0.006 |
| 文化程度 | 0.131 | 0.034 | −0.003 |
| 职业 | −0.115 | 0.001 | 0.001 |
| 月个人收入 | 0.152 | −0.010 | 0.005 |
| 月移动端网购次数 | −0.022 | −0.037 | −0.062 |
| 品牌依恋 | | 0.201 ** | −0.316 |
| 品牌信任 | | 0.149 ** | 0.425 |
| 品牌忠诚 | | 0.433 ** | 0.405 |
| 移动空间临场感 | | 0.185 ** | 1.005 ** |
| 品牌依恋×品牌忠诚 | | | 1.408 ** |
| 品牌忠诚×移动空间临场感 | | | −1.166 ** |
| $F$ | 1.410 | 14.870 | 11.157 |
| $R^2$ | 0.041 | 0.503 | 0.534 |
| $\triangle R^2$ | 0.012 | 0.469 ** | 0.486 ** |

2）品牌依恋、品牌信任、品牌忠诚与移动口碑传播的关系分析

本研究依据温忠麟等学者的中介作用分析法（温忠麟，2005），对于中介效应的检验依次通过三个步骤实现，如表 4 - 6 所示。

表 4 - 6　中介效应依次检验

| 步骤 | 标准化回归方程 | 各种效应分析 | |
| --- | --- | --- | --- |
| 第一步 | $Y = c_1 x$ | 总效应 | $c_1$ |
| 第二步 | $M = ax$ | 中介效应 | $b*a$ |
| 第三步 | $Y = bM + c_2 x$ | 直接效应 | $c_2$ |
| | | 中介效应/总效应 | $b*a/c_1$ |

如表 4 - 7 所示，第一步中系数 $c_1$ 显著；第二步和第三步中系数 $a$ 和 $b$ 均显

著;第三步中系数 $c_2$ 显著,即可证明品牌忠诚在品牌依恋和移动口碑传播之间的关系具有显著、部分中介作用,中介效应占总效应的比例为 54.28%,研究假设 2 通过验证且成立。

表 4 - 7 品牌忠诚对品牌依恋与移动口碑传播的中介效应依次检验

| 步骤 | 标准化回归方程 | 回归系数检验 | 各种效应分析 | |
|------|----------------|--------------|--------------|------|
| 第一步 | $Y = 0.564x$ | $SE = 0.054, T = 9.289$ | 总效应 | 0.564 |
| 第二步 | $M = 0.605x$ | $SE = 0.047, T = 10.853$ | 中介效应 | $0.506 \times 0.605 = 0.306$ |
| 第三步 | $Y = 0.506M$ | $SE = 0.072, T = 7.351$ | 直接效应 | 0.258 |
| | $+ 0.258x$ | $SE = 0.061, T = 3.783$ | 中介效应/总效应 | 54.28% |

如表 4 - 8 所示,第一步中系数 $c_1$ 显著;第二步和第三步中系数 $a$ 和 $b$ 均显著;第三步中系数 $c_2$ 显著,即可证明品牌信任在品牌依恋和移动口碑传播之间的关系具有显著、部分中介作用,中介效应占总效应的比例为 35.51%,研究假设 3 通过验证且成立。

表 4 - 8 品牌信任对品牌依恋与移动口碑传播的中介效应依次检验

| 步骤 | 标准化回归方程 | 回归系数检验 | 各种效应分析 | |
|------|----------------|--------------|--------------|------|
| 第一步 | $Y = 0.564x$ | $SE = 0.054, T = 9.289$ | 总效应 | 0.564 |
| 第二步 | $M = 0.569x$ | $SE = 0.049, T = 9.621$ | 中介效应 | $0.352 \times 0.569 = 0.200$ |
| 第三步 | $Y = 0.352M$ | $SE = 0.075, T = 5.111$ | 直接效应 | 0.364 |
| | $+ 0.364x$ | $SE = 0.062, T = 5.246$ | 中介效应/总效应 | 35.51% |

3) 移动空间临场感、品牌信任与移动口碑传播的关系分析

如表 4 - 9 所示,第一步中系数 $c_1$ 显著;第二步和第三步中系数 $a$ 和 $b$ 均显著;第三步中系数 $c_2$ 显著,即可证明品牌信任在移动空间临场感和移动口碑传播之间的关系具有显著、部分中介作用,中介效应占总效应的比例为 38.27%,研究假设 6 通过验证且成立。

表 4-9　品牌信任对移动空间临场感与移动口碑传播的中介效应检验

| 步骤 | 标准化回归方程 | 回归系数检验 | 各种效应分析 | |
|------|------|------|------|------|
| 第一步 | $Y=0.428x$ | $SE=0.055, T=6.521$ | 总效应 | 0.428 |
| 第二步 | $M=0.353x$ | $SE=0.052, T=5.298$ | 中介效应 | $0.464 \times 0.353 = 0.164$ |
| 第三步 | $Y=0.464M$ | $SE=0.067, T=7.463$ | 直接效应 | 0.265 |
| | $+0.265x$ | $SE=0.052, T=4.260$ | 中介效应/总效应 | 38.27% |

### 4.5.3　假设检验结果及讨论

主要应用 SPSS 22.0 软件对问卷题项的鉴别度、结构效度、信度、变量间的相关关系和回归关系进行了分析。对于研究结果方面,首先,通过回归分析得出概念模型的回归方程;其次,通过中介效应的检验进一步验证所提出的假设,其中半数以上的研究假设得到了验证且成立,但也存在不成立的研究假设,根据验证情况,对本章所构建的概念模型进行了修订。具体验证结果如表 4-10 所示。

表 4-10　研究假设的验证结果

| 假设序号 | 假设描述 | 分析结果 |
|------|------|------|
| H1 | 品牌依恋对于移动口碑传播具有正向预测作用 | 成立 |
| H2 | 品牌忠诚对品牌依恋与移动口碑传播之间的关系具有中介作用 | 成立 |
| H3 | 品牌信任对品牌依恋与移动口碑传播之间的关系具有中介作用 | 成立 |
| H4 | 移动空间临场感对于移动口碑传播具有正向预测作用 | 成立 |
| H5 | 移动社会临场感对于移动口碑传播具有正向预测作用 | 不成立 |
| H6 | 品牌信任对移动空间临场感与移动口碑传播之间的关系具有中介作用 | 成立 |
| H7 | 品牌信任对移动社会临场感与移动口碑传播之间的关系具有中介作用 | 不成立 |
| H8 | 启发式信息处理对于移动口碑传播具有正向预测作用 | 不成立 |
| H9 | 分析式信息处理对于移动口碑传播具有正向预测作用 | 不成立 |

如表 4-10 所示,①假设 H5 不成立可能是技术和交互性社会因素综合发挥了主导作用,一方面,在移动互联网环境下,虽然消费者之间通过移动端应用

程序建立了较强的在线购物虚拟社区,但其参与交流的信息传递主要还是依赖先进的技术在推动,例如个性化推荐系统、机器学习、传感器、客户智能等具有智能化的技术在自动响应并推送一定数量的信息,形成若干分散的信息热点讨论区域,而未能形成由消费者主导的、稳定的、有规模化的口碑传播社区;另一方面,可能是移动购物的匿名化降低了消费者沟通焦虑和压力,鼓励其发表新颖观点(Sia,Tan & Wei,2002),而非移动社会临场感推动了移动口碑传播;②假设 H7 不成立可能是移动购物是基于移动端 App 应用场景为中介交易模式,参与移动购物的消费者通常依自己的个性偏好、社会规范、文化习俗等因素选择不同的购物 App 平台,而且对平台的知名度、服务质量等信任程度较品牌信任可能要高,所以品牌信任对移动社会临场感与移动口碑传播的中介作用不显著;③假设 H8 和 H9 不成立可能是移动购物的信息处理模式受制于信息丰富度和视觉复杂度的影响,无论是启发式还是分析式信息处理很难满足移动购物的实时性、心理流体验等,这样的信息处理对沉浸式体验的消费者可能会有一定的预测作用。

## 4.6  本章小结

### 4.6.1  研究结论

本章以品牌依恋、移动临场感、信息处理为自变量,品牌信任和忠诚为中介变量,移动口碑传播为结果变量,探究各个变量之间相互作用关系。本章主要是想了解在移动环境下,消费者通过移动端进行网购过程中的口碑传播行为受到自变量的影响是怎样的,通过调查与分析,得到以下结论:

(1)移动购物环境下,品牌依恋、品牌信任、品牌忠诚和移动空间临场感对移动口碑传播均有显著正向作用。消费者作为在线商家最重要的合作伙伴和服务对象,其对于品牌高度的依赖感、积极的态度、高水平的承诺和强烈持续购买的意愿会增强消费者对于品牌口碑的正向传播。同时,其在购物环境中感知到的空间临场感也发挥着重要作用。

(2)品牌忠诚部分中介品牌依恋和移动口碑传播之间的关系。只有消费者对某一品牌有情感上的联结,有心理上的承诺,愿意维护该品牌的利益,才能促进品牌正向口碑传播行为的发生。

(3)品牌信任部分中介品牌依恋和移动口碑传播之间的关系。消费者对于特定品牌有一定的依赖性,又对于品牌提供商品的能力和满足消费者的能力有正面的感知和态度,更容易传播该品牌的正面口碑。

(4)品牌信任部分中介移动空间临场感和移动口碑传播之间的关系。由于消费者都具有渴望触摸商品的意愿,所以网络购物会或多或少地带给他们不真实或者"不靠谱"的感受,较强的移动空间临场感知可以带给顾客较真实的购物体验;消费者对于品牌的持有安全感和认可态度也可以缓解网购带给他们的不真实感受,促进正面口碑的传播,对于商家来说,即提升品牌竞争力和店铺影响力。

### 4.6.2 管理启示

建议增强消费者与品牌之间的关系。根据本研究结果可知,网购者对于品牌的依恋、信任及忠诚都可以显著地预测到正面口碑传播行为,我们将上述三种网购者对品牌特有的情感统称为顾客与品牌之间的关系,那么,在本研究的范畴内,对于网络商家而言,增强顾客与品牌之间的关系就显得尤为重要了。首先,相比于传统线下商家,网络商家具有不可比拟的优势和条件,利用互联网建立线上的顾客信息反馈系统,定期搜集消费者对于品牌产品的偏好和需求,有针对性地提升商品的性能,满足甚至超出消费者的预期;其次,无论是在传统的线下卖场还是网络商店,顾客最关心的还是产品的品质,所以网络商家应该从进货到运输的整个过程中严格把关,保证商品的每一个细节都符合品牌的标准与要求;最后,网络商家可以组织定期的线上"见面活动",为忠实的顾客们提供交流的平台和机会,让每一位忠诚顾客了解到和自己有同样购物选择的人的社会地位和价值取向,使顾客对于品牌有归属感。

建议增强消费者的移动空间临场感知。传统的购物习惯让我们对虚拟网络购物心存疑虑,提升移动端网购用户的消费体验可以从网店店面、商品陈列、售后服务等方面展开。以服装网站为例,网站可以为消费者提供虚拟试穿服务,消费者上传照片后,可以根据身高和体重选择合适尺码的服装进行虚拟试穿,增强顾客移动购物的临场感知,让其有身临其境的感觉;在传统商场购物时,消费者会真实感受到卖家营造的轻松购物氛围,网络商家也可以通过提升服务带给消费者温馨的感觉,比如,构建包含卖方、买方和物流的虚拟交流社区,买方可以直接和物流沟通商品的运输状态,而不用再以卖方为中介,在提升服务质量的同时,消费者也会感到移动网络购物中和其他各方之间的亲近感,提升消费者在移动端购物时与他人共在的感受。

建议为忠诚消费者提供简单直接的商品信息。由回归方程可知,消费者的品牌忠诚和移动空间临场感的交互作用对移动口碑传播有反向的预测作用,即可说明品牌忠诚的消费者更了解品牌的各项信息,他们倾向简单、直接地进行商品的选择,不期望接收到店铺过多的附加信息。网络商家可以评估品牌在消费者心中的地位,不同阶段采取不同的临场感信息推送,减弱品牌忠诚和移动空间临场感的交互作用对口碑传播的影响。

本研究主要贡献可以总结为两个方面:①移动口碑传播的量表是利用成熟量表改编得到的,验证了移动口碑传播量表的信度和效度;②本研究将移动临场感引入口碑传播的影响因素中,通过问卷调查及后期数据分析,移动空间临场感对于口碑传播行为的影响得到了验证,在理论上丰富了口碑传播模型。

### 4.6.3 研究局限与展望

由于外部环境的影响和自身能力的限制,本研究可能存在以下三个方面的不足与局限。一方面,本研究的研究数据来源于问卷调查,为了保证量表的信度、效度及鉴别度,问卷中大部分量表来源于国外学者编制的成熟量表,可能存在社会环境和文化方面的差异,造成数据的测量误差;另一方面,本研究的调查样本有 60% 为女性,且 80% 为大学本科生,大学生群体是移动购物具有代表性的样本,所以,本研究得到的成果在适用方面可能存在一定的局限性;最后,在移动互联网环境下,影响口碑传播行为的自变量和中介变量因素还有很多,由于研究能力有限,本研究仅选取三个自变量和两个中介变量来构建研究模型,希望后续关于移动口碑传播行为的研究会愈见深刻。

# 第 5 章　情景感知视角下移动购物行为执行意向的作用机制

## 【本章导读】

依据第 3 章的移动购物行为影响因素综合模型框架,本章将从情景感知视角探索移动购物行为的作用机制。电子商务环境下,企业与用户的交易极大地消除了时间和空间障碍,但在情景感知视角下,仍然存在制约电子商务接受程度的因素。因此,本章基于视觉复杂度和移动技术能力的情景感知视角,探索移动商务背景下的网购行为执行意向的影响机制。本章主要以大学生为研究对象,通过问卷法共获得 289 份有效数据,采用结构方程模型对调查数据进行分析。研究结果表明:安全防范和用户体验对移动购物行为执行意向有显著正向影响;界面视觉复杂度可以通过视觉搜索力和用户体验的共同中介作用,间接影响移动购物行为执行意向;视觉搜索力通过用户体验间接正向影响移动购物行为执行意向;同时移动支付通过用户体验间接作用于移动购物行为执行意向。最后,本章提出相关建议和未来研究方向。

## 5.1　研究背景

根据中国互联网络信息中心发布的第 45 期报告显示,截至 2020 年 3 月,我国网民规模达到 9.04 亿,较 2018 年底增长 7 508 万,互联网普及率达 64.5％,网民规模位列世界第一。年初,受新冠肺炎疫情影响,大部分网络应用的用户规模呈现较大幅度增长,调查显示 78.6％的网民在使用网络购物,我国网络购物用户规模达 7.10 亿(第 45 次中国互联网络发展状况统计报告,2020)。网络购物市场保持较快发展,网购已经成为一种常态化的购物方式,而网络消费作为数字经济的重要组成部分,在促进消费市场蓬勃发展方面正在发挥重要的作用。

随着数字时代的到来,电商平台蓬勃发展,电子商务被广泛接受并采用,移动电子商务产业面临着巨大的机遇与挑战。商业网站大规模增长,在线客户竞争不断加剧。诸多商家为了快速抢占市场提供功能或服务相似的业务,极易造成用户流失,这就要求电子商务网站寻求新的方法来保持竞争力,吸引新用户,留住老用户,在激烈的竞争市场中得以生存(Deng & Poole,2012)。

尽管消费者已经意识到在线购物的好处,例如节省时间、便捷性、价格实惠、选择广泛、服务优质等,但是与面对面的互动相比,有限的网站界面会制约他们的在线购物意愿(Turumugon et al.,2018)。长期以来,人们一直认为在新兴的电子商务环境中研究技术非常重要(Handarkho & Harjoseputro,2020),技术的进步为移动设备带来了广泛的新功能,也为移动商务平台发展提供了契机,与此同时,技术障碍可能会直接中断在线行为。面对现有研究,我们不禁想到:网站界面复杂度与技术接受度是否会直接影响移动购物行为呢? 他们又是如何作用于网购行为执行意向的? 因此,了解消费者在线购物过程中的决定因素,预测消费者在线购物意愿,从而定制一个有效的网站来促进在线交易和服务,就显得尤为重要。

综上所述,本章在移动商务背景下,基于情景感知视角,从视觉感知度与技术接受度出发,将界面视觉复杂度、视觉搜索力、移动搜索、移动支付、安全防范、用户体验变量融入模型,探索网购行为执行意向的影响机制。理论层面上界定了界面视觉复杂度与移动技术能力对网购行为执行意向的作用机制,实践层面上,研究结果表明了移动购物行为的促进因素,对电子商务平台如何营销以及提高其核心竞争力有一定的指导意义。

## 5.2　理论基础

### 5.2.1　界面视觉复杂度

视觉复杂性是指视觉刺激的多样性或信息率,会影响人们对刺激的第一印象,重塑个人对美学的偏好,这会影响人们对审美过程中的新颖性与适应性价值的判断(Kozbelt,2017)。具体来说,视觉复杂性可以定义为内部服务环境中设计元素数量的函数,表现在元素之间的不规则性、个性化以及细化程度(Orth & Wirtz,2014)。有研究中将视觉复杂性与图像的复杂程度或观察者描述图像的难度水平相关联,消费者视觉感知复杂主要归因于视觉元素的数量、样式和布局,且复杂程度随着元素数量和细节的增加而增加(Pieters,Wedel &

Batra，2010）。

### 5.2.2　视觉搜索力

近年来移动视觉搜索的兴起与应用受到广泛关注。视觉搜索力是指参与者在同时出现的干扰物中找到目标的能力,基于这种能力进行快速视觉处理并精确控制中央到目标位置的眼动(扫视)(Tinelli et al.，2011)。移动视觉搜索主要是指通过移动互联网获取信息并在移动终端检索到目标信息的过程(Girod et al.，2011)。移动电商时代,大多数搜索请求来自移动设备,这些设备在许多分散注意力的环境中使用,而目前复杂的市场环境要求我们在给定的时间范围内处理目标关联信息,这种情况下给用户带来了一系列新的挑战,视觉搜索力将成为信息搜索过程中的关键所在(Harvey & Pointon，2019)。

### 5.2.3　移动技术能力

移动技术的进步导致人们访问和使用信息的方式发生了巨大变化,并且对如何满足用户日常信息需求产生了深远的影响。在移动电商领域,技术的潜力更是不容忽视,本研究结合移动搜索、移动支付和安全防范三个方面对移动技术能力展开研究。

1) 移动搜索

移动搜索是用户在一定的环境下出现信息需求后,通过移动网络终端来满足其信息需求的过程(杨海锋,2017)。移动搜索的搜索诉求相对丰富,比较偏重于本土化、生活化场景的实体搜索(韩玺等,2017)。有研究表明,移动信息需求并不总是适合用关键字来描述,最佳的移动搜索方式必须支持多模式查询,包括图像、音频、视频甚至它们的组合(Xie et al.，2008)。随着电子商务产业的快速发展,消费者现在接触的信息范围更为广泛,搜索方式也更为多样。

2) 移动支付

由于移动设备的普及,移动支付技术被广泛接受并使用。作为使用现金、支票及信用卡的替代方式,移动支付在全球范围内都受到越来越多的关注(Oliveira et al.，2016)。Dahlberg 等提出移动支付是通过无线和其他通信技术,利用移动设备来支付商品、服务和账单的一种支付方式(Dahlberg et al.，2008)。移动商务领域主要采用远程移动支付,在保证设备之间信息安全传输的基础上,消除了消费者使用现金带来的不便,加速实现了支付环节(Teo et al.，2015)。

3）安全防范

传统意义上来讲,安全防范是解决技术问题和降低风险的措施(Furnell & Clarke,2012)。信息安全问题被定义为买方或卖方无力或不愿意保护货币信息的状况(Salisbury et al.,2001),这就导致购买者对网站的可靠性产生怀疑。而在在线环境中,隐私安全通常表现在交易过程中发生的与个人信息相关的成本和收益之间的权衡(Dienlin & Metzger,2016)。因此,信息安全问题被视为影响电子商务采纳度的主要障碍。

### 5.2.4　用户体验

用户体验是应用程序通过用户与产品之间的交互对公司和产品产生第一印象的重要因素,且用户可能会基于第一印象对产品满足目标和未来期望的能力有所了解(Shin et al.,2017)。完整的用户体验涵盖最终用户与产品交互的所有方面,这些方面均会触发用户对产品的感受,具体表现为用户内部感知状态的结果,包括倾向、期望、需求和情绪,即用户的情感认可程度(Edvardsson,2005)。在线购物过程中,满意、信任、重新访问和重新购买的意图都被确定为积极的用户体验的结果(Verhoef et al.,2009)。

### 5.2.5　行为执行意向

执行意向是指个体以行动目标为导向,通过连接情景线索和目标导向反应,建立行为意向和实际行为之间联系的中介变量。行为执行意向最早由Gollwitzer 提出,又称"如果—那么"计划,指导人们在特定情况下如何快速有效地执行目标行为(Gollwitzer & Sheeran,2006)。网购行为执行意向通过强化网购者的认知记忆来增强情景线索识别能力,在一定的网购情景或条件刺激下,执行意向被自动、有效并且无意识地启动,它作为一种行为临界状态,更能预测实际网购行为发生的可能性(王林,曲如杰,赵杨,2015)。

## 5.3　研究假设

### 5.3.1　界面视觉复杂度、移动搜索与视觉搜索力的关系

视觉混乱是衡量视觉搜索任务难度的决定因素,当单个目标很容易被发现时,将其与其他元素聚集会减少对目标的扫视次数(Ionescu et al.,2016),大量元素聚集使得目标空间拥挤、掩蔽,分割场景更为困难,视觉杂乱导致识别性能

下降,从而影响视觉搜索效率。在线环境中,由于消费者获取和处理信息的能力有限,因此,由大量信息引起的认知负担导致信息处理效率下降(Fukuda & Vogel,2009),而低视觉复杂度会提升消费者处理信息的流畅性(Chen,2018)。先前研究表明基于多模式搜索查询的信息融合将提高内容的传递速度(Xie et al.,2008),此类信息精炼方式将提高用户的移动搜索效率。据此,提出假设:

H1:界面视觉复杂度对于视觉搜索力具有负向预测作用;

H2:移动搜索对于视觉搜索力具有正向预测作用。

### 5.3.2 视觉搜索力、移动支付与用户体验的关系

有研究表明,用户体验在很大程度上取决于通过互联网进行查询传输的效率(Ji et al.,2012)。在进行功利主义搜索时,客户具有时间意识,因此希望及时完成任务,而在完成任务所需时间超出预期的情况下,将导致用户对此次体验不满意。现有的关于外包云数据加密搜索的研究大多遵循"一刀切"的模式,只支持精确的关键词搜索,忽略了个性化搜索意图,这大大影响了数据的可用性和用户在搜索过程中的体验(Fu et al.,2016)。Johnson 等(2018)在移动支付应用程序的实证研究中表明,移动支付的安全性将重塑用户对移动银行应用程序的信任度和满意度(Johnson et al.,2018)。有研究指出,移动支付方式透明度低、联结程度低的属性能够降低消费者支付疼痛感,从而提升消费愉悦感,有利于刺激消费(刘向东,张舒,2019)。据此,提出假设:

H3:视觉搜索力对于用户体验具有正向预测作用;

H4:移动支付对于用户体验具有正向预测作用。

### 5.3.3 视觉搜索力、安全防范、用户体验与行为执行意向之间的关系

根据在线环境下的研究,当人们感知的搜索成本增加时,就不太可能在移动互联网上执行后续操作(Sonika & Joffre,2017)。满意度作为用户体验的一种表现形式,是影响持续性意向的重要因素(Yu et al.,2018),是衡量用户与移动电子商务公司之间长期合作关系的关键因素。Ooi 和 Tan(2016)的研究表明,感知安全性可能是感知到的隐私风险,会影响到个人对移动应用程序的使用意图。有研究指出,通过查看隐私设置,在同一界面上用户就会感觉与实体选择时同样安全,这可以缓解用户的隐私担忧(Acquisti et al.,2017)。据此,提出假设:

H5:视觉搜索力对于网购行为执行意向具有正向预测作用;

H6:安全防范对于网购行为执行意向具有正向预测作用;

H7:用户体验对于网购行为执行意向具有正向预测作用;

综合考虑假设 3、4、5、7,提出用户体验的中介作用假设:

H8:视觉搜索力对界面视觉复杂度和网购行为执行意向之间的关系具有中介作用;

H9:用户体验对视觉搜索力和网购行为执行意向之间的关系具有中介作用;

H10:用户体验对移动支付和网购行为执行意向之间的关系具有中介作用。

综上所述,建立理论框架模型如图 5-1 所示。

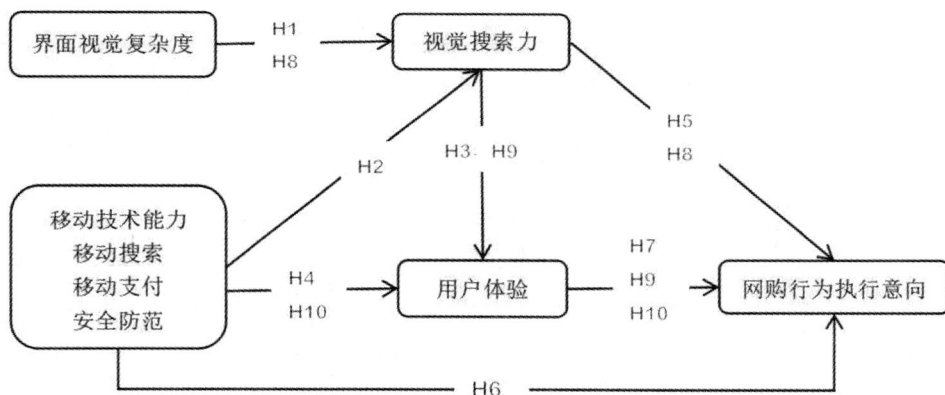

**图 5-1　研究概念模型图**

## 5.4　研究方法

### 5.4.1　被试和取样

本研究数据在 2019 年 11 月收集,采用电子问卷调查的方式。本次调研共收集到问卷 317 份,剔除部分无效问卷,保留有效问卷 289 份,回收有效率为91.17%。人口统计变量具体调查结果如表 5-1 所示。

表 5-1 人口统计学变量的调查结果分析

| 变量 | 类别 | 频数 | 百分比 | 变量 | 类别 | 频数 | 百分比 |
|---|---|---|---|---|---|---|---|
| 性别 | 男 | 143 | 49.5% | 网购月消费金额 | 低于 1 000 元 | 81 | 28.0% |
| | 女 | 146 | 50.5% | | 1 001~2 000 元 | 94 | 32.5% |
| 年龄 | 18 岁以下 | 17 | 5.88% | | 2 001~5 000 元 | 77 | 26.6% |
| | 18~24 岁 | 80 | 27.68% | | 5 001~10 000 元 | 26 | 9.0% |
| | 25~35 岁 | 102 | 35.29% | | 10 000 元以上 | 11 | 3.8% |
| | 36~45 岁 | 55 | 19.03% | 每周网购频率 | 0~1 次 | 213 | 73.7% |
| | 45 岁以上 | 35 | 12.11% | | 2~3 次 | 65 | 22.5% |
| 职业 | 学生 | 97 | 33.56% | | 4~5 次 | 7 | 2.4% |
| | 教师 | 120 | 41.52% | | 6~7 次 | 3 | 1.0% |
| | 公司职员 | 42 | 14.53% | | 8 次以上 | 1 | 0.3% |
| | 其他 | 30 | 10.38% | 最近一次网购时间距离 | 0~1 天 | 59 | 20.4% |
| 支付方式 | 密码 | 99 | 34.3% | | 2~3 天 | 90 | 31.1% |
| | 指纹 | 177 | 61.2% | | 4~10 天 | 118 | 40.8% |
| | 面部识别 | 13 | 4.5% | | 11~15 天 | 6 | 2.1% |
| 网购年限 | 1 年以下 | 50 | 17.3% | | 16~30 天 | 4 | 1.4% |
| | 1~3 年 | 154 | 53.3% | | 30 天以上 | 12 | 4.2% |
| | 3~5 年 | 50 | 17.3% | 最常登录的购物 App | 淘宝 | 230 | 79.6% |
| | 5~7 年 | 24 | 8.3% | | 天猫 | 15 | 5.2% |
| | 7 年以上 | 11 | 3.8% | | 京东 | 22 | 7.6% |
| | | | | | 拼多多 | 18 | 6.2% |
| | | | | | 其他 | 4 | 1.4% |

### 5.4.2 变量测量

问卷共包含 43 道题项,除人口统计学方面的 10 道题外,其他 33 道题均采用 Likert7 点评分法,以正向积分进行测量,将"非常不同意、比较不同意、有点不同意、不能确定、有点同意、比较同意、非常同意"依次计为 1 至 7 分。

(1)控制变量:研究中,控制了受访者的性别、年龄、职业、年级、研究领域、网购年限、网购频率、最近一次购物时间、网购月平均消费金额等人口统计学变量,共 10 个题项。

（2）界面视觉复杂度：研究中参考了 Geissler & Watson（2006）和 Sohn 等（2017）开发的视觉复杂度量表并稍作改编，如"该 App 首页界面是简单的"等，共 5 个题项。从视觉复杂性的反面修订量表，在具体分析时对数据进行转置。

（3）视觉搜索力：研究中采用 Yang Ping-Jing 等（2018）开发的搜索效率量表并稍作改编，如"在该 App，我能够一眼看到我所需要的商品"等，共 4 个题项。

（4）移动搜索：研究中采用了 Bearden（2001）和 Ryan（1982）开发的量表稍作结合。选取了 4 个题项并加以适当的修改，评估受访者的移动搜索技能，如"手机购物时，我会采用多种方式进行搜索（如拍照、关键字、店铺名）"。

（5）移动支付：研究中采用 Venkatesh 等（2012）开发的量表并做出适当的调整，如"我认为使用移动支付提高了购物效率"等，共 5 个题项。

（6）安全防范：研究中参考了 Dinev & Hart（2006）、Schlosser 等（2006）开发的隐私问题量表并稍作修改，如"我担心该 App 会滥用我的个人信息"等，共 5 个题项。

（7）用户体验：研究中采用 Chang & Chen（2008）开发的用户体验量表，如"在该 App 购物后我很开心"等，共 4 个题项。

（8）网购行为执行意向：研究中采用王林等（2014）开发的行为执行意向量表，选取了 6 个题项，如"如果 PC 端建议手机购物节约费用，那么我会选择手机购物"，最终保留了 5 个题项。

## 5.5　结果及分析

### 5.5.1　独立样本 $T$ 检验

为了检验 7 个变量下问题的鉴别度，对其进行独立样本 $T$ 检验。计算除人口统计学外的 33 道题项的总分，将 289 份问卷数据按照总分值大小进行排序，1 类变量为总分值较小的前 27% 的问卷数据，即前 78 份数据，2 类变量为总分值较大的后 27% 的问卷数据，即后 78 份数据。经鉴别度分析，无须删除题项。

### 5.5.2　信效度分析

本研究采用因子载荷、信度系数、测量误差、Cronbach's $\alpha$ 系数及组合信度来检验调查问卷的信度，采用平均方差抽取量即收敛效度来检验调查问卷的效度，"网购行为执行意向"中题项 2 因子载荷较低，故删除，且删除后组合信度 $CR = 0.839$，平均方差抽取量 $AVE = 0.511$，均符合要求。

具体信效度分析结果如表 5-2 所示,各潜在变量的 α 值均大于 0.8,且问卷总体的信度为 0.948,组合信度均大于 0.8,平均方差萃取量均大于 0.5,说明该问卷具有良好的信效度。

表 5-2  各变量信效度分析情况

| 测量指标 | 因子载荷 | 信度系数 | 测量误差 | Cronbach's α 系数 | CR | AVE |
|---|---|---|---|---|---|---|
| VC1 | 0.712 | 0.507 | 0.493 | | | |
| VC2 | 0.705 | 0.497 | 0.503 | | | |
| VC3 | 0.787 | 0.619 | 0.381 | 0.855 | 0.859 | 0.549 |
| VC4 | 0.681 | 0.464 | 0.536 | | | |
| VC5 | 0.812 | 0.659 | 0.341 | | | |
| VSE1 | 0.865 | 0.748 | 0.252 | | | |
| VSE2 | 0.840 | 0.706 | 0.294 | 0.912 | 0.912 | 0.721 |
| VSE3 | 0.849 | 0.721 | 0.279 | | | |
| VSE4 | 0.841 | 0.707 | 0.293 | | | |
| MS1 | 0.801 | 0.642 | 0.358 | | | |
| MS2 | 0.819 | 0.671 | 0.329 | 0.848 | 0.853 | 0.594 |
| MS3 | 0.794 | 0.630 | 0.370 | | | |
| MS4 | 0.658 | 0.433 | 0.567 | | | |
| MP1 | 0.857 | 0.734 | 0.266 | | | |
| MP2 | 0.741 | 0.549 | 0.451 | | | |
| MP3 | 0.888 | 0.789 | 0.211 | 0.927 | 0.931 | 0.730 |
| MP4 | 0.888 | 0.789 | 0.211 | | | |
| MP5 | 0.887 | 0.787 | 0.213 | | | |
| SP1 | 0.807 | 0.651 | 0.349 | | | |
| SP2 | 0.890 | 0.792 | 0.208 | | | |
| SP3 | 0.760 | 0.578 | 0.422 | 0.899 | 0.902 | 0.651 |
| SP4 | 0.883 | 0.780 | 0.220 | | | |
| SP5 | 0.673 | 0.453 | 0.547 | | | |
| UE1 | 0.822 | 0.676 | 0.324 | | | |
| UE2 | 0.901 | 0.812 | 0.188 | 0.929 | 0.930 | 0.768 |
| UE3 | 0.879 | 0.773 | 0.227 | | | |
| UE4 | 0.901 | 0.812 | 0.188 | | | |

（续表）

| 测量指标 | 因子载荷 | 信度系数 | 测量误差 | Cronbach's $\alpha$ 系数 | CR | AVE |
|---|---|---|---|---|---|---|
| IIOS1 | 0.735 | 0.540 | 0.460 | | | |
| IIOS3 | 0.613 | 0.376 | 0.624 | | | |
| IIOS4 | 0.760 | 0.578 | 0.422 | 0.841 | 0.839 | 0.511 |
| IIOS5 | 0.700 | 0.490 | 0.510 | | | |
| IIOS6 | 0.757 | 0.573 | 0.427 | | | |

注：VC：界面视觉复杂度；VSE：视觉搜索力；MS：移动搜索；MP：移动支付；SP：安全防范；UE：用户体验；IIOS：网购行为执行意向。

### 5.5.3　验证性因子分析

本研究对界面视觉复杂度、视觉搜索力、移动搜索、移动支付、安全防范、用户体验、网购行为执行意向七个变量进行验证性因子分析。分析结果如表 5 - 3 所示，七因子模型的数据拟合度最为理想，且优于其他模型。这说明本研究所涉及的 7 个变量确实代表了 7 个不同的构念。

表 5 - 3　验证性因子分析

| Models | CMIN | DF | CMIN/DF | RMSEA | SRMR | TLI | CFI |
|---|---|---|---|---|---|---|---|
| 七因子 | 909.982 | 437 | 2.082 | 0.061 | 0.113 | 0.922 | 0.931 |
| 六因子 | 1 101.031 | 449 | 2.452 | 0.071 | 0.123 | 0.896 | 0.906 |
| 五因子 | 1 974.019 | 454 | 4.348 | 0.108 | 0.212 | 0.759 | 0.780 |
| 四因子 | 2 069.274 | 458 | 4.518 | 0.111 | 0.215 | 0.747 | 0.767 |
| 三因子 | 2 581.473 | 461 | 5.600 | 0.126 | 0.226 | 0.670 | 0.693 |
| 二因子 | 3 114.776 | 463 | 6.727 | 0.141 | 0.241 | 0.589 | 0.616 |
| 一因子 | 3 386.057 | 464 | 7.298 | 0.148 | 0.253 | 0.548 | 0.577 |

注：七因子：界面视觉复杂度，视觉搜索力，移动搜索，移动支付，安全防范，用户体验，网购行为执行意向；六因子：界面视觉复杂度＋视觉搜索力，移动搜索，移动支付，安全防范，用户体验，网购行为执行意向；五因子：界面视觉复杂度，视觉搜索力，移动搜索＋移动支付＋安全防范，用户体验，网购行为执行意向；四因子：界面视觉复杂度＋视觉搜索力，移动搜索＋移动支付＋安全防范，用户体验，网购行为执行意向；三因子：界面视觉复杂度＋视觉搜索力，移动搜索＋移动支付＋安全防范＋用户体验，网购行为执行意向；二因子：界面视觉复杂度＋视觉搜

索力＋移动搜索＋移动支付＋安全防范＋用户体验,网购行为执行意向;一因子:界面视觉复杂度＋视觉搜索力＋移动搜索＋移动支付＋安全防范＋用户体验＋网购行为执行意向。

### 5.5.4　相关分析

对本研究涉及的主要变量进行相关分析。如表 5-4 所示,该表显示了各个变量的均值、标准差及相关性系数,其中网购行为执行意向与界面视觉复杂度、视觉搜索力、移动搜索、移动支付、安全防范以及用户体验之间均为显著正相关的关系,相关系数介于 0.235 与 0.595 之间,可以做进一步分析。

**表 5-4　变量相关分析**

| 变量 | $M$ | $SD$ | 1 | 2 | 3 | 4 | 5 | 6 | 7 |
|------|------|------|------|------|------|------|------|------|------|
| $VC$ | 25.07 | 5.836 | 1 | | | | | | |
| $VSE$ | 18.88 | 5.394 | −0.759 ** | 1 | | | | | |
| $MS$ | 21.65 | 4.389 | −0.606 ** | 0.561 ** | 1 | | | | |
| $MP$ | 29.23 | 5.539 | −0.544 ** | 0.532 ** | 0.707 ** | 1 | | | |
| $SP$ | 26.21 | 6.235 | −0.141 * | 0.159 ** | 0.308 ** | 0.264 ** | 1 | | |
| $UE$ | 20.60 | 4.399 | −0.688 ** | 0.620 ** | 0.630 ** | 0.651 ** | 0.183 ** | 1 | |
| $IIOS$ | 29.14 | 6.509 | −0.490 ** | 0.431 ** | 0.454 ** | 0.431 ** | 0.235 ** | 0.595 ** | 1 |

注 1: * $p<0.05$, ** $p<0.01$, *** $p<0.001$。

### 5.5.5　路径分析

1）拟合指数分析

模型的拟合指数如表 5-5 所示,主要使用 $NFI$、$IFI$、$TLI$、$CFI$ 和 $RMSEA$ 作为结构方程拟合的判断指标。除 $NFI$ 外,其他指数均很理想。$NFI$ 指标在调查样本量较小的情况下,会低估模型拟合程度,一般来说,$NFI$ 值大于 0.8 即可,理想值为大于 0.9,$NFI$ 的值是可接受的。因此,从整体拟合指数来看,模型的拟合效果比较理想。

表 5 - 5　模型拟合指数表

| 拟合指数 | CMIN | DF | CMIN/DF | NFI | IFI | TLI | CFI | RMSEA |
|---|---|---|---|---|---|---|---|---|
| 结果 | 857.640 | 439 | 1.954 | 0.884 | 0.940 | 0.931 | 0.939 | 0.058 |

### 2）直接路径分析

如表 5 - 6 所示，"视觉搜索力←界面视觉复杂度"路径的回归系数为 $-0.883$，$P<0.001$，路径显著，说明界面视觉复杂度显著作用于视觉搜索力，支持 H1；"用户体验←移动支付"这条路径的回归系数为 0.313，$P<0.001$，路径显著，说明移动支付显著作用于用户体验，支持 H4；"用户体验←视觉搜索力"这条路径的回归系数为 0.567，$P<0.001$，路径显著，说明视觉搜索力显著作用于用户体验，支持 H3；"网购行为执行意向←安全防范"这条路径的回归系数为 0.173，$P<0.01$，路径显著，说明安全防范显著作用于网购行为执行意向，支持 H6；"网购行为执行意向←用户体验"这条路径的回归系数为 0.643，$P<0.001$，路径显著，说明用户体验显著作用于网购行为执行意向，支持 H7。由此可见，假设 H1、H3、H4、H6、H7 成立。

表 5 - 6　路径分析结果

| 路径 | | | 回归系数 | S.E. | C.R. | P | 标准回归系数 |
|---|---|---|---|---|---|---|---|
| 视觉搜索力 | ← | 界面视觉复杂度 | $-0.883$ | 0.091 | 9.750 | *** | 0.804 |
| 用户体验 | ← | 移动支付 | 0.313 | 0.062 | 5.083 | *** | 0.311 |
| 用户体验 | ← | 视觉搜索力 | 0.567 | 0.066 | 8.648 | *** | 0.680 |
| 网购行为执行意向 | ← | 安全防范 | 0.173 | 0.063 | 2.755 | ** | 0.155 |
| 网购行为执行意向 | ← | 用户体验 | 0.643 | 0.089 | 7.206 | *** | 0.612 |

注：* $p<0.05$，** $p<0.01$，*** $p<0.001$。

### 3）中介效应分析

采用偏差校正的 Bootstrap 置信区间估计法进行区间估计，自抽样 5 000 次，置信水平设为 95%，检验用户体验对视觉搜索力与网购行为执行意向之间的中介效应、用户体验对移动支付与网购行为执行意向之间的中介效应。如表 5-7 所示，路径 1 中用户体验间接效应的置信区间为 0.263～0.606，不包括零,表明中介效应显著;直接效应为零,表明为完全中介效应。路径 2 中用户体验间接效应的置信区间为 0.098～0.304,不包括零,表明中介效应显著;直接效应为零,表明为完全中介效应。路径 3 中视觉搜索力和用户体验间接效应的置信区间为 0.259～0.512,表明中介效应显著;直接效应为零,表明为完全中介效应。假设 H9、H10 成立,假设 H8 部分成立。

表 5 - 7　中介效应分析

| 路径 | 间接效应 | SE | 95%的置信区间 | |
| --- | --- | --- | --- | --- |
| | | | 下限 | 上限 |
| (1)视觉搜索力→用户体验→网购行为执行意向 | 0.416 *** | 0.087 | 0.263 | 0.606 |
| (2)移动支付→用户体验→网购行为执行意向 | 0.190 *** | 0.052 | 0.098 | 0.304 |
| (3)界面视觉复杂度→视觉搜索力→用户体验→网购行为执行意向 | −0.385 *** | 0.064 | 0.259 | 0.512 |

注: * $p < 0.05$, ** $p < 0.01$, *** $p < 0.001$。

### 5.5.6　调节效应分析

如表 5 - 8 所示,本研究对网购行为执行意向进行了分层回归分析。首先,将人口统计学变量(性别、年龄、支付方式、网购年限、最近一次网购时间距离、网购月消费金额)作为第一层,放入回归模型;其次,将视觉搜索力、移动支付、安全防范、用户体验作为第二层,放入回归模型,第二层变量加入模型后,安全防范和用户体验表现出了显著的正向预测作用,预测系数如表所示;再次根据第二层的回归分析结果,将视觉搜索力、移动支付与用户体验的两两乘积项作为第三层放入回归模型。在进行交互项相乘之前,本研究将所有的自变量进行了去中心化处理,即变量总分与变量均值做差。

交互项移动支付×用户体验、视觉搜索力×用户体验在 0.01 的显著性水平上都通过显著性检验,且方差膨胀因子(VIF)均低于 10,表明移动支付、视觉搜索力在用户体验和网购行为执行意向之间的调节效应显著。如图 5 - 2 所示,移动支付在用户体验和网购行为执行意向之间存在显著的负向调节效应($\beta = -0.134, p < 0.01$),说明在线购物期间用户体验良好的情况下,相比于移动支付接受度较高的消费者来说,移动支付接受度较低的消费者更易促发网购行为执行意向,而对于购物体验稍差的消费者来说,其购物行为并不会随移动支付接受

度的变化而表现出明显的差异；如图 5－3 所示，视觉搜索力在用户体验和网购行为执行意向之间存在显著的正向调节效应（$\beta = 0.131, p < 0.01$），可以看出用户体验一定时，高视觉搜索力的消费者网购意愿会更加强烈。

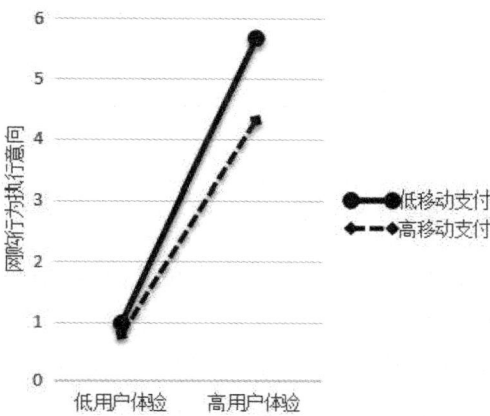

图 5－2　移动支付对用户体验和网购行为　　图 5－3　视觉搜索力对用户体验和网购行为
　　　　执行意向关系的调节效应　　　　　　　　　　执行意向关系的调节效应

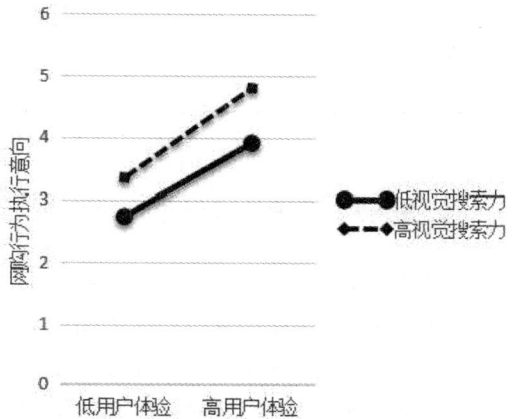

表 5－8　调节效应分析

| 变量 | 网购行为执行意向 | | | | | |
| --- | --- | --- | --- | --- | --- | --- |
| | $\beta$ | VIF | $\beta$ | VIF | $\beta$ | VIF |
| 性别 | −0.079 | 1.035 | −0.092 | 1.090 | −0.068 | 1.101 |
| 年龄 | −0.158 | 1.336 | −0.078 | 1.374 | −0.071 | 1.381 |
| 支付方式 | 0.225 | 1.041 | 0.233 * | 1.057 | 0.243 * | 1.059 |
| 网购年限 | 0.200 * | 1.589 | 0.193 ** | 1.651 | 0.175 * | 1.687 |
| 最近一次网购时间距离 | −0.141 * | 1.134 | −0.018 | 1.193 | −0.001 | 1.213 |
| 网购月消费金额 | 0.139 * | 1.196 | 0.103 | 1.239 | 0.116 * | 1.248 |
| 视觉搜索力 | | | 0.076 | 1.773 | 0.079 | 1.778 |
| 移动支付 | | | −0.028 | 1.980 | −0.089 | 2.388 |
| 安全防范 | | | 0.162 *** | 1.153 | 0.137 ** | 1.261 |
| 用户体验 | | | 0.517 *** | 2.198 | 0.534 *** | 2.213 |
| 移动支付 * 用户体验 | | | | | −0.134 ** | 4.165 |
| 视觉搜索力 * 用户体验 | | | | | 0.131 ** | 3.308 |

（续表）

| 变量 | 网购行为执行意向 | | | | | |
|------|------|------|------|------|------|------|
| | $\beta$ | VIF | $\beta$ | VIF | $\beta$ | VIF |
| $F$ | 5.496 | | 21.114 | | 18.816 | |
| $R^2$ | 0.105 | | 0.432 | | 0.450 | |
| $\triangle R^2$ | 0.105 | | 0.327 | | 0.018 | |

### 5.5.7　假设检验结果及讨论

本章运用 SPSS 23.0 软件及 AMOS 22.0 软件进行了问卷题项的鉴别度、信效度、验证性因子分析、变量之间的相关性、回归关系及假设模型的路径分析。研究结果显示,大部分的研究假设得到了验证且成立,但也有两条研究假设不成立。根据研究结果,本研究对提出的假设进行了修正,如表 5 - 9 所示。

表 5 - 9　研究假设的分析结果

| 假设序号 | 假设描述 | 分析结果 |
|------|------|------|
| H1 | 界面视觉复杂度正向作用于视觉搜索力 | 成立 |
| H2 | 移动搜索对于视觉搜索力具有正向预测作用 | 不成立 |
| H3 | 视觉搜索力对于用户体验具有正向预测作用 | 成立 |
| H4 | 移动支付对于用户体验具有正向预测作用 | 成立 |
| H5 | 视觉搜索力对于网购行为执行意向具有正向预测作用 | 不成立 |
| H6 | 安全防范对于网购行为执行意向具有正向预测作用 | 成立 |
| H7 | 用户体验对于网购行为执行意向具有正向预测作用 | 成立 |
| H8 | 视觉搜索力对界面视觉复杂度和网购行为执行意向之间的关系具有中介作用 | 部分成立 |
| H9 | 用户体验对视觉搜索力和网购行为执行意向之间的关系具有中介作用 | 成立 |
| H10 | 用户体验对移动支付和网购行为执行意向之间的关系具有中介作用 | 成立 |

## 5.6　本章小结

### 5.6.1　主要结论

本书将界面视觉复杂度、移动搜索、移动支付、安全防范作为自变量,视觉搜索力和用户体验作为中介变量,网购行为执行意向作为结果变量,探索了各变量之间的相互作用效果。本研究的目的是探讨移动情景感知视角下界面视觉复杂度与移动技术能力对网购行为执行意向的作用机制,通过调查与分析,得到以下结论:

第一,移动购物环境下,安全防范和用户体验对网购行为执行意向有显著正向作用。信息化时代,在线消费者经常对自己的隐私表示担忧,而电子商务环境下消费者面临着一个必不可少的权衡条件——要求消费者至少提供相应数量的个人信息来进行交易,这就面临着信息泄露的风险(Baruh, Secinti & Cemalcilar, 2017)。因此消费者是否选择在线购物在一定程度上取决于是否愿意提交个人信息。与此同时,消费者在访问该网站时的心理感受以及预期期望满足程度也会影响购买意愿。

第二,用户体验中介视觉搜索力和网购行为执行意向之间的关系。在线消费者高效的信息搜索率并不会直接促进购买行为,这对于目标定向功利主义者来说仅仅是时间意识问题。在预期的时间内,搜集信息的大量性和精确性使用户在电子商务环境中拥有高质量的体验,从而激发消费者购买意愿。

第三,视觉搜索力和用户体验共同中介界面视觉复杂度和网购行为执行意向之间的关系。研究发现,界面视觉复杂度并不会直接影响消费者网络购物的意向。不同类型的消费者对复杂度的感知不同,自身搜索效率也限制了检索到信息的数量与质量,搜索过程中也伴随着一系列在线体验,这些会共同促使购买行为的发生。

第四,用户体验中介移动支付和网购行为执行意向之间的关系。移动支付技术作为影响移动商务采纳度的关键因素之一,安全可靠的支付系统使得移动支付服务被广泛采用,但并不会直接增强消费者购买意愿。对移动支付的接受度和熟悉度结合用户在网络购物环境中的整体体验对购买意愿产生了积极的影响。

第五,移动支付和视觉搜索力调节用户体验和网购行为执行意向之间的关系。移动购物环境下,满意的在线体验会促进消费者的购买行为,但对于不同类型的消费者来说却有所差别。在高用户体验的前提下,视觉搜索力高的消费者比视觉搜索力低的消费者购买意愿更加强烈,而移动支付接受度和熟悉度低的消费者却表现出更高的购买意愿,可能是由于移动支付的新颖性或是这类消费者购买行为的影响因素中用户体验占主导地位。

总体来说,基于视觉复杂度与移动技术能力视角,通过构建新的研究模型,探索网购行为执行意向的影响因素,我们发现:界面视觉复杂度并不会直接影响网购行为执行意向,通过视觉搜索力和用户体验的中介作用可以对网购行为执行意向产生间接影响;移动技术方面,移动搜索对网购行为执行意向无直接或间接影响,移动支付通过用户体验的中介作用对网购行为执行意向产生间接影响;安全防范直接影响网购行为执行意向。

### 5.6.2　管理启示

第一,平台关注安全与隐私问题,消费者加强安全防范意识。信息化时代,在线消费者经常对自己的隐私表示担忧,而电子商务环境下消费者被要求提供一定的个人信息来实现交易,此时消费者就面临着一定的隐私风险(Baruh,Secinti & Cemalcilar,2017)。所以,消费者是否选择在线购物在一定程度上取决于是否愿意提交个人信息。安全防范作为一种移动技术能力,建议平台在加强安全防范技术的同时消费者增强隐私保护意识。因为仅仅从技术上并不能完全解决网购安全漏洞问题,人作为整个购物过程中的主体,需要加强自我保护意识,不轻易泄露个人信息,从而避免个人隐私受到威胁。因此,平台应提供令人信服的隐私保护工具,并以此作为竞争优势,引导消费者关注隐私,建立对消费者友好的数字市场。

第二,建议改善网购环境,提升用户体验。研究发现,用户体验这一变量在影响网购行为执行意向中起到了直接和间接的作用,进一步说明了良好的用户体验对移动购物行为的重要性,它可能会改善消费者的购物意向以及对产品的情感反应(Gao,Waechter & Bai,2015)。简洁的用户界面会提升消费者的感知体验,并加快消费者搜索进程,在预期的时间内,精准性搜索使得用户在电子商务环境中拥有高质量的体验,从而激发消费者购买意愿。用户体验作为消费行业中最有前途的营销方法之一,影响着电子商务平台中的用户忠诚度,商家应精心优化移动购物网站界面,营造良好的购物氛围,通过平台与用户的交互、产品与用户的交互,了解用户需求,满足用户期望,从而提高市场核心竞争力。

### 5.6.3　局限性及未来研究方向

首先,本研究的研究数据来源于问卷调查,且选用量表大部分改编自国外成熟量表,虽然经过严格的翻译以及课题组反复的讨论,但由于文化差异,直接应用于中国情境或许存在一定的局限性。其次,移动购物环境下,影响网购行为执行意向的因素还有许多,本研究仅选用四个自变量和两个中介变量来构建模型,仍无法全面剖析网购行为执行意向的影响机制,所以希望后续研究可以考虑从其他角度更加全面地进行情景感知视角下网购行为执行意向的影响机制研究。

# 第6章 时空感知视角下移动购物行为执行意向的作用机制

## 【本章导读】

第5章从情景感知视角对移动购物行为的机制进行了实证分析,获得了重要的研究结论,本章将从时空感知的角度探讨时间遵从、空间拥挤感、心理成本与移动购物执行意向的关系。本章研究采用问卷调查法,获得213份有效问卷,进行统计分析。研究发现:时间遵从对移动购物心理成本有显著的负向影响;心理成本对移动购物执行意向具有显著的正向影响;空间拥挤感通过影响心理成本和满意度间接影响移动购物执行意向;网购频率对于时间遵从和心理成本的负向关系具有调节作用。

## 6.1 研究背景

随着移动技术日新月异的发展,使用智能手机和平板电脑的移动购物方式越来越受到消费者青睐。移动设备拓宽了现有零售渠道的范围,同时补充了传统电子销售渠道(Verhoef,Kannan & Inmanet,2015)。据 Adjust 发布的 2019年移动购物报告统计,2018 年全年,购物应用的全球下载量为 57 亿次,其中安卓系统下载量同比增长 13.3%,达到 33 亿次下载;苹果系统下载量增长了 4.2%,达到 24 亿次下载。除了消费金额的提高,用户在购物应用上也花费了更多时间。据全球应用商店数据分析商 App Annie 统计,2018 年用户在购物应用上花费的时间总计达到 180 亿小时。由此可见移动购物在给消费者带来便利的同时,也花费了消费者大量的时间成本和精力成本。由于每个人对时间的态度和使用都不同,对移动购物付出的时间成本感知也不尽相同。研究表明,个性化的情境时间对移动购物有效性起着重要作用,移动购物应用在不同的时间提供个性化服务,满足了消费者不同的需求,产生个性化价值(Huang & Zhou,2018)。此外移动客户端丰富的展示模式和线上商店设计方式给用户营造了诸多沉浸式消费体验,有限的屏幕尺寸、使用环境、操作模式构成了一种独特的交互模式(Sohn,Seegebarth & Moritz,2017)。这种模式一定程度上加剧了消费者对电子界面视觉复杂性的感知,使用户产生了空间拥挤感。

消费者在网购时存在两种主要的情绪感知(积极和消极),它们是相关的,并很有可能同时存在。然而,一种情绪的增加并不意味着另一种情绪的减少(Chau et al.,2013)。Penz 和 Hogg(2011)提出顾客会因为产品、购买过程以及个人因素而产生复杂的情绪,最终影响购买意向。比如,由于购物界面设计不佳或者产品质量不良而产生的负面情绪,或者因为良好的商店形象和购物体验对零售商产生好感,这些都会影响消费者的最终购买决策和再购意向。

移动设备购物具有不受时空限制的特点,因而给消费者带来了更加丰富的购物场景体验。本章是从时空感知的视角出发,研究时间遵从和空间拥挤感与移动购物执行意向之间的内在机制。对于时间遵从的测量,国外学者早期开发了诸多成熟的量表,然而将这一变量与移动购物执行意向相联系的研究尚不多见,这是本章的一个创新点。将空间拥挤感应用到网购领域也是近些年才有的研究,研究者主要是从用户视觉复杂度、视觉搜索能力、感知流畅性等方面展开研究。本章将这一概念应用到移动购物执行意向上,希望能对移动购物临场体验及社交电商实践提供参考依据。

## 6.2　理论基础

### 6.2.1　时间遵从

时间遵从,又称为时间服从,是指个体所表现出的对客观时间遵守和服从的程度(Usunier & Valette-Florence,2007)。国内外关于时间遵从的研究主要探讨的是拖延性与准时性。根据时间是主观经验的观点,Davis 和 Omer(1996)认为,根据个人的年龄、性别、社会角色和时间取向,时间的分配也是内生性的,它被视为整体人格的一方面。Kaufman 和 Lindquis 在 1991 年首先提出了"时间人格"一词,提出每个人都有自己的时间使用方式,这些方式整合在一起形成了整体的时间个性,控制着人们对不同时间情况的反应,形成了存在个体差异的个性化时间。Settle 等(1978)研究了个体的时间取向对其生活方式和消费决策的影响。Graham 在 1981 年发表了一篇颇具影响力的文章,强化了这种将个人时间经验与其作为社会结构的本质相结合的思路,介绍了不同的时间文化模型,并强调了他们对消费者行为的影响。时间遵从是时间人格里的一个维度,由于时间人格是一个考虑个人行为、认知和情感的多维结构,是可以改变的,因此在某些特定的环境中,这种个性会以某种方式缓和组织社会化影响(Francis-Smythe & Robertson,1999)。大多数关于时间与消费者行为学的研究是从 1980 年以来在心理学、管理学、组织研究、市场营销和社会学等领域进行的。国外学者开发了很多测量方法,这些方法旨在测量个人对时间的态度,他们对时间的想法或感受。对时间遵从的测量包括对准时性和拖延性的测量。准时性是指一个人遵守时间并能忍受别人不遵守时间的程度,并按照计划遵守已设定的时间表。拖延性是指个体以推迟的方式逃避执行任务或做决定的一种特质或行为倾向,通常被视为一种自我阻碍行为。

### 6.2.2 空间拥挤感

电子设备界面的空间拥挤感主要是由视觉拥挤感造成的,视觉拥挤感主要来自视觉密度,视觉密度是指视觉领域中线索的数量。在具有大量视觉提示的情况下,大量非目标提示围绕目标对象,这些提示会降低目标物体的可见性并削弱其视觉辨别力,从而阻碍目标物体的识别并促进视觉空间拥挤的感知(Strasburger,2005)。此外,视觉提示之间边界的粗糙性和渗透性与感知的宽敞感有关。Felisbert 等(2005)的实验指出,较粗的边界使空间看起来更大,而干扰物通常会阻碍目标物体的流畅处理,并增加空间拥挤感。例如,动画被认为是虚拟环境中的干扰因素,提高了视觉复杂性的感知(Dehn & Mulken,2000;Geissler et al.,2001)。研究表明,感知到的空间拥挤与消极的情感状态密切相关,因为这限制了个体的行动范围、目标实现能力、探索倾向以及在商店中花费的时间(Machleit et al.,1994;Pons et al.,2016)。在本章研究中,我们对移动购物空间拥挤感的定义是,在电子显示界面中,用户对与任务无关的视觉信息密度的感知程度。

### 6.2.3 心理成本

心理成本是指消费者在购物过程中的心理压力或情绪劳动,包括消费者购买产品付出的时间、精力、搜索努力等。环境心理学家 Mehrabian 和 Russell(1974)关注并解释了这些成本,将其视为消费者对商店和购物环境的消极情感反应。Bender(1964)将心理成本视为商店选择的关键因素。Zeithaml(1988)认为购物的心理成本(例如大声的音乐或者拥挤造成的刺激)是商品价值的潜在决定因素。Wakefield 和 Baker(1998)指出设计和环境因素会对消费者的反应产生不同的影响,从而影响购买决策。Barker(1965)指出时间和精力成本影响消费者对交易产品的看法。Howard 等(1992)认为在商店里寻找或等待商品和服务的时间对消费者来说具有经济价值。环境学和市场营销学研究了环境对情感的影响,主要从积极的角度来看待情感(Howard,Dhruv & Fishe,1992)。

### 6.2.4　满意度

满意度是顾客的满足反应,一种满意度的判断,至少应包括两种刺激的结果和一个比较参照物(Reynoso,2010)。在这种情况下,Szymanski 和 Hise(2000)首次将网络购物满意度定义为消费者对网络零售体验和传统零售体验的比较,探索了电子商务环境中满意的驱动因素,他们通过对在线购物者的焦点小组访谈,阐明了网络购物的满意度主要来自购物便利性、产品推销、网站设计和财务安全。事实上,消费者对满意度的判断完全是主观和个人的,有研究提出了三种满意度,即购前、购中、购后满意度(Feinberg et al.,2002;Khalifa,Limayem & Liu,2002;Lu,2003)。购前满意度是顾客在下单之前进行的相关在线活动形成的,例如顾客教育、产品搜索和产品比较;购中满意度是基于客户对订单和付款流程的经验形成的;购后满意度与顾客对售后服务的体验有关,如检查、在线客户支持、处理退货的服务台、在线安装手册等。Agrebi 和 Jallais(2015)指出移动购物情境下的满意度是信息、系统、服务质量等因素对移动购物活动的情感响应总和。

### 6.2.5　执行意向

执行意向,又称为"如果—那么"计划("if-then"计划)。Parks-Stamm 等(2007)提出,在执行意向的"if"成分中指定情景线索可以增加线索的心理可及性,通过制定"if-then"计划来建立强线索和行为联系,从而使指定线索的存在自动引发关联反应(Parks-Stamm et al.,2007)。Gollwitzer 和 Sheeran(2009)认为,人们可以通过一种称为执行意向的自我调节策略来控制对消费者决策和决策实现产生影响的因素。他们的研究表明人们可能使用形成执行意向的自我调节策略做出更好的消费决策,并促进这些决策转化为行动(Gollwitzer & Sheeran,2009)。Gallo、Pfau 和 Gollwitzer(2012)指出执行意向是目标意向的实现,并创建一个承诺,以有计划的、以目标为导向的方式响应特定的关键情景提示。他提出执行意向源于一种意志行为,它在关键情景线索和各自的目标反映导向之间建立了一种联系,而通过执行意向,一个人可以因此从有意识的、自上而下的目标控制努力转向自动的、自下而上的目标导向行为控制。移动购物执行意向通过强化网购者的认知记忆来增强情景线索识别能力,在一定的网购情景或条件刺激下,执行意向被自动、有效并且无意识地启动,它是一种行为临界状态,更能预测实际移动购物行为发生的可能性(王林等,2018)。在捕捉消费者网购心理方面,意向测量比行为测量更有效,因为意向测量更能表明消费者的真实购买偏好(Day,1969)。

## 6.3　研究假设

### 6.3.1　时间遵从与心理成本的关系

时间遵从,是一种对时间充满责任和顺从的态度,强调在特定时间完成某项具体任务。在经济学中,时间可以被认为是任何消费过程的输入,它被分配在边际生产率最高的地方,个体通过最优地分配时间到活动中来最大化他们的整体满足感(Becker,1965)。时间具有心理维度,这种维度强调个人如何将时间作为一种外部的、受约束的资源(Usunier & Valette-Florence,1994)。移动购物需要消费者付出时间和精力,并等待货物的交付,消费者对时间的态度和感知会影响其在此过程中对非货币成本的感知。由此,提出如下假设:

H1:时间遵从显著影响移动购物心理成本。

### 6.3.2　空间拥挤感与心理成本、满意度的关系

拥挤的屏幕在电子显示界面很常见,移动购物终端的拥挤感主要体现在电子设备显示的易读性。在浏览网页时,用户经常需要滚动信息列表或区分设计布局列表,因此网络的空间拥挤感通常来自用户感兴趣的目标旁显示的干扰因素,例如广告推荐等(Whitney & Levi,2011)。环境心理学家 Canter(1983)指出,一个空间最重要的作用是它促进使用者达成目标的能力,对许多移动购物者来说,他们的目标是方便,这包括便捷地搜索以及轻松地找到他们想要的商品。网络界面布局作为一个设计线索,它可能影响顾客对商店的有效移动期望,也就是说一个好的页面布局可以降低用户的心理成本(Titus & Everett,1995)。Mehrabian 和 Russell(1974)提出了刺激—有机体—反应理论,该理论认为物理环境的影响主要是情感上的,也表明设计糟糕的商店环境可能会降低消费者购

物乐趣,导致顾客情绪恶化。由此,提出如下假设:

H2:空间拥挤感显著影响移动购物心理成本;

H3:空间拥挤感显著影响移动购物满意度。

### 6.3.3　心理成本、满意度与移动购物执行意向的关系

消费者的驱动购买因素主要是基于对产品质量(消费者从交换中得到什么)和价格(消费者在交换中放弃的货币性和非货币性的资本)的感知(Baker & Parasuraman,2002)。心理成本会增加消费者对于非货币性资本的感知,影响客户价值感知,产生更多的认知负荷。Pijpers 和 Van Montfort(2005)证明了在移动购物情境中,当用户的访问方式使他们付出更少的时间和精力成本时,用户的愉悦感会增强。Baker 和 Parasuraman(2002)研究了访问便捷性和网购执行意向之间的合理性,即顾客对上网所需努力的感知将影响他们在移动购物中的表现。当网络消费者接触到愉快的刺激时,他们浏览更多,探索其他相关产品类别,并更容易进行冲动性购买。此外,积极和令人满意的网购体验会降低未来网购的感知风险。刘百灵、徐伟和夏惠敏(2018)提出感知质量、感知交互和感知愉悦体现了移动购物应用特征,能显著提高用户信任,缓解用户的隐私担忧,提高移动购物者的持续使用意愿。由此,提出如下假设:

H4:心理成本显著影响移动购物执行意向;

H5:满意度显著影响移动购物执行意向。

综合考虑假设 $H_1 \sim H_5$,提出心理成本、满意度的中介作用假设:

H6a:心理成本在时间遵从和移动购物执行意向之间起中介作用;

H6b:心理成本在空间拥挤感和移动购物执行意向之间起中介作用;

H6c:满意度在空间拥挤感和移动购物执行意向之间起中介作用。

### 6.3.4　调节效应及假设模型

经验一直被认为是识别个体差异的重要因素,对个体适应技术的态度有着重要影响(Dabholkar,1996)。Venkatesh 和 Davis(2000)的模型验证了支持经验对感知有用性和行为意向之间的负向关系具有调节作用(Venkatesh & Davis,2000)。由于不是当面交易,网购交易与线下交易相比延长了合同完成的时间,因而涉及了一定的交易风险。与不经常网购的消费者相比,网购频率高的消费者将获得更多经验,从而使他们更有效地进行移动购物。但是他们更可能产生对商品质量、信息泄露、售后服务不确定性的担忧,以及不愿长时间等待

收货的心理特征而产生的额外心理成本。因此,网购频率是研究用户意向和行为时必须考虑的重要调节变量。由此,提出如下假设:

H7:网购频率调节时间遵从与移动购物心理成本之间的关系。

综上所述,建立理论框架模型如图 6-1 所示。

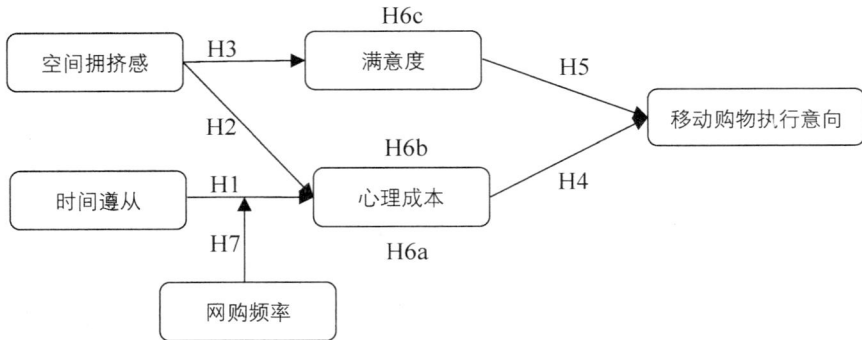

图 6-1　理论框架模型图

## 6.4　研究方法

### 6.4.1　数据收集

本研究数据在 2019 年 11 月收集,被试包括学生、企业职员、公务员、教师等,其中大多数被试为在校大学生和研究生。收集方法为:①采用滚雪球的方法邀请身边的同学、朋友填写网上问卷。②协助研究的同学在自己班级发放纸质问卷,邀请班级同学利用课间时间填写。本次调查共收集到问卷 286 份,剔除无效问卷后,有效问卷为 213 份。

调查样本中的性别分布:男性占比 46.0%,女性占比 54.0%;职业分布:公司职员样本占比最高为 51.64%,其次是学生,占比为 33.8%;年龄分布:18~24 岁样本占比为 32.86%,25~35 岁样本占比为 42.25%;网购频率:每周网购 0~1 次的被试占比最高为 74.6%,每周网购 2~3 次的被试占比为 20.7%;每月网购金额:每月消费 1 001~2 000 元和 2 001~5 000 元的样本占比较高且比较接近,分别为 34.7% 和 33.8%。具体人口统计变量如表 6-1 所示。

表 6 - 1 样本统计情况

| 描述性统计对象 | 描述性统计明细 | 样本 | 所占比重 |
|---|---|---|---|
| 性别 | 男 | 98 | 46.00% |
| | 女 | 115 | 54.00% |
| 年龄 | 18 岁以下 | 2 | 0.94% |
| | 18~24 岁 | 70 | 32.86% |
| | 25~35 岁 | 90 | 42.25% |
| | 36~45 岁 | 40 | 18.78% |
| | 45 岁以上 | 11 | 5.16% |
| 职业 | 学生 | 72 | 33.80% |
| | 公司职员 | 110 | 51.64% |
| | 公务员 | 10 | 4.69% |
| | 教师 | 9 | 4.23% |
| | 其他 | 12 | 5.63% |
| 每周网购频率 | 0~1 次 | 159 | 74.6% |
| | 2~3 次 | 44 | 20.7% |
| | 4~5 次 | 8 | 3.8% |
| | 6~7 次 | 1 | 0.5% |
| | 8 次以上 | 1 | 0.5% |
| 每月平均网购消费金额 | 1 000 元及以下 | 35 | 16.4% |
| | 1 001~2 000 元 | 74 | 34.7% |
| | 2 001~5 000 元 | 72 | 33.8% |
| | 5 001~10 000 元 | 18 | 8.5% |
| | 10 000 元以上 | 14 | 6.6% |

### 6.4.2 变量测量

除上文提到的人口统计变量,本研究共调查了 5 个变量,时间遵从、空间拥挤感、心理成本、满意度、移动购物执行意向。变量的测量均采用国内外开发的成熟量表,采用七级李克特量表,从 1(非常不同意)到 7(非常同意)代表不同等级。

1) 时间遵从

本部分共 3 道题,第一题采用 Francis-Smythe 和 Robertson(1999)编制的时间人格量表,第二题采用 Settle 等(1978)编制的拖延性测试量表,第三题采用 Bond 和 Feather(1988)编制的时间管理量表。

2) 空间拥挤感

本部分共 3 道题,题目采用 Machleit 等(1994)编制的空间拥挤感量表。结合移动购物的情境,与研究人员对问卷选题进行反复讨论,进行了谨慎修改。

3) 心理成本

本部分共 3 道题,题目采用 Dodds 等(1991)编制的时间/精力成本量表。主要测量消费者对移动购物花费时间、精力、搜索努力的感知。

4) 满意度

本部分共 4 道题,题目采用 Eroglu 和 Machleit(2000)编制的顾客满意度感知量表。题目包括消费者对移动购物 App 购中、购后的体验满意度,其中第三题为反向题,统计时已进行反向编码。

5) 移动购物执行意向

本部分共 7 道题,题目采用国内学者王林等(2014)编制的网购执行意向量表。量表已通过信度、效度检验,且非常符合移动购物的情境。

### 6.4.3  信效度分析

本研究采用 SPSS 22.0 对数据进行统计分析。如表 6-2 所示,经检验各个子量表的信度均达到 0.7 以上,总量表的信度为 0.72,具有良好的信度。对分量表做 KMO 和 Bartlett 球形检验,5 个变量卡方均达到显著性要求。除时间遵从和心理成本的 KMO 值为 0.69 外,其余变量的 KMO 值均达到 0.7,表明适合进行探索性因子分析。

表 6-2  量表信效度检验

| 变量 | Cronbach'α | KMO | 量表来源 |
|------|-----------|-----|---------|
| 时间遵从 | 0.81 | KMO=0.69<br>Bartlett 的球形检验近似卡方 = 210.794<br>Df=3 Sig.=0.000 | Francis-Smythe & Robertson,1999 |

（续表）

| 变量 | Cronbach'α | KMO | 量表来源 |
|---|---|---|---|
| 空间拥挤感 | 0.84 | $KMO=0.7$<br>Bartlett 的球形检验近似卡方 = 275.644<br>$Df=3$ $Sig.=0.000$ | Machleit et al.，1994 |
| 心理成本 | 0.84 | $KMO=0.69$<br>Bartlett 的球形检验近似卡方 = 288.496<br>$Df=3$ $Sig.=0.000$ | Dodds et al.，1991 |
| 满意度 | 0.74 | $KMO=0.74$<br>Bartlett 的球形检验近似卡方 = 172.498<br>$Df=6$ $Sig.=0.000$ | Eroglu & Machleit，1994 |
| 移动购物执行意向 | 0.76 | $KMO=0.72$<br>Bartlett 的球形检验近似卡方 = 423.94<br>$Df=21$ $Sig.=0.000$ | 王林等，2014 |

## 6.5　结果及分析

### 6.5.1　相关性分析

用 SPSS 22.0 对五个变量进行相关分析，如表 6-3 所示。分析结果显示：心理成本、满意度这两个变量与移动购物执行意向呈现出显著的正相关，空间拥挤感与心理成本呈现显著正相关，而与满意度呈现显著的负相关。

表 6-3　相关性分析

| | Mean | SD | 1 | 2 | 3 | 4 | 5 |
|---|---|---|---|---|---|---|---|
| 时间遵从 | 16.554 | 3.268 | 1 | | | | |
| 空间拥挤 | 11.207 | 3.632 | 0.091 | 1 | | | |
| 心理成本 | 13.376 | 4.234 | −0.125 | 0.248 ** | 1 | | |

（续表）

| | *Mean* | *SD* | 1 | 2 | 3 | 4 | 5 |
|---|---|---|---|---|---|---|---|
| 满意度 | 15.202 | 2.268 | −0.008 | −0.309 ** | −0.014 | 1 | |
| 执行意向 | 35.446 | 5.528 | −0.020 | −0.088 | 0.238 ** | 0.468 ** | 1 |

注：* 表示 $P < 0.05$，** 表示 $P < 0.01$，*** $P < 0.001$。

### 6.5.2　结构方程模型

用 Amos 24.0 对模型进行路径拟合，拟合系数如下：$CMIN/DF$ 值为 1.427（小于 3）达到拟合要求，$RMSEA$ 为 0.045（小于 0.05），$GFI$ 值为 0.905，$CFI$ 值为 0.957，$TLI$ 值为 0.947，$IFI$ 值为 0.958，均大于 0.9，表明模型拟合度良好，拟合系数如表 6-4 所示。

表 6-4　整体拟合系数表

| $CMIN/DF$ | $RMSEA$ | $GFI$ | $CFI$ | $TLI$ | $IFI$ |
|---|---|---|---|---|---|
| 1.427 | 0.045 | 0.905 | 0.957 | 0.947 | 0.958 |

经过调试，最终修正的拟合图如图 6-2 所示。

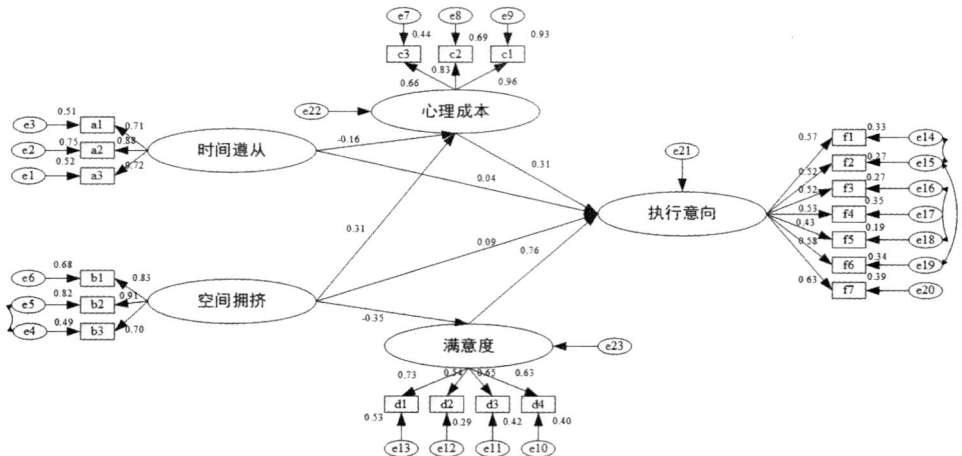

图 6-2　模型拟合路径图

路径分析发现，时间遵从对心理成本具有显著负向影响（H1），标准化路径系数为−0.176＊;空间拥挤感对心理成本具有显著正向影响(H2),标准化路径系数为 0.303＊＊＊;空间拥挤感对满意度具有显著负向影响(H3),标准化路径系数为−0.348＊＊＊;心理成本对移动购物执行意向具有显著正向影响(H4),标准化路径系数为 0.31＊＊＊;满意度对移动购物执行意向具有显著正向影响(H5),标准化路径系数为 0.755＊＊＊,这是模型分值最高的路径关系。拟合路径如表 6－5 所示,从以上分析可以看出,假设 H1～H5 成立。

表 6－5　拟合路径系数表

| 路径 | | | 标准化回归系数 | S.E. | C.R. | P |
|---|---|---|---|---|---|---|
| 心理成本 | ← | 时间遵从 | −0.176 | −0.203 | 0.089 | 0.022 |
| 心理成本 | ← | 空间拥挤 | 0.303 | 0.348 | 0.097 | ＊＊＊ |
| 满意度 | ← | 空间拥挤 | −0.348 | −0.24 | 0.065 | ＊＊＊ |
| 移动购物执行意向 | ← | 心理成本 | 0.310 | 0.176 | 0.049 | ＊＊＊ |
| 移动购物执行意向 | ← | 满意度 | 0.755 | 0.693 | 0.129 | ＊＊＊ |

注:＊表示 $P < 0.05$,＊＊表示 $P < 0.01$,＊＊＊表示 $P < 0.001$。

### 6.5.3　中介效应检验

首先,采用 SPSS 宏中 Process 插件,选取 Model 4(简单的中介模型),在控制了性别、年龄、职业的情况下对心理成本在空间拥挤感与移动购物执行意向之间的中介效应进行检验。结果表明,空间拥挤感对移动购物执行意向的预测作用不显著($\beta = −0.12, t = −1.14, p > 0.05$),但是当放入心理成本作为中介变量后,空间拥挤感对网购执行意向的直接预测作用是显著的($\beta = −0.22, t = −2.14, p < 0.05$)。而且空间拥挤感通过心理成本对移动购物执行意向的间接预测作用显著($\beta = −0.10, t = 4.07, p < 0.05$)。此外,心理成本对空间拥挤感和网购执行意向之间的中介效应检验 bootstrap 95％置信区间的上、下限不包含 0(见表 6－6),这表明空间拥挤感能够通过心理成本的中介作用影响移动购物执行意向。同理可检验空间拥挤感通过满意度对移动购物执行意向的中介效应显著,时间遵从通过心理成本对移动购物执行意向的中介作用不显著。

表 6 - 6　中介效应检验

| 中介效应路径 | 总效应 | 直接效应 | 间接效应 | Boot标准误 | Boot CI 下限 | Boot CI 上限 |
|---|---|---|---|---|---|---|
| 空间拥挤感→心理成本→移动购物执行意向 | −0.1194 | −0.2216 * | 0.1022 * | 0.0349 | 0.0391 | 0.1769 |
| 空间拥挤感→满意度→移动购物执行意向 | −0.1194 | 0.1058 | −0.2252 * | 0.0644 | −0.3558 | −0.1031 |
| 时间遵从→心理成本→移动购物执行意向 | −0.0343 | 0.0163 | −0.0506 | 0.0397 | −0.1439 | 0.0072 |

注：* 表示 $P < 0.05$，** 表示 $P < 0.01$，*** 表示 $P < 0.001$。

以上分析表明，假设 H6a 不成立，H6b、H6c 成立。

### 6.5.4　调节效应检验

采用 SPSS 宏中 Process 插件，选取 Model 1(简单的调节模型)。选取性别、年龄、学科作为控制变量，以时间遵从作为预测变量，心理成本作为结果变量，网购频率作为调节变量，用逐步线性回归的方法验证网购频率的调节作用。统计结果显示，当放入网购频率×时间遵从作为交叉项预测变量时，时间遵从和交叉项对心理成本的预测均为显著，如表 6 - 7 所示。因此，网购频率对时间遵从和心理成本之间的调节作用成立，即假设 H7 成立。

表 6 - 7　网购频率的调节效应

| | 第一步 | | 第二步 | | 第三步 | |
|---|---|---|---|---|---|---|
| | $\beta$ | $t$ | $\beta$ | $t$ | $\beta$ | $t$ |
| 性别 | 0.131 | 1.770 | 0.130 | 1.758 | 0.117 | 1.591 |
| 年龄 | 0.033 | 0.448 | 0.028 | 0.387 | 0.026 | 0.355 |
| 网购频率 | | | 0.077 | 1.051 | 0.086 | 1.188 |
| 时间遵从 | | | −0.127 | −1.745 | −0.169 * | −2.249 |
| 网购频率×时间遵从 | | | | | 0.152 * | 2.013 |
| $\Delta R^2$ | 0.019 | | 0.023 | | 0.021 | |

（续表）

|  | 第一步 | 第二步 | 第三步 |
|---|---|---|---|
| $\Delta F$ | 1.190 | 2.127 | 4.052 |

注：* 表示 $P < 0.05$，** 表示 $P < 0.01$，*** 表示 $P < 0.001$。

为了进一步解释调节效应，根据 Toothaker(1994)推荐的方法进行简单的坡度分析，结果如图 6-3 所示。将网购频率分为高低两组，从图中可以看出，高频率网购者的心理成本显著高于低频率网购者，且对于高频率网购者，时间遵从得分越高，心理成本得分越高。对于低频率网购者，时间遵从得分越高，心理成本得分越低。

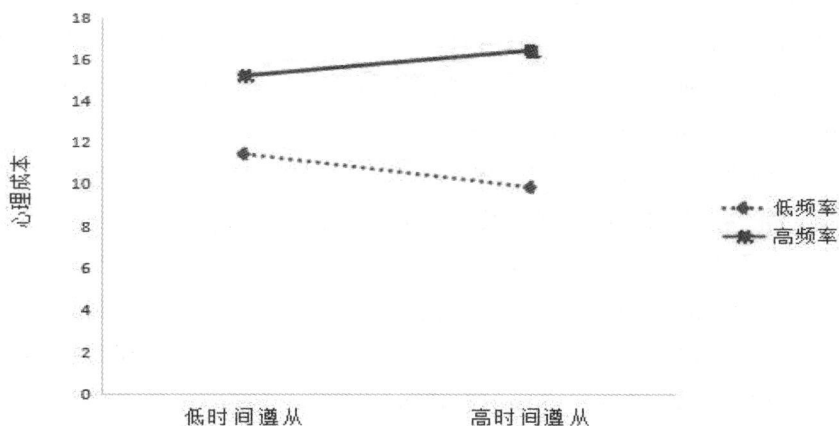

图 6-3　调节效应分析图

## 6.6　本章小结

### 6.6.1　研究结论

本章主要研究了时空感知对移动购物执行意向的影响，以及网购频率的调节作用，经过 SPSS 统计分析和结构方程路径拟合，综合得出以下结论：

第一，时间遵从与心理成本负相关。即时间遵从得分越高，心理成本得分越低。这可以用 Clarry(1986)的研究解释，他提到拖延者会对因拖延时间而产生的压力有更大的敏感性，本研究也在一定程度上证明了这一点(Clarry，1986)。

第二，空间拥挤感与心理成本正相关。即移动购物用户的空间拥挤感越高，心理成本越高。Baker 和 Parasuraman(2002)通过研究证明,商店的环境线索会影响消费者购物体验成本,进而影响消费者的整体感知和行为意图。也就是说,环境刺激会在消费者的时间和精力上产生一定的成本。本章的结论也证明了这一点,消费者移动购物感知到的空间拥挤感与知觉不流畅密切相关,这种不流畅显著增加了个体在执行移动购物任务时的感知时间成本和搜索努力等。

第三,空间拥挤感与满意度负相关。即移动购物用户的空间拥挤感越高,用户满意度越低。这与 Machleit、Eroglu 和 Mantel(2000)的研究结论一致,其证明增加线下零售店的拥挤感会降低购物者对商店的满意度,而消费者对拥挤的容忍度可以调节拥挤感导致的购物满意度下降,本章的研究情境为在线移动购物,也得到了空间拥挤感负向影响满意度的结论。

第四,心理成本与移动购物执行意向正相关。即心理成本越高,移动购物执行意向越高。这与 Barker(1965)的研究一致,即消费者付出的时间和精力成本可能会影响他们对最终放弃购买该产品的想法。本章的研究表明消费者对某个产品花费的时间和精力越多,消费者越不容易放弃该产品。

第五,满意度与移动购物执行意向正相关。即满意度越高,移动购物执行意向越高。满意度是购物行为持续发生的驱动因素,随着消费者满意度的增加,其风险感知会降低,信任感会增强,并驱动消费者实现从意向层到行为层的过渡。

第六,空间拥挤感通过心理成本、满意度的中介作用间接影响移动购物执行意向。根据 SOR 理论,外部刺激对个体的认知、情绪状态产生影响,从而对个体行为产生影响。Machleit、Kellaris 和 Eroglu(1994)将刺激定义为在线购物者看到、听到的所有诱因的总和,本章研究中心理成本和满意度作为有机体的中介状态,空间拥挤感和个体移动购物执行意向之间起中介作用。

第七,网购频率调节时间遵从和心理成本之间的关系。高频率网购者的心理成本高于低网购频率者,这是因为高频率网购者要承担更多对商品、交易、售后服务不确定性的担忧,以及长时间的物流等待,从而产生更多的心理成本。对于高频率网购者,时间遵从得分越高,心理成本越高。而对于低频率网购者,时间遵从得分越高,心理成本越低。

### 6.6.2　管理启示

本研究显示,当移动购物用户在网购时的空间拥挤感增强时,会对网购本身产生负面影响。而这些负面影响是通过增加消费者心理成本和降低用户满意度实现的。这对网站的开发者来说具有一定的启发,即如何改进移动客户端的网页设计和空间布局能产生满意的移动用户接触点。随着移动互联网的普及,智能手机的浏览和搜索活动在未来会大大增加。作为新一代的数字原住民,移动端用户更倾向于使用那些交互性更强的网络触点。正如 Oulasvirta 等(2012)所言,移动设备倾向于简短的、有目标的交互性会话。因此,网络零售企业应努力优化营销网站的视觉效果,以更好地满足顾客的需求以增强顾客黏性。为了改善顾客的购物体验,一些网上的零售商可以考虑设立实体店,把它们作为陈列室,引导顾客线下查看线上下单。此外,网站设计者在构思网站设计时可将时间要素考虑进去,如在网站页面设置温馨提示,提醒用户已经浏览了多长时间,是否休息一下;或者标记上次浏览页面,设置自动跳转选项。

### 6.6.3　研究局限与未来展望

首先,由于本研究选取的量表大多来自国外,虽然在翻译和情境上进行了反复讨论和谨慎修改,但由于文化差异或许仍存在一定的理解偏差。

其次,样本的选择有一定局限,样本中年轻白领和学生偏多,一定程度上受到职业和年龄的限制,未来可进一步扩大样本收集,探索各个领域时空感知对消费者移动购物执行意向的影响。

# 第7章 移动购物行为执行意向关联演化模型研究

## 【本章导读】

　　通过前面章节的研究,我们对移动购物行为执行意向的影响因素及作用机制有了较为深入的认识。随着移动互联网技术在电子商务领域的快速应用,移动购物活动中个性化推荐、移动口碑传播等问题迅速成为新兴电子商务的热点课题,而这些课题与移动购物行为执行意向内在认知机制有很强的关联性,亟待推进其关联演化规律的探索。为此,本章以网易考拉 App 为研究数据来源,共采集到 28 248 条有效评论数据,然后利用文献分析、文本挖掘和数据挖掘的研究方法,对移动购物行为执行意向进行了关联演化机制的研究,获得如下重要发现:①体验知觉、商品细节、价值感知、包装品质、服务驱动、时空线索、价值让渡和人际网络等线索构成移动购物情景线索的八种类型;②口碑传播、情感反馈、忠诚导向、信任依赖和用户匹配度构成了移动购物的目标导向行为反应的五种类型;③驱动移动购物行为执行意向的最初动力来自体验知觉线索和移动口碑传播行为反应;④在移动购物情景下,消费者的目标导向行为反应与价值感知、价值让渡、商品细节、时空线索等情景线索建立强链接,使消费者行为执行意向的驱动力呈现多元、多点激活的状态;⑤服务驱动、包装品质和人际网络构成了移动购物行为执行意向网络的弱链接,推动了移动购物者的产品卷入、品牌卷入及情感卷入等参与行为,使互动时间、情感强度及亲密程度得到加强,助推了互惠行动;⑥进一步通过 Apriori 算法的关联挖掘,获得促进移动购物行为执行意向的 26 条重要规则集。因此,本章研究发现有助于揭示情景线索与目标导向的行为反应之间的匹配规律,从而有利于建立以消费者为中心的移动购物情景感知、价值共创、个性化推荐与服务的共生型商业综合体,这对数字化场景变革也具有重要的理论与实践价值。

## 7.1　研究背景及意义

当前,移动购物进入一个场景时代,移动端的用户体验和服务感知等场景化变革将影响消费者的决策行为。个体在网络化社会能够支配的时间越来越碎片化,注意力被越来越多的碎片化任务所分散,特别是在时间、空间和行为耦合的复杂背景下,如何把握个体的情景线索特征及其与认知记忆的关系就显得尤为重要。有研究表明,情景线索的内在机制有助于揭示个体注意力的动态演化机理,而且情景线索能够激活个体自发的记忆(Sonne et al.,2019)。如果能成功激活消费场景、娱乐场景、康养场景、运动场景、学习场景等的线索信息,将会捕获个体及群体注意力,能增强前瞻性记忆(Raskin et al.,2019)和回溯记忆(Chopik & Edelstein,2019),这会使个体对特定的情景线索印象深刻,会铭刻在其潜意识中。因此,当有匹配的情景刺激时,个体能够自动连接记忆单元进行认知与反馈,这有助于商家进行场景变革的管理实践。

与情景线索理论密切相关的理论主要有前瞻性记忆理论(Gonzalez & Buchanan,2019)、回溯记忆理论(Bays & Taylor,2018)、行为执行意向理论(Liu et al.,2018)、线索利用理论(Gallant et al.,2019)等。执行意向又称为"如果—那么"计划,以 if-then 格式指定何时、何地以及如何对给定目标采取行动,其有效性假设基于两个过程(Gollwitzer,1999;Duckworth et al.,2011)。首先,一旦个体的行为目标被激活,"如果"部分中的心理表征和情景线索就变得非常容易理解;其次,"那么"部分中目标导向的行为反应与情景线索之间建立了紧密的联系。认知过程研究发现,心理对比激发了目标追求,并在未来的心理表征和情景线索与行为反应之间建立了强有力的联系(Kappes et al.,2012,2013;Kappes & Oettingen,2014)。

因此,亟待在消费者行为、个性化推荐、社会化网络口碑传播等交叉领域尽快推进移动购物行为执行意向的关联机制研究,以揭示情景线索与目标导向的行为反应之间的匹配规律,从而有助于建立以消费者为中心的移动购物情景感知、价值共创、个性化推荐、个性化服务的共生型商业综合体,这对数字化场景变革具有重要的社会与理论意义。

## 7.2　数据采集与预处理

首先,确定数据来源。考虑到移动购物在全球的影响力及大量购物评论数据的客观性与全面性,确定网易考拉 App 为数据源,它可以满足本章研究的数据抽样。在采集过程中需要及时排除无效采集规则、大量重复性数据,需要采取如下方法以确保采集数据的完整性与可行性:第一,采集不同商家、不同品牌商品信息,尽量使数据来源多元化;第二,力求样本信息的真实性和客观性,避免主观加工信息或歪曲信息本意;第三,过滤重复信息,确保样本的代表性。

其次,根据以上原则,我们采用后羿采集器软件展开数据采集工作,确保数据的完整性、科学性、有效性,并通过数据预处理,最终保留了共 28 248 条有效评论数据用于项目分析。

## 7.3　研究方法及工具

(1)本研究运用关联分析法。对移动购物情景线索和行为反应进行关联挖掘,运用 Apriori 算法得出关联指标间的支持度和置信度,从而筛选并提炼出不同情景线索和不同行为反应之间的主要关联规则。

(2)Rost CM 挖掘系统。利用该系统对文本信息进行分词以及词频统计,从而对移动购物情景线索以及行为目标进行特征提取与分类。

(3)IBM SPSS Modeler 数据挖掘软件。在文本挖掘基础上,利用该软件对移动购物情景线索和行为反应进行关联挖掘,探索二者的关联规则。

## 7.4　移动购物情景线索与目标导向行为反应分类

### 7.4.1　指标梳理

首先,我们需要梳理和补充移动购物情景线索与行为反应的分类。一方面,参考已有文献(王林等,2015)梳理情景线索类型和目标导向的行为反应(张亚明等,2016);另一方面,根据文本的中文分词及词频统计结果,补充移动购物情景线索类型及梳理行为反应类型。其次,在上述分析基础上,确定了移动购物情景线索的八种类型,分别是体验知觉、商品细节、价值感知、包装品质、服务驱动、时空线索、价值让渡和人际网络。再次,在上述分析基础上,确定了移动购物的目标导向行为反应的五种类型,分别是口碑传播、情感反馈、忠诚导向、信任依赖和用户匹配度。最后,在分析过程中,运用上述 13 个指标,对评论数据进行标注。

### 7.4.2　情景线索与行为目标特征提取

首先,如表 7-1 和 7-2 所示,利用 Rost CM 软件对文本数据进行分词和词频统计。

表 7-1　移动购物情景线索特征词频统计(上)

| 体验知觉线索 | 词频<br>(17 380) | 商品细节线索 | 词频<br>(11 140) | 价值感知线索 | 词频<br>(8 632) |
|---|---|---|---|---|---|
| 效果 | 6 894 | 面膜 | 5 377 | 正品 | 3613 |
| 滋润 | 2 430 | 颜色 | 1 269 | 泰国 | 1254 |
| 服帖 | 1 215 | 口红 | 881 | 宝贝 | 775 |
| 味道 | 819 | 银色 | 449 | 假货 | 369 |
| 油腻 | 645 | 金色 | 447 | 大牌 | 266 |
| 脸上 | 523 | 香味 | 294 | 不假 | 259 |
| 清爽 | 389 | 硅胶 | 288 | 不像 | 231 |
| 毛孔 | 373 | 塑料 | 220 | 升级 | 206 |
| 细腻 | 343 | 木版 | 216 | 相比 | 204 |
| 脖子 | 297 | 纱布 | 201 | 值得 | 191 |
| 黑头 | 271 | 耐用 | 177 | 真假 | 162 |
| 手臂 | 265 | 蜂蜜 | 149 | 真伪 | 158 |
| 水水 | 212 | 蚕丝 | 149 | 鸡肋 | 144 |
| 白嫩 | 208 | 颜涂 | 147 | 不足 | 130 |
| 眼睛 | 207 | 葡萄 | 146 | 质量 | 112 |
| 清凉 | 203 | 玉兰 | 95 | 最好 | 109 |
| 干燥 | 200 | 贴面 | 88 | 杠杠 | 95 |
| 滑滑 | 196 | 有光 | 68 | 真假 | 85 |
| 光滑 | 192 | 尿酸 | 59 | 品质 | 66 |
| 出油 | 187 | 香香 | 55 | 总体 | 59 |

（续表）

| 体验知觉线索 | 词频<br>(17 380) | 商品细节线索 | 词频<br>(11 140) | 价值感知线索 | 词频<br>(8 632) |
|---|---|---|---|---|---|
| 不适 | 171 | 金箔 | 54 | 完美 | 44 |
| 质感 | 147 | 新旧 | 53 | 店里 | 39 |
| 滑又嫩 | 130 | 黄色 | 43 | 缺点 | 31 |
| 水光 | 128 | 颜霜 | 40 | 真品 | 30 |
| …… | …… | …… | …… | …… | …… |

表 7 - 2  移动购物情景线索特征词频统计（下）

| 包装品质 | 词频 | 价值让渡 | 词频 | 口碑传播 | 词频 | 忠诚导向 | 词频 | 用户匹配度 | 词频 |
|---|---|---|---|---|---|---|---|---|---|
| 好看 | 947 | 便宜 | 1 058 | 评价 | 857 | 第二 | 1 213 | 皮肤 | 2 903 |
| 盒子 | 146 | 性价比 | 587 | 好好好 | 853 | 回来 | 479 | 适合 | 558 |
| 严实 | 124 | 实惠 | 441 | 好评 | 742 | 下次 | 379 | 肤色 | 382 |
| 图片 | 52 | 平价 | 320 | 真心 | 697 | 购买 | 323 | 冬天 | 371 |
| 外包装 | 51 | 价钱 | 305 | 棒棒 | 585 | 下单 | 149 | 油性 | 292 |
| 美丽 | 45 | 搞活 | 276 | 良心 | 145 | 果断 | 108 | 自然 | 275 |
| 精致 | 35 | 划算 | 197 | 实用 | 79 | 使用 | 88 | 敏感 | 213 |
| 简陋 | 31 | 双十 | 152 | 建议 | 32 | 试试看 | 67 | 秋冬 | 185 |
| 套装 | 31 | 物美价廉 | 132 | 情感反馈 | 词频 | 慎买 | 67 | 大油 | 182 |
| 可爱 | 30 | 经济 | 122 | 满意 | 1 735 | 出去 | 42 | 不白 | 157 |
| 服务驱动 | 词频 | 价位 | 92 | 喜欢 | 1380 | 信任依赖 | 词频 | 空气 | 125 |
| 快递 | 809 | 人际网络 | 词频 | 期待 | 988 | 以往 | 505 | 合适 | 116 |
| 物流 | 387 | 朋友 | 905 | 失望 | 264 | 牌子 | 279 | 秋季 | 103 |
| 客服 | 378 | 妈妈 | 709 | 郁闷 | 174 | 平台 | 238 | 粉刺 | 102 |
| 收到 | 254 | 送人 | 316 | 期望值 | 101 | 习惯 | 237 | 夏天 | 96 |
| 态度 | 202 | 同事 | 264 | 自信 | 92 | 信赖 | 185 | 防晒 | 87 |
| 速度 | 160 | 姐姐 | 224 | 心疼 | 77 | 传说 | 150 | 肌肤 | 82 |

（续表）

| 包装品质 | 词频 | 价值让渡 | 词频 | 口碑传播 | 词频 | 忠诚导向 | 词频 | 用户匹配度 | 词频 |
|---|---|---|---|---|---|---|---|---|---|
| 卖家 | 128 | 男朋友 | 183 | 嘻嘻 | 77 | 这家 | 123 | 稳定 | 75 |
| 服务 | 112 | 老妈 | 169 | 迫不及待 | 75 | 香港 | 122 | 湿疹 | 74 |
| 全包 | 59 | 妹子 | 134 | 心态 | 72 | 放心 | 83 | 干性 | 52 |
| 时空信息 | 词频 | 老婆 | 96 | 出乎意料 | 66 | 专柜 | 82 | 日常 | 52 |
| 晚上 | 826 | 同学 | 41 | 说真 | 47 | 诗风 | 74 | 清晨 | 51 |
| 暑假 | 310 | 礼物 | 39 | 啊啊 | 38 | 宝洁 | 67 | 混合型 | 37 |
| 时间 | 260 | 女生 | 38 | 开心 | 37 | 韩国 | 55 | 状态 | 31 |
| 每天 | 236 | 婆婆 | 38 | 强烈 | 36 | 日久 | 47 | …… | …… |
| 白天 | 191 | 老公 | 34 | 担心 | 34 | …… | …… | …… | …… |
| 区域 | 182 | 小伙伴 | 32 | …… | …… | …… | …… | …… | …… |
| …… | …… | …… | …… | …… | …… | …… | …… | …… | …… |

其次,在分层抽样基础上,进行移动购物情景线索与目标导向行为反应特征标注。① 由于数据基数庞大,选择分层抽样方法进行数据抽取。根据评论产品种类的不同分为 20 个层,按照一定比例在各层抽取评论数据,最终筛选出 1 982 条有效数据。② 如图 7-1 所示,对抽取的评论信息进行特征标注。

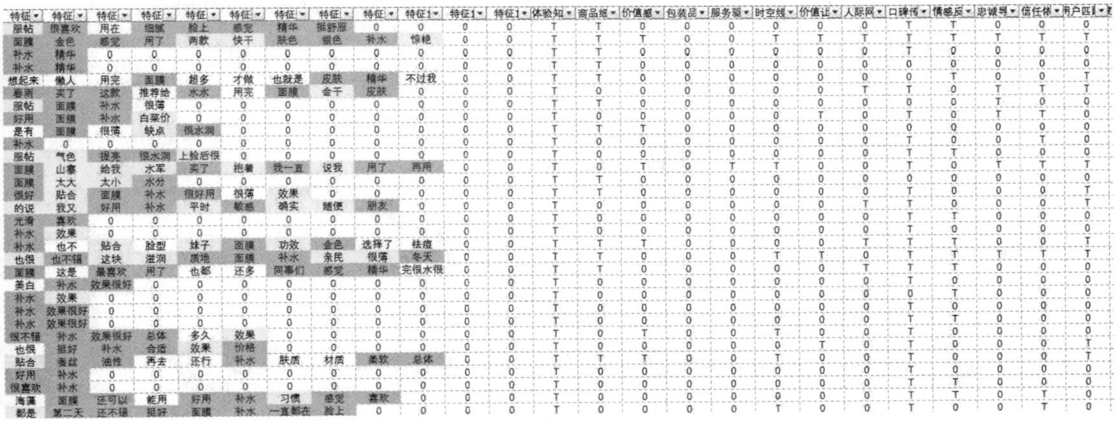

图 7-1　移动购物情景线索与目标导向行为反应特征部分标注示意图

## 7.5    移动购物情景线索与目标导向行为反应关联挖掘

### 7.5.1    关联挖掘主要算法

Apriori 算法中的第一步是发现频繁项集。一个频繁项集的定义是支持度大于或等于用户指定的最小支持度阈值$S_{min}$的项集,而项集的支持度是指该项集在记录中的数量除以总记录数。当所有的频繁项集已被确定时,将从频繁项集(其中)提取规则。

(1)在长度为$(k-1)$的项集中找出满足以下条件的所有子集 $A$ 和$\tilde{A}$,即 $A$ 中所有字段都为输入字段,而$\tilde{A}$中所有字段都为输出字段。

(2)对于每一个子集 $A$,规则 $A \rightarrow \tilde{A}$ 的置信度计算如下所述:

$$C_{posterior} = \frac{r}{N} \qquad (7-1)$$

式(7-1)中 $r$ 是记录中先导 $A$ 和后继$\tilde{A}$同时出现的次数,$N$ 是数据中的总记录数。

(3)若计算得出的置信度大于用户指定置信度的阈值,则将规则添加到规则表中。

### 7.5.2    数据流设计

如图 7-2 所示,本章在数据挖掘部分,利用 IBM SPSS Modeler 数据挖掘平台,通过其面板设计了数据挖掘流程,这样可以确保关联挖掘的步骤清晰,有助于读者的数据理解和商业理解。

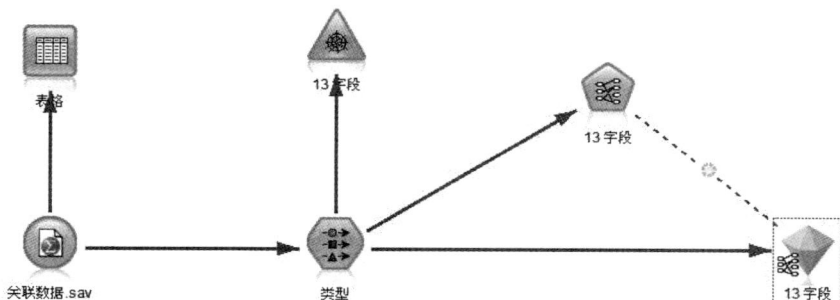

图 7-2    移动购物行为执行意向关联挖掘数据流图

### 7.5.3　关联模型分析

1) 情景线索与目标导向的行为反应关联可视化分析

IBM SPSS Modeler 数据挖掘软件提供了丰富的可视化呈现工具,我们利用网络图工具可以清晰地呈现移动购物行为执行意向关联匹配情况,同时调整网络图的强链接和弱链接参数,可以进一步获得不同情景线索与目标导向的行为反应的演化机制,进而获得匹配组合的复杂认知记忆规律。如图 7-3 所示,粗线代表强链接,细线代表弱链接,图中(a)网络图的强链接下限是 605,弱链接上限是 156,(b)网络图的强链接下限是 156,弱链接上限是 76。

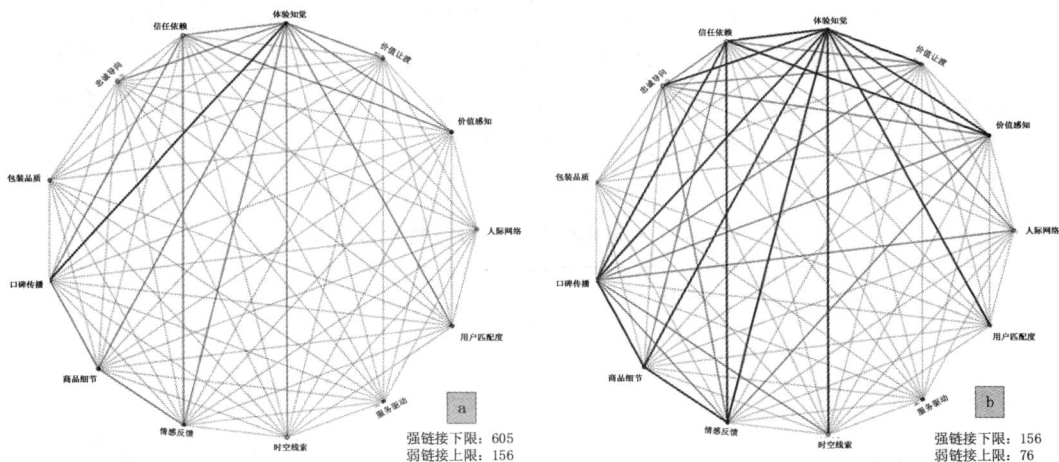

图 7-3　移动购物行为执行意向关联模型图

从图 7-3 关联网络图中可以发现:① 驱动移动购物行为执行意向的最初动力来自体验知觉线索和移动口碑传播行为反应。这说明在移动购物情景中,社交存在价值具有强大的交易带动能力,不同于传统网购行为,移动购物之所以能够快速地进行口碑传播,主要源于消费者对移动购物过程、商品使用及售后服务等知觉体验线索反应的结果。这一关联匹配发现有助于揭示移动购物执行意向内在认知规律。② 基于体验知觉线索的认知反馈,在移动购物情景下,消费者的口碑传播、情感反馈、信任依赖与用户匹配度等行为反应快速与价值感知、价值让渡、商品细节、时空线索等情景线索建立强链接,使消费者行为执行意向的驱动力呈现多元、多点激活的状态,这大大增强了移动购物效率和社群交流依赖程度。③ 服务驱动、包装品质和人际网络构成了移动购物行为执行意向网络的弱链接。Granovetter(2003)认为,强链接传递信任和情感,而弱链接传递互动、互惠行动等隐性信息(Granovetter,2003)。由此可见,在移动购物环境中,这些情景线索传递了重要的情报,推动了移动购物者的产品卷入、品牌卷入及情感卷入等参与行为,使互动时间、情感强度及亲密程度得到加强,助推了互惠行动。例如,小红书 App 上大量的菜谱、健身、教育等小视频网络聚集,使消费者全面深入地了解和学习了有关服务、品质、粉丝等信息,极大地推动了内容电商的发展。

2)情景线索与目标导向的行为反应关联规则分析

我们在网络图可视化分析基础上,采用关联挖掘 Apriori 算法进行更加详细的关联规则挖掘。模型运行前,需要设定置信度和支持度参数,本章关联挖掘的置信度是指在确定后项特征的同时,还具有前项特征的实例百分比,而支持度则表示同时具有前项和后项特征的实例百分比。如表 7-3 所示,本章利用关联挖掘获得了置信度在 50% 及以上共 26 个规则集。

**表 7-3 移动购物行为执行意向关联规则**

| 后项 | 前项 | 规则标识 | 实例 | 支持度 | 置信度 | 规则支持度百分比 | 增益 |
|---|---|---|---|---|---|---|---|
| 信任依赖 | 价值感知 | 7 | 348 | 17.55 | 100.00 | 17.55 | 3.06 |
| | 价值感知 and 体验知觉 | 21 | 200 | 10.09 | 100.00 | 10.09 | 3.06 |
| 体验知觉 | 用户匹配度 | 2 | 183 | 9.23 | 88.52 | 8.17 | 1.30 |
| | 商品细节 and 情感反馈 | 15 | 159 | 8.02 | 77.36 | 6.20 | 1.14 |
| | 商品细节 and 口碑传播 | 16 | 177 | 8.93 | 76.27 | 6.81 | 1.12 |
| | 商品细节 | 6 | 405 | 20.42 | 75.80 | 15.48 | 1.11 |
| | 时空线索 | 3 | 214 | 10.79 | 73.36 | 7.92 | 1.08 |
| 价值感知 | 情感反馈 and 信任依赖 | 17 | 203 | 10.24 | 72.91 | 7.46 | 4.15 |

（续表）

| 后项 | 前项 | 规则标识 | 实例 | 支持度 | 置信度 | 规则支持度百分比 | 增益 |
|---|---|---|---|---|---|---|---|
| 体验知觉 | 价值让渡 | 4 | 276 | 13.92 | 68.48 | 9.53 | 1.01 |
| | 口碑传播 | 12 | 894 | 45.08 | 67.79 | 30.56 | 1.00 |
| | 忠诚导向 | 5 | 371 | 18.71 | 66.31 | 12.41 | 0.97 |
| | 人际网络 | 1 | 186 | 9.38 | 65.05 | 6.10 | 0.96 |
| | 情感反馈 and 信任依赖 | 23 | 203 | 10.24 | 64.53 | 6.61 | 0.95 |
| | 情感反馈 | 10 | 486 | 24.51 | 61.93 | 15.18 | 0.91 |
| | 信任依赖 and 口碑传播 | 24 | 280 | 14.12 | 58.57 | 8.27 | 0.86 |
| | 价值感知 | 9 | 348 | 17.55 | 57.47 | 10.09 | 0.84 |
| | 价值感知 and 信任依赖 | 20 | 348 | 17.55 | 57.47 | 10.09 | 0.84 |
| | 信任依赖 | 11 | 649 | 32.73 | 57.32 | 18.76 | 0.84 |
| 信任依赖 | 商品细节 and 情感反馈 | 14 | 159 | 8.02 | 57.23 | 4.59 | 1.75 |
| 价值感知 | 信任依赖 and 体验知觉 | 22 | 372 | 18.76 | 53.76 | 10.09 | 3.06 |
| | 信任依赖 | 8 | 649 | 32.73 | 53.62 | 17.55 | 3.06 |
| 口碑传播 | 价值让渡 and 体验知觉 | 13 | 189 | 9.53 | 51.85 | 4.94 | 1.15 |
| 价值感知 | 信任依赖 and 口碑传播 | 19 | 280 | 14.12 | 51.79 | 7.31 | 2.95 |
| 情感反馈 | 价值感知 and 体验知觉 | 18 | 200 | 10.09 | 50.50 | 5.09 | 2.06 |
| | 价值感知 and 信任依赖 and 体验知觉 | 25 | 200 | 10.09 | 50.50 | 5.09 | 2.06 |

（续表）

| 后项 | 前项 | 规则标识 | 实例 | 支持度 | 置信度 | 规则支持度百分比 | 增益 |
|------|------|----------|------|--------|--------|-------------------|------|
| 价值感知 | 信任依赖 and 口碑传播 and 体验知觉 | 26 | 164 | 8.27 | 50.00 | 4.14 | 2.85 |

从表7－3中可以发现：① 信任依赖行为反应与价值感知和知觉体验情景线索有很强的关联性，置信度为100，支持度为10.09，实例数为200，而其与价值感知的单独关联性则更强，置信度为100，支持度为17.55，实例数为348；② 价值感知情景线索与情感反馈＋信任依赖、信任依赖＋口碑传播、体验知觉构成了多种关联效应；③ 体验知觉情景线索与用户匹配度、商品细节＋情感反馈、商品细节＋口碑传播、口碑传播、商品细节、时空线索构成复杂的关联规则。这说明在移动购物中，消费者的体验知觉线索与这些变量之间既有单独的双向反馈，又有组态的双向反馈，特别是口碑传播、商品细节和时空线索与体验知觉线索的单独关联度较高，其支持度和实例数都较高。因此，在移动购物环境中，商家应该重视消费者的体验知觉的复杂性和双向反馈式关联效应，采取多种举措改善消费者的体验与知觉，进而提升其移动口碑传播。

## 7.6　本章小结

本章我们利用文献分析、文本挖掘和数据挖掘研究方法，对移动购物行为执行意向进行了关联演化机制的研究，获得如下重要发现：

（1）确定了移动购物情景线索的八种类型，分别是体验知觉、商品细节、价值感知、包装品质、服务驱动、时空线索、价值让渡和人际网络；同时，确定了移动购物的目标导向行为反应的五种类型，分别是口碑传播、情感反馈、忠诚导向、信任依赖和用户匹配度。

（2）通过 IBM SPSS Modeler 数据挖掘软件揭示移动购物行为执行意向关联匹配情况，发现匹配组合的复杂认知记忆规律。① 驱动移动购物行为执行意向的最初动力来自体验知觉线索和移动口碑传播行为反应；② 基于体验知觉线索的认知反馈，在移动购物情景下，消费者的目标导向行为反应与价值感知、价值让渡、商品细节、时空线索等情景线索建立强链接，使消费者行为执行意向的驱动力呈现多元、多点激活的状态,这极大地提高了移动购物效率和社群交流依赖程度;③ 服务驱动、包装品质和人际网络构成了移动购物行为执行意向网络的弱链接,推动了移动购物者的产品卷入、品牌卷入及情感卷入等参与行为,使互动时间、情感强度及亲密程度得到加强,助推了互惠行动。

　　(3)进一步通过 Apriori 算法的关联挖掘,获得促进移动购物行为执行意向的 26 条重要规则集。其中,① 信任依赖行为反应与价值感知和知觉体验情景线索有很强的关联性;② 价值感知情景线索与情感反馈＋信任依赖、信任依赖＋口碑传播、体验知觉构成了多种关联效应;③ 体验知觉情景线索与用户匹配度、商品细节＋情感反馈、商品细节＋口碑传播、口碑传播、商品细节、时空线索构成复杂的关联规则。

# 第 8 章 基于执行意向理论的移动购物行为应用研究

## 【本章导读】

通过本书前面章节的研究可知,情景线索和目标导向的行为反应形成匹配关联后就能激活行为执行意向。而根据决策树模型的机器学习机制可知,消费者进行决策行为的过程是一种"如果—那么"形式的条件判断过程,是行为执行意向的关键特征,也是预测行为的重要方法。因此,本章结合行为执行意向理论,以京东平台为研究对象,在"双十一"和"双十二"购物节期间分别采集 5 000多种优惠券信息,建构抢券决策行为预测模型,以揭示消费者在大型购物活动中的决策影响因素及其抢券行为预测方法。结果显示:①优惠券类别、身份特征、折率、使用条件、品牌特征、面值等变量依次由大到小影响消费者抢券决策行为;②决策树中各个变量之间存在交叉影响;③抢券决策树模型得到了较高准确性检验;④该决策树模型为电商平台和商家设计优惠券提供了重要参考。最后,提出研究局限性和未来研究展望。

## 8.1 研究目的

随着个性化时代的崛起,客户成为商家的重要稀缺资源,以消费者终身价值开发为目标的各种商业举措正在发挥越来越重要的作用,其中商家和平台推出的各种价值让渡手段在赢回消费者方面作用比较显著。例如,优惠券通常能让商家提前感知消费者的购物意向,预测消费者潜力,同时也能增加消费者购物车规模及计划外购物次数(Heilman & Rao,2002)。研究表明,商家通过优惠券不断提高消费者转移成本,从而调节了消费者忠诚意向与回购行为(Zheng,Lee & Cheung,2017)。然而,增加优惠券的价值并不总是能够提高消费者的购买意向,只有高出竞争对手价值的优惠券才有可能对消费者产生购买吸引力。研究表明,一方面,个体面对集体行为会有一定的从众压力,会削弱自我反思能力,产生冲动性、被动性、恐慌性购物等非理性行为(Gao & Liu,2017);另一方面,大型电商购物节是品牌高度介入的商业行为,消费者的理想自我一致性会影响品牌情感依恋,即消费者主要因为品牌情感依恋囤积大量商品(Frost,Steketee & Williams,2002),其折扣产生的品牌忠诚行为更加活跃,进而激发了持续的囤积行为。由此可见,抢券行为并不是个体简单的消费策略,它与品牌依恋、强迫性购买行为等心理因素有很强的关系。

　　总之,优惠券在电商购物节中发挥了重要的消费引导作用,但也不可避免地产生了一些负面结果。实时的、个性化优惠券能够增加销售机会,而影响消费者抢优惠券的积极性除了面值和商品类型外,还与品牌、券使用条件及复杂性等有关,对此学术界尚未达成一致的观点,而且关于抢优惠券的算法及决策过程也鲜有研究。因此,本研究借鉴行为执行意向理论(Gollwitzer et al.,2017),以京东平台为研究对象,在"双十一"和"双十二"购物节期间分别采集 5 000 多种优惠券信息,选择决策树算法建立机器学习模型和验证模型,进而建构抢券决策行为预测模型,这为电商平台和商家设计优惠券提供了重要参考,也为个性化推荐系统的优化提供了可借鉴的方法。

## 8.2　理论基础

### 8.2.1　执行意向理论

1) 内涵及定义

　　行为预测一直以来是国内外学者关注的焦点,早期相关理论认为行为意向能更好地预测实际行为(Ajzen,1991)。然而,研究发现意向仅能解释行为方差的三分之一(Webb & Sheeran,2006)。为此,Gollwitzer(1999)用执行意向来解释这种行为方差,其解释力有了明显的提升。执行意向理论又称为"如果—那么"计划,其中"如果"成分与情景线索有关,"那么"成分与目标导向反应有关,"如果—那么"计划范式是行为执行意向有效性的关键特征(Mccrea,Penningroth & Radakovich,2015)。

2) 心理联系及应用研究

　　研究发现,情景线索是执行意向转化为实际行为的重要心理变量,它能够激活个体自发的记忆(Sonne et al.,2019),这意味着网购者一旦对某优惠券的折扣、面值、品牌等情景线索印象深刻,将会铭刻在潜意识中,形成抢券行为意向,它与品牌依恋、强迫性购买行为等心理因素有很强的关系。当有匹配的线索刺激时,网购者能够自动连接记忆单元进行认知与反馈。

在商务智能时代,情景线索成为大数据场景变革的热点课题,很多商家通过在线虚拟化场景重塑提升网购者的注意力和沉浸体验。例如,商家设计灵活、个性化的优惠券吸引不同爱好的网购者,这不仅能提前感知其购物意向、消费潜力,还能不断提高网购者的转移成本,锁定其消费行为,提高电子忠诚度,进而增强执行意向转化为实际购买行为的可能性(王林,时勘,赵杨,2014)。

执行意向是一种在线索提示和行动之间建立联系的重要战略,它在改善自我监管方面效果显著(Burkard,Rochat & Martial,2013)。例如,在电商购物节期间,大量的抢券和广告等活动不仅包含了丰富的折扣及让利信息,还包含了情怀、情绪等情感信息,这些复杂信息的快速传播分散了网购者的注意力,使网购群体的非理性决策行为不断被传染,使其难以抵挡网购诱惑。研究发现,以情感觉醒为诱发线索的执行意向使那些自我监管失败的网购者,能够将注意力重新集中到初始购物目标上,而且为避免再次受到信息诱惑,那些具有执行意向的网购者自动连接前瞻性记忆或回溯性记忆(Chen et al.,2019),使其目标导向的行为反应更有可能转化为实际行动,执行意向成为自我调节的灵活工具(Koningsbruggen et al.,2011)。因此,消费者面对电商购物节海量的信息刺激难免会影响购物决策,购物的自我监管和自我调节会带来更加积极的自我肯定,它促进了执行意向的形成,进而促进决策行为的改变。

### 8.2.2　执行意向与决策树的关系

综上所述,"如果—那么"计划是执行意向的关键特征和研究范式,是预测行为的重要变量,执行意向与决策树在形式、过程上有一定的相似性。首先,在形式上,决策树以树的形式存在,包含根节点、内部结点和叶节点,执行意向以情景记忆和语义记忆等神经元的形式存在(Bays & Taylor,2018),包含情景线索、目标导向的行为反应;其次,在决策过程方面,决策树通常经历特征选择、决策树的生成和决策树的修剪三个过程,执行意向需要经过反复的情景线索特征识别、目标意向形成、情景线索与目标导向行为反应最优匹配。另外,决策树剪枝也是一种"如果—那么"形式的条件判断过程,通过不断迭代剪枝、探索规则发现决策过程(Helmbold & Schapire,1997)。因此,借助执行意向理论思想,利用决策树方法探索电商购物节抢券行为具有一定的创新性和实践价值。在数据挖掘方法中,最常见的决策树算法有 C5.0、C&RT、CHAID、QUEST,其中 C5.0 和 CHAID 算法在实际数据挖掘中产生了最佳的预测精度(Delen,Kuzey & Uyar,2013)。

在 IBM SPSS Modeler 数据挖掘软件的实践中,首先,我们使用默认参数设置生成模型,其运行结果可在摘要面板中查看,得到标准模型准确率;其次,进一步优化算法。在构建选项面板选中"增强模型稳定性(bagging)",并在整体面板中设置模型数量为"10",其生成多个模型以获得更可靠的预测。重新运行模型后,得到 10 个模型结果及各自的准确率,再用评估节点查看其结果,发现与标准模型相比,新模型虽然花费了更长的构建与评分时间,但其准确率获得较大提升。

因此,本研究在抢券行为反应变量和优惠券相关属性变量转换过程中结合了行为执行意向理论,算法方面充分利用 CHAID 的分类与预测性能,对抢券行为进行决策树分析,以揭示消费者在大型购物活动中的决策影响因素及其抢券行为预测方法。

## 8.3　研究方法

### 8.3.1　数据来源与预处理

(1)数据来源。本研究采集的数据来源网址为 https://a.jd.com,该页面将优惠券分为家用电器、食品饮料、服饰穿戴、电脑数码等十多个类型。采用火车浏览器软件开发版进行目标网站数据采集,它是一款可视化采集软件,也是一款网络爬虫工具软件(http://www.locoyposter.com)。首先,我们编写数据采集脚本程序,不断测试并验证采集脚本程序和数据;其次,通过测试后,制定采集计划,添加到采集任务项目管理器,分阶段完成数据采集。

(2)数据预处理。为通过探索抢券程度来预测消费者的购物意向,进一步探索和验证抢券决策行为模型,本研究分两个时间段采集数据:

① 采集"双十一"期间京东购物券的抢购数据。首先,确定采集时间为 2018 年 11 月 10 日至 11 月 11 日,主要采集购物券值、使用条件、抢券程度、商品类别以及图片广告等信息,涵盖了 19 个品类,共采集了 5 519 个商品的优惠券信息;其次,进行数据预处理:删除缺失项或者与本研究无关记录,保留 5 237 条记录;根据优惠券上的图片广告信息衍生出商家的身份和品牌特征,对其进行标注并赋值,身份特征分为 5 个等级:官方旗舰店、旗舰店、专营店、专卖店分别赋值为

5、4、3、2,其他商家赋值为1。对具有品牌特征和不具备品牌特征的优惠券分别赋值为1和0;将购物券的面值与使用条件作比值,命名为折率,表示购物券的优惠力度。

② 采集"双十二"期间京东购物券的抢购数据。首先,确定采集时间为2018年12月12日至12月13日,共采集到5 754条原始数据;其次,进行数据预处理:删除使用条件为空白、券状态和图片广告空白的记录,保留了5 425条有效数据;对衍生信息进行标注并赋值;计算折率。

### 8.3.2 变量离散化

在数据预处理基础上,首先确定变量类型,其中面值、使用条件、折率为连续型变量,身份、品牌特征为分类变量;其次,确定取值范围:① 面值的取值范围是[2,999];② 使用条件的取值范围是[3,30 000];③ 身份特征取值范围是[1,5];④ 品牌特征只有0和1两个取值。另外,大部分品类的优惠券均在300个以上,只有生活旅行类、医药保健类和全球购类在100个以下;最后,为了使决策树处理数据时更加方便,本章将连续型变量进行离散化处理。变量离散化包括有监督与无监督离散化,若一些连续变量有潜在的类别信息,则需要进行有监督的离散化,否则进行无监督离散化(Rucker,Mcshane & Preacher,2015)。如表8-1所示:① 由于本研究的面值、使用条件、折率等离散化变量都没有类别信息,故对其进行了无监督等频率离散化处理;② 就券状态这个目标变量,我们将抢券数目少于50%的券定义为不受欢迎的券,反之,将其定义为受欢迎的券。

表 8-1 变量初始赋值

| 类型 | 名称 | 赋值 |
|---|---|---|
| 自变量 | 面值 | A1-[0,30];A2-[30,50];A3-[50,100];A4-[100,200];A5-200以上 |
| | 使用条件 | B1-175以下;B2-[175,250];B3-[250,490]<br>B4-[490,1000];B5-1000以上 |
| | 折率 | C1-10%以下;C2-[10%,14%];C3-[14%,20%];C4-[20%,35%];<br>C5-35%以上 |
| 因变量 | 券状态 | Y1-50%以下;Y2-50%以上 |

### 8.3.3　研究框架

本章基于行为执行意向理论与决策树分类预测相关理论,拟对电子商务购物平台的促销活动做分类与预测分析。首先,采集京东商城在"双十一"和"双十二"期间发放的所有购物券信息,包括面值、使用条件、抢券进度等信息;其次,进行数据预处理;再次,将面值、使用条件、折率进行等频率离散化处理,并进行编码,方便决策树的结果分析;最后,对自变量和因变量之间的相关性进行列联表分析和卡方检验。如图 8-1 所示,本研究通过两个阶段的数据采集与处理,通过机器学习技术,建立决策树模型,分别进行训练和验证研究所得模型,使决策树分类预测模型具有更好的普适性。

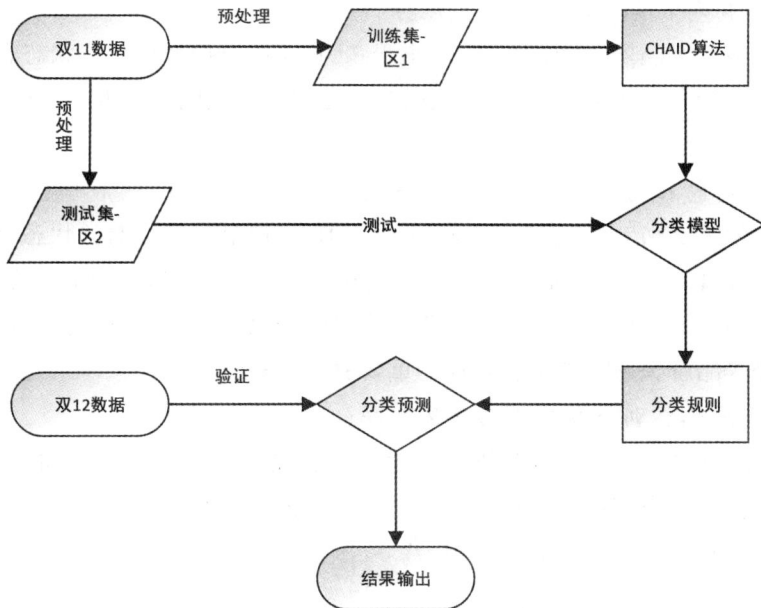

图 8-1　逻辑框架图

## 8.4　结果及分析

### 8.4.1　自变量与因变量的交叉列联表分析

为了验证自变量与因变量之间的相关关系,本章研究将进行交叉列联表分析,使用卡方值来判断两个变量甚至多个变量之间是否相关。

1）面值与券状态的交叉列联分析

卡方值为 76.993，$p$ 值为 0.000，小于 0.01，所以面值对券状态有显著影响。另外，面值为 A1 的券受欢迎比例为 23.8%，随着面值越来越大，购物券受欢迎的比例也在相应增加，最高比例为 39.6%。另外，100 元的购物券成为消费者抢券的分水岭，即面值小于 100 元的 A1、A2、A3 券受欢迎的边际效应出现递减，面值大于 100 元的购物券更受消费者青睐。

2）使用条件和券状态的交叉列联分析

卡方值为 24.769，$p$ 值为 0.000，小于 0.01，所以使用条件对券状态有显著影响。研究发现，使用条件和受欢迎的券之间是一个 $U$ 型曲线的关系，$Y_2$（受欢迎）随着使用条件的增加先减少后增加，使用条件为 $B_5$（1 000 以上）时，最受欢迎的券被抢比例达 34%。

3）身份特征和券状态交叉列联分析

卡方值为 28.427，$p$ 值为 0.000，小于 0.01，所以身份特征对券状态有显著影响。随着店铺身份越来越高，由一般店铺到专卖店、旗舰店、官方旗舰店，券受欢迎的数目先增加后减少。

4）品牌特征与券状态交叉列联分析

卡方值为 29.757，$p$ 值为 0.000，小于 0.01，所以品牌特征对券状态有显著影响。研究发现，具有明显品牌特征的店铺对应 $Y_2$ 比不具备品牌特征的店铺要高，这进一步表明在大型电商购物节中，品牌忠诚度、品牌信任、品牌情感依恋、品牌成瘾等品牌关系是消费者互动的重要驱动因素。

5）优惠券类别与券状态的交叉列联分析

因为本章采集的优惠券类别有 19 种，不能逐一进行分析，只选取部分比较受欢迎的优惠券类别进行分析。卡方值为 238.263，$p$ 值为 0.000，小于 0.01，所以优惠券类别对券状态有显著影响。

### 8.4.2　决策树模型构建

1）算法设置及决策树的生成

如前所述，本研究采用 CHAID 决策树算法。首先，进行该算法的参数设置。决策树父分支中最小记录数占比为 2%，子分支中最小记录数占比 1%，最大树深度设为 5，决策树的分割和合并显著性都设为 0.05；其次，如图 8-2 所示，以优惠券面值、使用条件、折率、身份特征、品牌特征、类别为自变量，以券状态为因变量，利用 IBM SPSS Modeler 数据挖掘软件生成决策树。

2) 决策树模型结果分析

如图 8－2 所示,通过 CHAID 算法计算出每个节点对应的卡方值和 $p$ 值,$p$ 值越小,节点优先被分割。研究发现:① 进入决策树模型的自变量一共有 6 个,包括类别标注、身份特征、折率、使用条件、品牌特征、面值;② 影响模型结果的自变量重要性从大到小的排序依次是优惠券类别(0.44)、身份特征(0.18)、折率(0.11)、使用条件(0.01)、品牌特征(0.09)、面值(0.08);③ 19 种优惠券类别被合并为四大类,我们从左到右依次命名为 $E$、$F$、$M$、$N$ 类集,即 $E＝\{$"PLUS 专区","个护化妆","服饰内衣","珠宝钟表","生鲜"$\}$;$F＝\{$"全球购","医药保健","母婴用品","汽车用品","运动户外","鞋靴箱包"$\}$;$M＝\{$"图书音像","宠物园艺","家具家纺","手机数码","食品饮料"$\}$;$N＝\{$"家用电器","生活旅行","电脑办公"$\}$;④ $E$ 类购物券受欢迎的比例(16.6％)略小于 $F$ 类购物券(25.9％),并且 $E$、$F$ 类集下没有其他分支;⑤ 决策树中各个变量之间存在交叉影响。

3) 抢券决策过程分析

根据行为执行意向理论和模型结果可知,自变量影响因变量的重要性是消费者在抢购物券时依次考虑的因素,通过决策树模型可以较为清晰地刻画出抢券的决策过程。

第一,抢券进度高于 50％ 的优惠券能够刺激消费者的抢购意愿,我们把该券状态定义为抢券高执行意向,反之,定义为抢券低执行意向,根据抢券决策过程预测网购行为执行意向。

第二,首先消费者选择自己所需品类的购物券。① 若为 $E$ 类,消费者的抢购意愿为 16.6％;若为 $F$ 类,消费者的抢购意愿为 25.9％,即这两类购物券都不太能刺激消费者的抢购意愿,预测为网购行为低执行意向;② 若为 $M$ 类购物券,则消费者下一个要考虑的因素是面值。

第三,面值分为 A1、A2、A4 和 A3、A5 两大类,受欢迎券的比例在 A3、A5 比在 A1、A2、A4 中多了 17.8％。① 若面值为 A1、A2、A4,消费者还需要看品牌特征。若品牌特征为 1,消费者抢购意愿为 36.2％,比品牌特征为 0 的购物券高出 10％,但消费者的抢购意愿还是较低,可以预测为网购行为低执行意向;② 若面值为 A3、A5,消费者还需要看购物券的折率。

第四,折率分为 C1～C4 和 C5 两大类,受欢迎的额券比例在 C5 比在 C1～C4 中多 33.7％。① 若折率为 C1～C4,消费者的抢购意愿为 40％,仍然不够高,预测为网购行为低执行意向;② 若折率为 C5,继而消费者还要看身份特征这一因素。

第五，若身份特征为[1,3]，消费者的抢购意愿为77%，预测为网购行为高执行意向；若身份特征为[4,5]，消费者的抢购意愿为39.3%，预测为网购行为低执行意向。

第六，若购物券为 N 类，消费者下一步要看的是身份特征这一因素，分为[1,4]和[3,5]两大类，受欢迎的券的比例在[3,5]，比[1,4]高出17.5%，身份特征为[3,5]的券更能刺激消费者。① 若身份特征为[1,4]，消费者的抢购意愿只有37.3%，预测为网购行为低执行意向；② 若身份特征为[3,5]，则消费者继续要考虑的因素是购物券的使用条件。

第七，使用条件分为 B1、B4 和 B2、B3、B5，受欢迎券的比例在 B2、B3、B5 比 B1、B4 多出29.3%。① 若使用条件为 B1、B4，消费者的抢购意愿仅有32.4%，预测为网购行为低执行意向；② 若使用条件为 B2、B3、B5，消费者会重新考虑类别这一因素；③ 若为家用电器，消费者的抢购意愿为50%，仍然预测为网购行为低执行意向；④ 若是生活旅行或电脑办公类的购物券，消费的购买意愿为74.1%，预测为网购行为高执行意向。

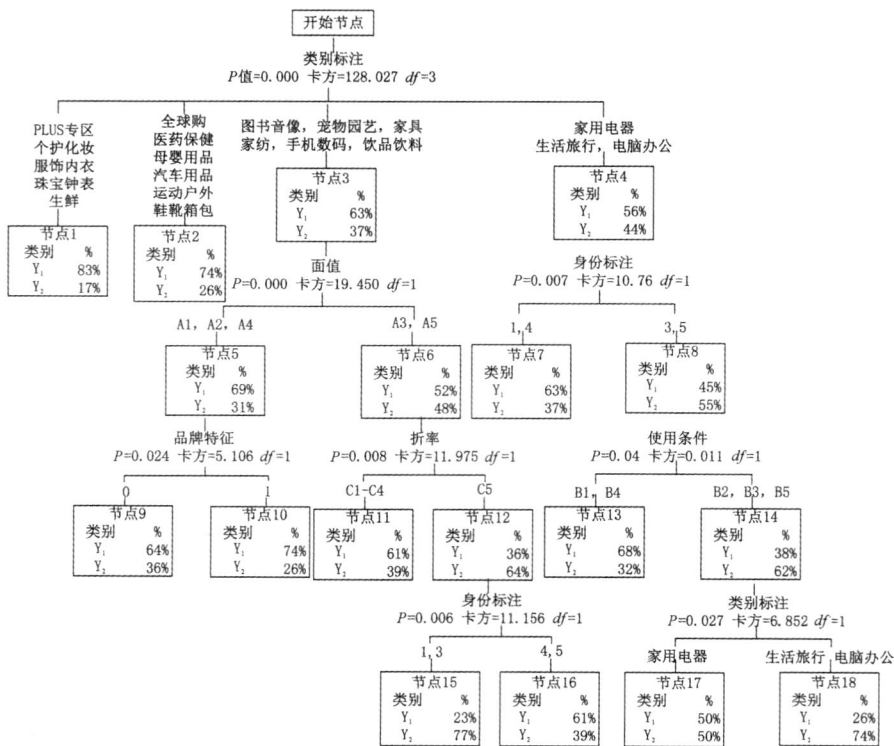

图 8 - 2　抢券决策树

### 8.4.3 决策树效度检验

决策树模型建立之后,需要对其准确性进行评估。如表 8 - 2 所示,本章建立的决策树模型的正确率是 73.73%,说明该决策树的分类和预测都比较准确。

表 8 - 2 决策树模型的准确率

|  | 样本数 | 正确率 |
|---|---|---|
| 正确 | 3 861 | 73.73% |
| 错误 | 1 376 | 26.27% |
| 总计 | 5 237 | |

### 8.4.4 决策模型验证分析

如前所述,我们利用"双十一"抢券数据建立了消费者抢券决策树模型,对其决策因素和决策过程进行了全面分析,并得到较高准确性检验。然而,在实践中模型需要不断修正,为了提高预测准确率和模型的普适性,本研究又采集了"双十二"期间的京东抢券信息,通过数据预处理后保留了 5 425 条有效数据,进行模型验证。首先,按照之前"双十一"抢券数据的处理方法,对各变量进行离散化处理、编码;其次,选取 CHAID 决策树算法,利用 IBM SPSS Modeler 数据挖掘软件生成决策树;最后,对模型准确性进行评估。

研究发现,模型的预测准确率为 76.59%,比训练模型的准确率要高。如表 8 - 3 所示,$Y_1$ 的预测正确率为 96.72%,$Y_2$ 的预测正确率为 93.40%。总之,该决策树模型的总体预测结果还是不错的,可以尝试用其预测不同平台的大型购物节抢券进度,以便进一步预测网购行为。

表 8 - 3 决策树预测("双十二")

| 券状态编码(观测值) | 券状态编码(预测值) | | 准确率 |
|---|---|---|---|
| | $Y_1$(小于 50%) | $Y_2$(大于 50%) | |
| $Y_1$(小于 50%) | 4 075 | 138 | 96.72% |
| $Y_2$(大于 50%) | 80 | 1132 | 93.40% |

### 8.4.5  小结

总之,通过以上决策树建模过程可知,基于执行意向理论的抢券行为决策树模型具有良好的预测准确率。同时,结合执行意向理论思想,归纳、整理得到抢券行为决策的心理过程。① 情景记忆线索主要包括优惠券的面值、身份特征、优惠券类别,语义记忆线索主要包括品牌特征、使用条件,行为目标导向变量为券状态;② 不同情景记忆线索和语义记忆线索对券状态都有显著影响;③ 语义线索是社会化商务中具有显著特征的口碑动机行为驱动因素,例如,消费者对于高价格商品的购买很注重优惠力度、折扣率等语义信息,对其保持了较高的关注度和热情;④ 情景线索与目标导向行为反应的匹配过程呈现多样化,并通过二者的动态匹配启动行为执行意向,刻画了如图 8 - 2 所示的抢券行为决策过程。

## 8.5  本章小结

1) 研究结论

本研究基于行为执行意向理论,通过数据挖掘方法,分别就"双十一"和"双十二"电商购物节抢券决策行为建立了训练模型和验证模型。结果显示:① 优惠券类别、身份特征、折率、使用条件、品牌特征、面值等变量依次由大到小影响消费者抢券决策行为;② 决策树中各个变量之间存在交叉影响;③ 抢券决策树模型得到了较高准确性检验。

2) 理论贡献

首先,扩展了行为执行意向的过程性机理探究。以往研究的主要不足是,执行意向中情景线索与行为决策的动态匹配过程未能被充分揭示,消费者在电子商务中的情景感知与决策心理一直是研究的难点,导致行为执行意向的相关研究重在揭示个体的情景线索效应和行为目标绩效,而忽略了执行意向的形成机制和神经反应过程对于行为结果的影响。在电子商务平台中,商家为了提前获得消费者的情景线索及行为意向,虽然发放了很多优惠券、折价券等试图锁定潜在消费者,但由于商家对优惠券的使用采取多种复杂的限制性条件,使抢购优惠券行为变得异常复杂,这在一定程度上提高了客户转移成本,却很难揭示客户心理对比策略和心理过程(Ludwig, Srivastava & Berkman, 2018)。为此,本研究结合执行意向理论与决策树理论,探索了电商购物节抢券行为中消费者的自我调节策略,优化了决策树的分枝过程,发展了行为执行意向理论应用研究的过程性机理。

其次,本研究加强了对计划行为理论的额外支持。本研究结果显示,影响抢购优惠券行为决策树模型的变量主要是优惠券类别、身份特征、折率、使用条件、品牌特征、面值,本研究揭示了消费者依据不同变量的重要性进行抢券的认知心理过程。这进一步印证了 Ludwig 等学者的研究,即执行意向的计划性通过认知策略和心理灵活性等心理过程,提高了个体追求目标时采取的有效性认知(Ludwig,Srivastava,& Berkman,2018),进而提升了预测行为的准确性。

最后,本研究结论具有一定的普适性和推广价值。纵观各种网络购物平台,尽管商家推出各种优惠券,但大多与京东优惠券模式比较相似,而且在优惠券发放的规模和类别上京东平台处于领先地位和示范效应。本研究通过数据挖掘平台得到的抢券行为决策树模型具有良好的预测准确率,并结合执行意向理论思想,归纳、整理得到抢券行为决策的心理过程,这些理论发现将有助于更多的中小型商家根据消费者的认知路径和决策行为过程进行商品或服务优化、预售策略改进、个性化推荐优化及客户关系管理提升。

3) 管理启示

首先,从连接生态价值视角优化客户忠诚度提升策略。当今移动互联环境下,赢得客户持久忠诚成为企业间进行客户竞争的主要手段。所以,在电商互动过程中商家应减少对消费者的信息干扰,增强消费者的心理流体验。因为消费者体验会直接影响客户满意度,进而影响客户忠诚度,它已经不再满足于接触点的优化,全渠道购物体验已成为一种常态,消费者对于商品或服务的个性化体验与决策必然会促使企业进行全渠道数字化变革。在商务智能时代,定期采集促销相关数据,整合、挖掘与分析消费者决策行为,进行场景化数字生态价值的设计与开发,这有助于结构性地锁定消费者,提高客户的系统性认知,识别消费者的购物心理过程,提升客户对产品的关注度,高效率地实现产品的精准营销与交叉销售,降低营销成本。其次,企业应注重引导和升级消费者的习惯。随着产业升级,消费者的品位和个性化需求也开始升级,商家应从数字化场景中捕捉消费者的情景记忆和语义记忆线索,对其计划性和目标意向进行关联挖掘,通过个性化定制进行升级销售,使消费者养成"高阶"消费习惯(Phillips,Johnson,& More,2019),也为个性化推荐系统的优化提供了可借鉴的方法。最后,通过数据赋能和持续行为强化,使消费者能够自动启动高执行意向,提高其决策效率。

4) 研究局限与未来研究展望

近几年,电商购物节发生着翻天覆地的变化,商业模式也不断创新,其核心是围绕消费者需求对其决策行为进行挖掘与预测,而行为预测一直是当今世界的热点和难题。本研究虽然获得了较好的预测效果,但还存在一些不足,未来研究中需要进一步优化:① 受京东平台本身的优惠券采集信息的限制,未能获得更多的变量信息;② 受CHAID决策树算法的限制,未能生成更为理想的抢券决策树模型。因此,在未来的研究中,我们将更加注重多元平台抢券数据的采集、集成,进行元分析,确定能够预测抢购行为的其他重要变量,进而利用Python或R语言优化决策树算法,提高模型的准确率和普适性。

# 第 9 章　基于眼动追踪的移动购物执行意向实验研究

**【本章导读】**

　　本章通过前面章节的研究,理清了移动购物行为执行意向的影响因素及其机理。在此基础上,本章通过实验再次检验前述研究结果。眼动追踪法被广泛应用于消费者行为领域,但基于消费者主观感知视角下的关于移动购物行为神经网络预测的研究还较为罕见。本研究以 69 名大学生作为被试,利用问卷调查法与眼动追踪法相结合来收集数据,将手机依赖、心理抗拒、商品卷入度、分心这四个变量融入模型,通过质性分析和机器学习方法,探索网购行为执行意向的影响机制。结果显示:① 低度分心时,消费者易出现阶段性网购意愿,高度分心时,网购意愿呈下降趋势;② MLP 神经网络预测模型表明,影响网购行为执行意向的变量从大到小依次是手机依赖、心理抗拒、分心、商品卷入度。最后,本章针对电商平台和消费者提出了一定的实践启示和相关建议。

## 9.1　研究目的

　　传统的实证方法可以解释变量之间的因果关系,但有些变量在数据收集阶段比较容易受到参与者主观上的影响,从而影响到调查结果的真实性。本章创新性地将问卷调查法和眼动追踪法相结合,通过实验获取一部分客观的生理指标,进一步构建神经网络预测模型,有效反映消费者的认知过程。从本质上讲,手机依赖、心理抗拒、商品卷入度、分心都是消费者在移动购物过程中的情感表达特征,但分心这一变量通过问卷方法难以准确测量,而眼动追踪法广泛应用在探索和解释消费者决策行为领域中,适用于测量分心这一指标。本章拟从消费者主观感知出发,利用主客观相结合的方式,深入探索消费者网购行为执行意向的作用机制。

## 9.2 理论基础

### 9.2.1 手机依赖

手机依赖是指过度沉迷于以手机为媒介的各种活动,对手机使用产生强烈、持续的渴求感与依赖感,甚至于在无手机使用时会出现心慌、焦虑等负面情绪(Yen et al.,2009)。手机依赖的症状主要是对手机的过度关注,包括时不时地翻看手机、过多地依赖手机等行为,此类缺乏控制导致的过度使用,会对使用者的生理及心理造成明显的损害(Nikhita,2015)。随着移动技术的飞速发展,移动设备为人们提供了丰富的功能选择,手机使用率提高的同时也带来了极端的情绪变化,从而引起人们普遍认为的"手机成瘾"现象(Eduardo et al.,2012)。移动电商时代下对手机依赖这一现象的研究就显得尤为重要。

### 9.2.2 心理抗拒

心理抗拒可以被定义为人们在感觉到自由被限制时所产生的心理紧张状态。消费者在感到自身自由受到威胁时会产生心理逆反,这一动机状态会对消费者的认知及行为产生重要影响(贺远琼,唐漾一,张俊芳,2016)。移动购物过程中,弹出式广告、产品脱销等造成的自由限制都会引发心理抗拒,而心理抗拒反应会造成消费者的消极行为(李东进,张成虎,李研,2015),甚至使消费者做出相反的选择。如果企业的营销策略让消费者感觉到企业想要影响或控制他的行为时,消费者会产生较强的心理抗拒反应(Godfrey,Seiders & Voss,2015)。

### 9.2.3 商品卷入度

卷入度是消费者对某个或某类商品的介入程度,是衡量消费者购买前后所需投入精力的一个标准(王晓璐,朱浩然,2011)。卷入度体现在个体对于某个商品、事件、决策等主观感知的重要性程度(Wirtz,2003)。商品卷入度被定义为消费者对拥有的有关特定产品的兴趣、价值、需求或被激励的感受等,高卷入商品意味着消费者需要费时费力才能做出购买决定,反之价格低廉、风险小的产品则为低卷入商品(Krugman,1966)。有研究表明消费者在面对高卷入度产品时会感到更大的风险,从而在进行购买决策时,会倾向采取重复购买的方式来降低风险,更易形成较高的忠诚度(徐国伟,2012)。

### 9.2.4　分心

通常情况下视觉注意力是衡量一个人是否分心的标准，即分心的表征是低的或随机分散的视觉注意力。注意力是对事物认知的基础，它使得人们可以参与目标导向的行为，并增强和维持对行为相关信息的关注（Kannass & Oakes，2008）。视觉注意作为人类选择与过滤信息的通道控制机制，决定着意识加工的内容，高度集中的注意力不仅需要激活目标，还需要抑制干扰刺激（张豹等，2019）。使用观察时间来衡量注意力一直是争论的源头，一些学者使用最长的注视时间来衡量持续关注的程度，而另一些学者将给定时间段内的观看持续时间相加作为衡量视觉注意力集中程度的依据（Ruff et al.，2003）。

### 9.2.5　行为执行意向

执行意向是指个体以行动目标为导向，通过连接情景线索和目标导向反应，建立行为意向和实际行为之间联系的中介变量（王林，时勘，赵杨，2014）。由计划行为理论可知，行为是由行为意向和感知的行为控制来解释的。行为意向捕获了影响行为的动机因素，从而表明了个人愿意为执行行为付出的努力程度（Fortes & Rita，2016）。执行意向是提前实现目标的时间、地点和方式的计划，通过鼓励人们将紧急情况与适当的响应联系起来进而支持行为改变（McWilliams et al.，2019）。研究表明，与目标意向相比，执行意向可以提高目标的实现率（Webb & Sheeran，2007）。

## 9.3　研究方法

考虑变量之间的因果关系以及变量自身特征，本研究采用问卷调查法和眼动追踪法相结合来测量各研究变量，使用神经网络算法预测消费者网购行为执行意向。

### 9.3.1　问卷调查法

本研究采用问卷调查的方式测量"手机依赖""心理抗拒""商品卷入度""网购行为执行意向"这四个变量，通过改编国内外成熟量表来设计问卷，反复调整不明确或有歧义的问题，最终形成正式的调查问卷，共包括 21 道题项，代表性较高。我们邀请 69 名本科生在规定时间内现场填写问卷，以确保问卷回收质量。

### 9.3.2 眼动追踪方法

眼动追踪法是观察用户认知过程并确定特定视觉刺激如何影响眼球运动的一种方法(Renshaw et al.，2003)，可用于揭示消费者在购物过程中的感知轨迹并预测其购物意愿。当消费者在注视某件商品时，眼球处于相对静止状态，通过追踪眼球运动可以捕获到特定信息(Luan et al.，2016)。眼动追踪的优点是系统、精准地评估视觉注意力的焦点和时间过程。本研究采用眼动追踪方法来测量"分心"这一变量，被试与问卷调查完全相同，通过视觉分散程度来衡量分心程度。

### 9.3.3 神经网络算法

人工神经网络(ANN)是一种通过使用电子组件或计算机软件模拟建模来模仿人脑执行特定功能或工作的算法数学模型，具有自学习和自适应的功能。人工神经网络由大量称为节点或神经元的简单处理元素组成，每个节点代表一种特定的输出函数。ANN作为人工智能工具，它能够高精度预测变量之间的线性和非线性关系(Leong et al.，2013)。因此，与传统的回归技术相比，人工神经网络能够产生更为精确的预测(Chiang et al.，2006)。一个典型的神经网络是由三种层次结构层组成的，即一个输入层，一个输出层，以及输入和输出之间的一个或多个隐藏层。本研究利用 IBM SPSS Modeler 18.0 建立神经网络模型，采用多层感知器(Multilayer Perceptron，MLP)进行训练。

首先，本研究采用的 MLP 模型是基于反向传播学习算法(王丽婧等，2006)，其隐藏层和输出层节点的输出模型分别为：

$$O_j = f\left(\sum w_{ij} \times X_i - q_j\right) \tag{9-1}$$

$$Y_k = f\left(\sum T_{jk} \times O_j - q_k\right) \tag{9-2}$$

其中：$f(\bullet)$ 为非线性作用函数，定义样本对 $(X,Y)$ 为 $X=[X_1,X_2,\cdots,X_m]$，$Y=[Y_1,Y_2,\cdots,Y_m]$，$O=[O_1,O_2,\cdots,O_m]$ 为隐藏层神经元，$w_{ij}$、$T_{jk}$ 分别代表输入层和隐藏层神经元间、隐藏层和输出层神经元间的连接强度，$q_j$、$q_k$ 分别代表隐藏层和输出层神经元间的阈值。针对具有 $m$ 个记录的数据样本，构建 MLP 网络模型的过程如下(元昌安，2009)：① 随机生成网络中的各权重 $S_{ij}$(包括 $w_{ij}$ 和 $T_{jk}$)和阈值 $\theta_j$(包括 $q_j$ 和 $q_k$)为区间 $(0,1)$ 内的随机数，设置迭代的最大次数为 $M$(其中 $M>m$)和目标误差，模型误差的平方和(SSE)初始化为 0。

② 将样本集中的记录按初始设置比例随机分为训练集和测试集。从训练集中取出输入向量 $x$ 和期望的输出向量 $T$。③ 计算除输入层外的其他层内各神经元相对于上一层 $i$ 的输入向量 $I_j$，将各神经元 $j$ 的输出向量 $O_j$ 映射到区间 $[0,1]$ 内。其中，输入和输出向量的表达式如式（9-3）所示。④ 检验模型误差的平方和 $SSE$。⑤ 根据取出的输入向量 $x$ 所对应输出层的输出向量 $O_j$，计算输出层各神经元 $j$ 的误差向量 $EER$，表达式如式（9-4）所示。⑥ 根据 $EER$ 更新模型的各权重 $S_{ij}$ 和阈值 $\theta_j$，更新方法如式（9-5）所示。其中，$\eta$ 为学习速率。⑦ 当误差平方和不大于初始设置的目标误差时，网络收敛，否则返回第二步。

$$I_j = \sum_i S_{ij} O_j + \theta_j, O_j = \frac{1}{1 + e^{-I_j}} \tag{9-3}$$

$$ER\,R_j = O_j(1 - O_j)(T_j - O_j) \tag{9-4}$$

$$S_{ij} = S_{ij} + \eta ER\,R_j O_j, \theta_j = \theta_j + \eta ER\,R_j \tag{9-5}$$

## 9.4　研究设计

### 9.4.1　眼动追踪实验设计

本次测试共招募被试用户 69 名，其中男女比例为 1：1，裸眼视力或矫正视力在 1.0 以上，用户年龄在 18～24 岁，学历均在本科及以上，受教育程度高，网购经验丰富。

实验仪器为 Tobii Pro Glasses 2 眼动仪，是一款可实现无线实时观察功能的可穿戴式眼动设备，采样率为 50/100 Hz，外形与普通眼镜无异，重量仅 45 g，确保被试的佩戴舒适度和行动自由度，数据导出采用 Tobii Pro Lab 软件。

实验模拟真实的用户网购环境，具体眼动实验是由一名接受过眼动仪使用培训的本科生引导完成。参与者分 3 次来到实验室，每周一次，连续三周。在前两次访问中，为他们提供了一个多媒体课程和每次访问相应的后测。每个参与者随机分配多媒体课程、条件和后测。在第三次访问期间，执行了其他读取和工作记忆任务。根据测试协议进行数据收集，其中详细描述了过程、说明、眼动仪的设置、校准和任务。具体实验过程如下：

（1）在等候房间阅读任务引导。

（2）引领到实验房间进行任务执行与眼动记录（对焦，执行任务）。

（3）任务要求实验者在手机淘宝上为自己最亲密的朋友挑选一件生日礼物，要求：①高卷入度：挑选礼物不限价格与款式，全凭个人喜好；②分心：需要在5 min 内浏览至少四种类型的商品（例如：水杯，U 盘，鼠标垫，篮球）；③心理抗拒：所挑选的礼物价格不限，但需从实际角度出发考虑；④他人监督：礼物挑选完成后，需与自己任意一位朋友交流，并让其做出评价并说明原因；⑤将交流结果截图发给工作人员后完成现场试验，离开实验场地。

（4）任务完成，回到问卷房间填写问卷，并引导其从另一部电梯下楼以避免彼此沟通影响实验效果。

### 9.4.2　调查问卷设计

1）问卷来源及问卷设计

所有测量项目均采用 Likert 7 点评分法（从 1"非常不同意"到 7"非常同意"），并根据过去的文献进行了调整，以适应本研究。表 9 - 1 分别列出了这些测量项目及其来源。

表 9 - 1　量表测量问项及来源

| 变量及测量问项 | 量表来源 |
| --- | --- |
| 网购行为执行意向： | |
| 1.如果手机购物能获得线下产品活动聚集机会,那么我会尽力购买它 | |
| 2.如果选择购物渠道,那么我将优先选择自己喜欢的 App 进行购物 | |
| 3.如果 PC 端建议手机购物节约费用,那么我会选择手机购物 | 王林,等(2014) |
| 4.如果网上产品足够时尚、个性,那么我会立即下单购买 | |
| 5.如果手机购物有赠品活动,即使花更多的精力我也感觉很值得 | |
| 6. 如果网店产品色彩搭配让我很舒服,那么我会沉浸其中 | |
| 手机依赖： | |
| 1.因过度使用智能手机而感到疲倦和睡眠不足 | |
| 2.使用智能手机时感到愉快或兴奋 | |
| 3.当智能手机不在手边时,会感到不耐烦和烦躁不安 | Min et al.(2013) |
| 4.与跟朋友、家人在一起相比,我更愿意和智能手机互动 | |
| 5.智能手机使用的时间超出了预期 | |

（续表）

| 变量及测量问项 | 量表来源 |
| --- | --- |
| 心理抗拒： | |
| 1.当一些事情被明令禁止的时候,我会想："这恰恰是我要去做的" | |
| 2.当我的选择自由受到限制的时候我会感到愤怒 | Hong & Faedda |
| 3.当他人强迫我做一些事情时,我会做相反的事情 | （1996） |
| 4.规章制度会让我产生抗拒感 | |
| 5.我认为别人的规劝是一种干扰 | |
| 商品卷入度： | |
| 1.该商品对我而言是很重要的 | |
| 2.该商品对我而言是很有影响的 | Zaichkowsky & |
| 3.该商品对我而言是很有意义的 | Lynne（1985） |
| 4.该商品对我而言是很有用处的 | |
| 5.该商品对我而言是很想要购买的 | |

2）独立样本 T 检验

为了检验问卷中除人口统计学问题外其他问题的鉴别度,对其进行独立样本 T 检验。由于研究对于调查对象的性别及年龄等没有特别要求,所以本研究选取变量总分值较大和较小的数据作为两类变量。以题项 5 为例,根据 Levene 法检验结果显示,$F=4.755$,$p=0.036$ 小于 0.05,达到显著水平,所以两组的方差不相等。当两组的方差不相等时,表中 $t$ 检验结果为 $t=4.609$,$p=0.000$ 小于 0.05,达到显著水平,说明此题项鉴别程度高,不需删除。以此类推,题项 1～21 均有较高的鉴别度,应当保留。

3）信效度分析

本研究采用因子载荷、测量误差、Cronbach's $\alpha$ 系数及组合信度来检验调查问卷的信度,采用平均方差抽取量即收敛效度来检验调查问卷的效度,"心理抗拒"中题项 2 因子载荷较低,故删除,且删除后组合信度 $CR=0.842$,平均方差抽取量 $AVE=0.572$,$\alpha=0.826$,均符合要求。具体信效度分析结果如表 9-2 所示,各潜在变量的 $\alpha$ 值均大于 0.8,且问卷总体的信度为 0.849,组合信度均大于 0.8,平均方差萃取量（$AVE$ 值）均大于 0.5,因此在统计上验证了问卷的可靠性和收敛效度,说明该问卷具有良好的信度和收敛效度。

表 9-2　信效度分析

| 测量指标 | 因子载荷 | 测量误差 | Cronbach's $\alpha$ 系数 | 组合信度 CR | 平均方差萃取量 AVE |
|---|---|---|---|---|---|
| EI1 | 0.809 | 0.125 | | | |
| EI2 | 0.851 | 0.146 | | | |
| EI3 | 0.905 | 0.158 | 0.855 | 0.922 | 0.673 |
| EI4 | 0.781 | 0.152 | | | |
| EI5 | 0.831 | 0.145 | | | |
| EI6 | 0.733 | 0.158 | | | |
| PD1 | 0.871 | 0.208 | | | |
| PD2 | 0.805 | 0.186 | | | |
| PD3 | 0.752 | 0.211 | 0.912 | 0.902 | 0.650 |
| PD4 | 0.841 | 0.211 | | | |
| PD5 | 0.756 | 0.194 | | | |
| PR1 | 0.724 | 0.204 | | | |
| PR3 | 0.695 | 0.166 | 0.826 | 0.842 | 0.572 |
| PR4 | 0.739 | 0.171 | | | |
| PR5 | 0.857 | 0.133 | | | |
| CI1 | 0.879 | 0.161 | | | |
| CI2 | 0.836 | 0.149 | | | |
| CI3 | 0.694 | 0.157 | 0.927 | 0.874 | 0.595 |
| CI4 | 0.792 | 0.173 | | | |
| CI5 | 0.626 | 0.172 | | | |

表 9-3 显示各变量的 AVE 的平方根均大于其各自的相关系数,这说明该问卷具有良好的判别效度。

表 9-3　相关分析结果

| | M | SD | 1 | 2 | 3 | 4 |
|---|---|---|---|---|---|---|
| 1.EI | 5.05 | 1.04 | 0.820 | | | |
| 2.PD | 5.17 | 1.43 | 0.428 *** | 0.806 | | |
| 3.PR | 3.73 | 1.12 | −0.110 | 0.101 | 0.739 | |

（续表）

| | $M$ | $SD$ | 1 | 2 | 3 | 4 |
|---|---|---|---|---|---|---|
| 4.CI | 4.93 | 1.10 | 0.240 * | 0.069 | 0.077 | 0.771 |

注 1：* 表示 $p < 0.05$，** 表示 $p < 0.01$，*** 表示 $p < 0.001$；$N = 69$；

注 2：EI：网购行为执行意向；PD：手机依赖；PR：心理抗拒；CI：商品卷入度。

综上所述，该问卷具有良好的信效度，适合进行下一步分析。

## 9.5　研究步骤

本研究利用问卷调查法与眼动追踪法相结合的方式收集数据，确认信效度之后，首先对"分心"这一变量进行质性分析，明确各眼动指标对分心的表征程度以及分心与网购行为执行意向之间的关系；其次通过机器学习方法，构建网购行为执行意向的神经网络预测模型，得到各原因变量的重要性排序，从而揭示网购行为执行意向的影响机制。

## 9.6　结果及分析

### 9.6.1　眼动追踪"分心"质性分析

本实验通过眼动追踪法测量"分心"这一变量，通常情况下眼动追踪法被应用在动态图片分析领域，主要的测量指标有 AOI（兴趣区域），凝视位置，凝视时间，眼跳路径，眼跳时间，以及眼球状况监测，因此不适用于在正常模拟下移动购物的动态实验。结合人在分心状态下的视觉行为特点以及眼动仪器的数据属性，本研究提出了基于眼动追踪方法的动态分心测量算法，并且通过该算法测得凝视密度，凝视深度和路径长度三个指标，完成了"分心"变量的描述与测定。该算法的构建过程及具体结果如下：

在行为科学领域，人的分心状态常常反映在眼球活动过程中，在移动购物的情境中更是如此。实验者如果在模拟正常状态的移动购物过程中呈现较高的分心特征，则其视线往往会飘忽不定，即在较短的时间内关注过多的页面信息，且目光焦点往往无法持续较长时间，另外，其眼动路径也会同时表现出高频率和短距离的特点。结合在分心状态下消费者进行移动购物时的眼动追踪相关基础指标，本实验提炼出以下三个方面的参量，即"凝视密度""凝视深度"与"路径长度",较高的"路径长度"数值加以较高的"凝视密度"和较低的"凝视深度"则可以进一步确认被试出现了"分心"特征。分心得分的具体计算公式如下:

$$S_d = \sum_{i=0}^{n} \frac{D_{gi} \times L_{si}}{D_{ti}} \tag{9-6}$$

($S_d$即分心得分;$D_g$即凝视密度;$D_t$即凝视深度;$L_s$即路径长度;$n$即移动购物决策事件发生的次数)

1)凝视密度

对于动态情境下的"分心"变量研究,最直接的指标便是在独立事件发生的单位时间内凝视点的个数,也即"凝视密度"的含义。通过专用分析工具 Tobii Lab Pro,我们可以对整场实验的不同事件时间段进行划分($T_n$),并导出属于不同事件发生时间段内的凝视点的数量数值($N_p$),由数量指标与事件时间跨度的比值便可以得到某一时间的"凝视密度"得分,"凝视密度"衡量的是"分心"变量的数量指标,这一指标的计算公式如下:

$$D_g = \frac{N_p}{T_n} \tag{9-7}$$

($D_g$即凝视密度,$N_p$即某一事件过程中出现的凝视点数量,$t_n$即事件发生过程中的时间跨度)

如图 9-1 所示,凝视密度分值处于 35～55 时,分心易出现峰值。被试者在分心状态下,其在浏览移动购物页面时的凝视点数量会明显增多,相应的凝视点持续的时间也会相对缩短,而当凝视点增加到一定程度时被试者达到最高分心点。因此,分心是"凝视密度"数值较大的充分条件。

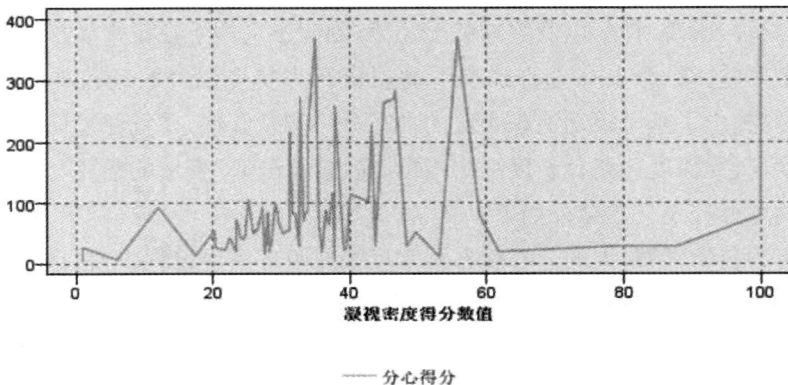

—— 分心得分

图 9-1 凝视密度图谱

2）凝视深度

如果所观察事件单位时间内出现了较多的凝视点，并不能因此判断该被试是否处于"分心"状态，因为可能存在浏览习惯等差异从而造成了凝视点较多但实际上并未出现"分心"的情况，因此本算法引入了"分心"这一变量的质量指标，即"凝视深度"作为辅助判断。"凝视深度"即某一观察事件中出现的凝视点的平均时长，计算公式为所有观察点的凝视总时长与凝视点数量的比值，具体如下：

$$D_t = \frac{\sum\limits_{m=0}^{N_p} t_m}{N_p} \tag{9-8}$$

（$D_t$即凝视深度，$t_m$即事件中单个凝视点持续的时间，$N_p$即某一事件过程中出现的凝视点数量）

如图9-2所示，凝视深度分值处于0～20时，分心易出现峰值。由公式可知，凝视点数量与凝视深度呈反向调节关系，被试者在浏览移动购物网站页面时凝视点数量增加，凝视时长缩短，凝视深度也相应降低。因此，分心是"凝视深度"数值较小的充分条件。

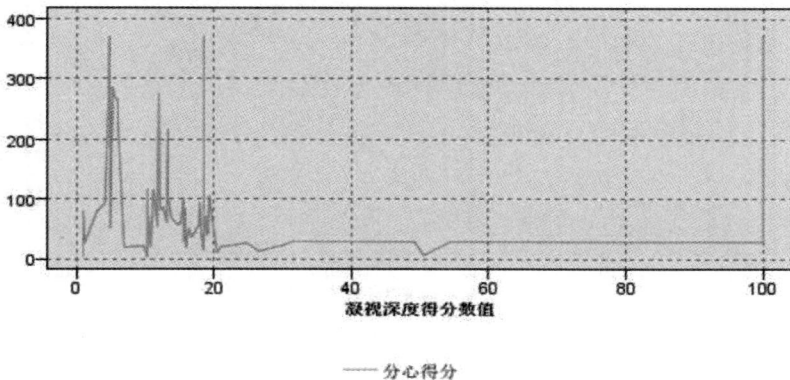

——分心得分

图9-2　凝视深度图谱

3）路径长度

基于上述"凝视密度"与"凝视深度"的概念，我们能够判断被试的整体凝视点的质量情况，即是否在事件单位时间内出现了较少持续时间较长的稳定凝视点。但从眼动行为角度分析，仍不足以判断被试是否产生"分心"状况，如果所有的持续时间较短的凝视点均集中在一定区域范围内，则被试注意力仍处于集中状态。因此本算法引入第三个参量"路径长度"来排除由于凝视点持续时间较短但是分布较为集中从而产生误判的状况,进一步提高算法的区分度与准确性。"路径长度"即凝视点变化过程中扫过的路径长度指标,由于凝视点转移速度过快,基于人的生理特性,我们有理由认为所有被试的视线转移速度相同。因此,该指标由 Tobii 眼动仪所采集的凝视点转移过程中的时间间隔数值近似代替,同样能够产生衡量凝视点间距离的效果。路径长度这一指标的计算公式如下:

$$L_s = \sum_{n=0}^{q} t_n \tag{9-9}$$

($L_s$ 即路径长度,$t_n$ 即路持续时间,即某一事件过程中出现的凝视点数量)

如图 9-3 所示,路径长度分值处于 30~35 时,分心易出现峰值且一直处于增长趋势;当路径长度处于 80~100 时,分心得分持续递增且在路径长度为 100 时再次达到峰值。"路径长度"即凝视点与凝视点之间的路径长度,眼动路径数值较高时证明凝视点分布在多个区域之间,说明被试者分心较为严重。

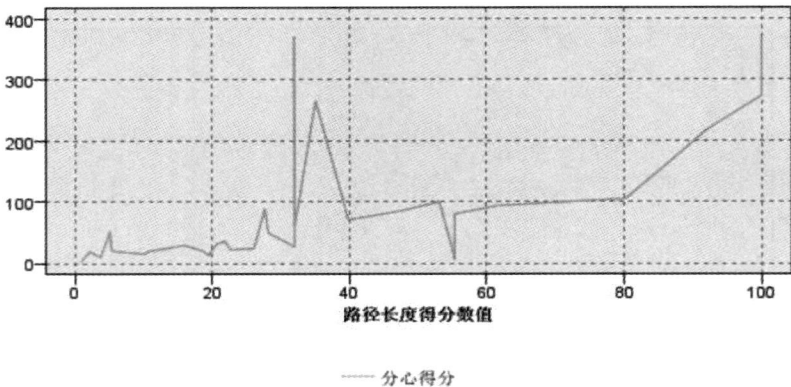

**图 9-3 路径长度图谱**

4) 分心与网购行为执行意向的关系图谱

如图 9-4 所示,分心分值处于 0~40 时,网购行为执行意向出现阶段性峰值,而当分心分值大于 40 时,网购行为执行意向持续下降。被试者在浏览移动购物网站界面时,视觉注意力较为集中即处于低度分心状态时,易出现阶段性网购意愿;当注意力随机分散即处于高度分心状态时,网购意愿呈持续下降趋势。

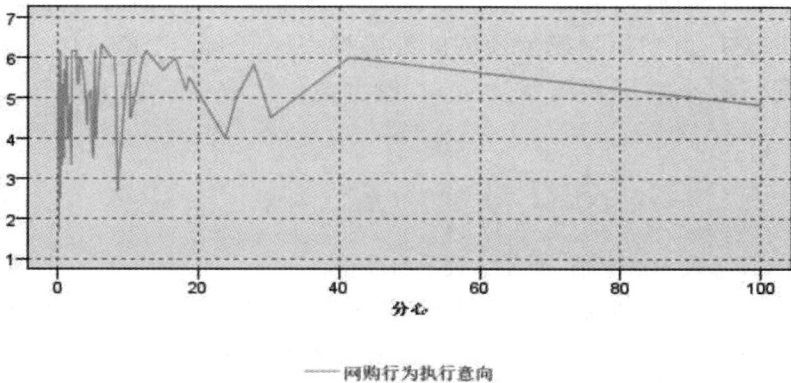

图 9‑4　分心对网购行为执行意向的影响关系图谱

### 9.6.2　验证性因子分析

本研究对手机依赖、心理抗拒、卷入度、网购行为执行意向四个变量进行验证性因子分析。分析结果如表 9‑4 所示,四因子模型的数据拟合度最为理想,且优于其他模型。这说明本研究所涉及的 4 个变量确实代表了 4 个不同的构念。

表 9‑4　验证性因子分析

| Models | CMIN | DF | CMIN/DF | RMSEA | TLI | CFI |
|---|---|---|---|---|---|---|
| 四因子 | 208.240 | 183 | 1.138 | 0.045 | 0.965 | 0.969 |
| 三因子 | 378.540 | 186 | 2.035 | 0.123 | 0.735 | 0.765 |
| 二因子 | 515.027 | 188 | 2.740 | 0.160 | 0.554 | 0.601 |
| 一因子 | 661.118 | 189 | 3.498 | 0.192 | 0.360 | 0.424 |

注:四因子:手机依赖,心理抗拒,商品卷入度,网购行为执行意向;三因子:心理抗拒＋商品卷入度,手机依赖,网购行为执行意向;二因子:手机依赖＋心理抗拒＋商品卷入度,网购行为执行意向;一因子:手机依赖＋心理抗拒＋商品卷入度＋网购行为执行意向。

### 9.6.3　神经网络预测模型

1)基于机器学习的神经网络预测模型有效性分析

为了避免过度拟合问题,本研究采取十折交叉验证,在分区时设置 90% 的数据用于训练模型,剩余的 10％ 用于预测模型的精度。先前的研究表明,可以利用 RMSE 值来衡量模型预测的准确性(Hyndman & Koehler,2006)。RMSE 的值越小表示预测精度越高,模型越好。RMSE 的计算方法如下所示:

$$RMSE = \sqrt{\frac{1}{N}\sum_{i=1}^{n}(X_{Obs,i} - X_{true,i})^2} \qquad (9-10)$$

其中,$X_{Obs}$ 表示观察值,而 $X_{true}$ 表示真实值。

如表 9-5 所示,训练和测试模型的 RMSE 值分别为 0.343 和 0.139,标准差分别为 0.030 和 0.061,这表明该 ANN 模型预测结果较为准确。

**表 9-5　训练集和测试集的 RMSE 值**

| MPL 神经网络 | 训练集 | | 测试集 | |
|---|---|---|---|---|
| | N | RMSE | N | RMSE |
| 神经网络 1 | 62 | 0.293 | 7 | 0.186 |
| 神经网络 2 | 62 | 0.324 | 7 | 0.146 |
| 神经网络 3 | 61 | 0.387 | 8 | 0.088 |
| 神经网络 4 | 61 | 0.302 | 8 | 0.243 |
| 神经网络 5 | 61 | 0.374 | 8 | 0.073 |
| 神经网络 6 | 61 | 0.335 | 8 | 0.179 |
| 神经网络 7 | 61 | 0.339 | 8 | 0.158 |
| 神经网络 8 | 61 | 0.354 | 8 | 0.046 |
| 神经网络 9 | 61 | 0.383 | 8 | 0.077 |
| 神经网络 10 | 61 | 0.343 | 8 | 0.191 |
| 平均值 | | 0.343 | | 0.139 |
| 标准差 | | 0.030 | | 0.061 |

2) 网购行为执行意向神经网络预测模型

如图 9-5 所示,本章研究生成了具有四个输入神经元、三个隐藏神经元和一个输出神经元的 ANN 模型,其中输入神经元分别为手机依赖、心理抗拒、分心、商品卷入度,输出神经元为网购行为执行意向。

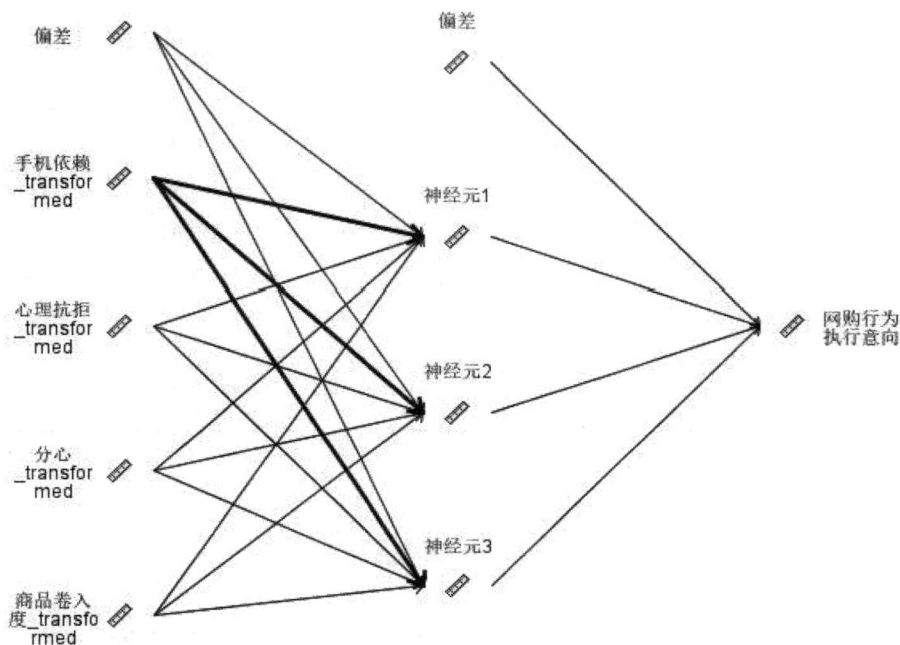

**图 9 - 5　ANN 模型**

3）敏感性分析

如表 9 - 6 所示，本研究首先对每个变量分别求均值，并进行归一化处理，然后通过十折交叉验证得到重要度向量。其中，归一化重要度值是每个指标的重要度值除以最大重要度值得到的比率，此处以百分比形式表示。根据敏感性分析可知，手机依赖是决定消费者网购行为执行意向最重要的因素，其次是心理抗拒、分心和商品卷入度。

**表 9 - 6　敏感性分析**

| 神经网络 | 相对重要性 | | | |
|---|---|---|---|---|
| | 手机依赖 | 心理抗拒 | 商品卷入度 | 分心 |
| 神经网络 1 | 0.82 | 0.09 | 0.04 | 0.05 |
| 神经网络 2 | 0.86 | 0.06 | 0.03 | 0.05 |
| 神经网络 3 | 0.82 | 0.07 | 0.05 | 0.06 |
| 神经网络 4 | 0.80 | 0.09 | 0.06 | 0.06 |

（续表）

| 神经网络 | 相对重要性 | | | |
| --- | --- | --- | --- | --- |
| | 手机依赖 | 心理抗拒 | 商品卷入度 | 分心 |
| 神经网络 5 | 0.86 | 0.06 | 0.03 | 0.05 |
| 神经网络 6 | 0.93 | 0.04 | 0.01 | 0.02 |
| 神经网络 7 | 0.72 | 0.09 | 0.13 | 0.06 |
| 神经网络 8 | 0.79 | 0.08 | 0.05 | 0.08 |
| 神经网络 9 | 0.84 | 0.06 | 0.04 | 0.06 |
| 神经网络 10 | 0.91 | 0.04 | 0.01 | 0.04 |
| 平均相对重要性 | 0.836 | 0.067 | 0.044 | 0.053 |
| 标准化相对重要性(%) | 100.000 | 8.014 | 5.263 | 6.340 |

## 9.7　本章小结

1）研究结论

本章将手机依赖、心理抗拒、商品卷入度和分心作为自变量,网购行为执行意向作为结果变量,通过问卷调查与眼动实验来收集数据,将实证与神经网络方法相结合,探究各变量之间的因果关系。本章从消费者主观感知出发,统筹主客观因素,通过调查与分析,得到以下结论:

第一,当消费者处于低度分心状态时,易出现明显的阶段性网购行为执行意向,处于高度分心状态时,网购行为执行意向呈下降趋势;其中证实分心是"凝视深度"数值较小、"凝视密度"数值较大的充分条件。

第二,通过机器学习方法,构建网购行为执行意向的神经网络预测模型,其预测重要性从大到小排序依次是手机依赖、心理抗拒、分心、商品卷入度。

2）理论贡献

首先,本章通过眼动追踪法,从相对客观的角度展示出分心对网购行为执行意向的作用机制。有关视觉注意力的研究大多偏向于生理心理方面(Agnew,Phillips, & Pilz, 2020),鲜有研究涉及行为科学领域,本研究通过视觉注意力分散程度来衡量分心状态,使用图谱更为直观地表达出参与者的视觉感知轨迹,表明分心对消费者移动购物行为的作用机制。因此,将消费者分心程度整合到网购行为执行意向的影响因素模型中,既是一项开创性的尝试,也阐述了视觉刺激下消费者网购行为执行意向的变化趋势,这为我们进一步研究视觉感知与行为认知之间的联系奠定了一定的基础。

其次,本章通过神经网络 MLP 方法,将手机依赖、心理抗拒、商品卷入度、分心四个变量融入模型,探究消费者主观感知与行为决策之间的因果关系,结果表明手机依赖对网购行为执行意向的影响最大,这为后续在移动电商环境下对手机依赖的研究提供了一定的理论支持。

3）实践启示

第一,针对电商平台的实践启示。移动电子商务产业蓬勃发展,消费者选择趋于多样化,面对形形色色的商品,消费者感知刺激瞬间被激活,注意力不断转移,而海量的信息刺激难免会影响消费者的购物决策(王林,张柔柔,赵杨,2020)。首先,平台应致力于简化用户界面,降低不必要的干扰,增加用户与产品的交互;其次,平台不可忽视界面美学设计,从用户需求出发,打破传统界面设计,致力于提升用户的使用满足感与舒适感;最后,平台可以设置一些小提示来呼吁消费者合理使用移动设备,避免引导性消费给平台和消费者带来的不良影响。

第二,针对消费者的实践启示。移动电商背景下,任何网购活动都离不开移动设备的技术支持,作为传统 PC 端的延伸,移动设备渗透在我们日常生活中,甚至有部分人对此产生了依赖心理。在购物过程中的自我监管和自我调节会带来更加积极的自我肯定,从而促进执行意向的形成,进而促使决策行为的改变(王林,张柔柔,赵杨,2020)。因此,消费者应做好自我管理,严格控制移动设备使用频率,培养正确的情绪化表达方式,养成良好的消费习惯,提升自我幸福感,从而为自身创造良好的内部环境。

# 第 10 章　移动购物行为的个性化推荐策略实验研究

【本章导读】

通过前面章节的实证研究和数据挖掘,我们对移动购物行为的作用机制和规律有了较为深入的理解。在此基础上,本章的实验研究将对移动购物行为机制进行部分验证。近年来,移动购物的兴起激活了个性化推荐的实践,其在商业智能中的应用日益突出,然而传统的个性化推荐方案大多是技术或商品数据导向,很少以揭示用户心理特征为导向。因此,本章提出一种基于情景的用户个性化推荐方法,改善个性化推荐效果。本章将在国内学者探索网购情景线索类型的基础上,对用户进行情景线索特征的挖掘。本章研究以亚马逊公开数据集为例,进行个性化推荐实验,验证所提算法效果。实验结果显示:基于情景线索的个性化推荐方法的推荐准确率明显高于传统的协同过滤方法,该方法可以结合用户更倾向的网购体验为用户推荐商品,提升用户满意度。

## 10.1　研究目的

信息增长的速度超过用户处理信息的速度,信息过载问题使消费者作出购买决策更加困难。研究显示:消费者的搜索意图、购买意向、决策行为都会受到信息超载的影响(Swar,Hameed,& Reychav,2017;Soto-Acosta et al.,2014;Hu & Krishen,2019)。因此,各类电商网站及移动购物 App 纷纷推出"猜你喜欢""购买此商品的用户还购买了以下商品"等栏目,为消费者购买商品提出建议,帮助其找到心仪的商品。这些栏目中商品的出现正是依赖于现有的个性化推荐系统,而个性化推荐系统的灵魂是个性化推荐方法。也就是说推荐的商品是否能得到用户青睐的关键在于个性化推荐方法能否在恰当的时间、地点准确地为用户提供其喜好的商品。目前推荐方法的准确率较低,其推荐的商品或千篇一律或不能使用户满意。要想提高准确率,仅仅优化算法是不够的,还要考虑其他会影响用户的因素。因为个性化推荐是一个"认知助手",他不仅仅需要学习顾客的兴趣、偏好等,还要考虑用户心情随着外在环境的变化。

移动推荐的互联网时代,随时随地购物成为一种流行趋势,实时变化的场景自然会对消费者的购物产生巨大的影响,身边某个情景线索的变化就可能引起消费者购物决策的变化。刘晓峰等通过情景模拟研究了缺货归因产生的不同心理抵制水平与产品是否促销有关(刘晓峰,刘龙艳,2014)。情景成为刺激消费者购买的重要因素,网购行为与情景线索有多种联系,不同的情景线索会刺激消费者产生不同的行为反应。基于行为执行意向理论(张亚明等,2016),通过不同情景线索关联的行为反应对消费者的实际购买行为具有极强的解释力,也就是说,目标导向的情景线索对预测消费者的购买行为具有极其重要的影响力,情景线索成为预测消费者网购行为的重要特征。王林等继而挖掘网购评论信息,探索了网购情景线索的类型、特征及作用机制(王林等,2015),之后又深度挖掘了网购情景线索与行为反应的关联模型(王林等,2018)。基于此,情景线索在网购行为的研究中已经成为必要的考虑因素,情景的研究也逐渐引起学者的注意,邓晓懿等运用情景信息对用户聚类来改善推荐质量(邓晓懿等,2013)。但是,以往的研究大多注重于用户历史数据分析(De Pessemier, Deryckere & Martens, 2009),而不是情景线索的挖掘。因此,本章提出将情景线索作为一个特征要素加入个性化推荐方法研究中,以期提高个性化推荐的准确率与满意度,为个性化推荐领域提供新的思路。

研究表明,网购评论对消费者的购买有着重要影响,尤其是负面评论(黄华,毛海帆,2019)。因为评论由购买并使用过的消费者所写,其中有很多能够刺激到其他消费者购买的线索。例如,小明购买某化妆品之后认为该化妆品性价比高,而且效果很明显,于是她评论道:"真的很好,性价比很高,很优惠,并且美白的作用很明显,很好用……"这条语句中所体现的价值感知线索就会刺激到同样很注重价格的小李,于是小李就可能会购买这款产品,这表明她们挑选商品时优先考虑感知价值高的商品。因此,本章从评论信息中对各类情景线索类型进行标注,得到每个用户的情景关注度向量及每个商品的情景特征向量,进而进行相似性计算,最后结合协同过滤,产生最后的推荐结果。

# 10.2　理论回顾

## 10.2.1　个性化推荐方法综述

个性化推荐是一种个性化营销策略,能根据客户自己的兴趣爱好推荐客户可能感兴趣或满意的商品,是建立在海量数据基础上的一种高级商务智能平台,以帮助电子商务网站为其顾客购物提供个性化的决策支持和信息服务。推荐方法是个性化推荐系统最重要的一部分,目前的推荐方法有协同过滤(Linden et al.,2003)、基于关联规则(Yin et al.,2018;Guo et al.,2017)、基于二部图(Zhou et al.,2010)、基于知识(Song et al.,2017)等方法。协同过滤就是通过用户的历史行为信息计算用户与用户之间的相似性,然后根据计算所得与目标用户相似性较高的用户群体对商品的评分来预测目标用户对陌生商品的喜好度,但存在冷启动和数据稀疏问题。关联规则是根据商品与商品之间的关联向用户推荐商品,例如根据统计得知购买了 X 商品的消费者中有 70% 的人购买 Y 商品,那么当有用户购买 X 商品时,我们就会向他推荐 Y 商品。二部图是我国学者周涛于 2007 年提出的,在一定程度上解决了冷启动和数据稀疏问题,该方法将商品和用户看做抽象的节点,认为所有信息都隐藏在商品与用户的关系中。知识的推荐从本质上说是一种模糊集的推理技术,通过挖掘产品结构去满足用户需求。

情景一词来源于英文"context",但这一词也经常被翻译成情境,大概是指用户位置、周围环境、季节、时间以及温度等信息。经过 Schmidta 对其含义的扩展,情景用来表示一个设备或用户所处的态势和环境,且每个情景都有唯一标识。基于情境的推荐(Zheng et al.,2011;Lee et al.,2008;Adomavicius et al.,2005)成为近几年个性化推荐的关注热点,情境的附加信息挖掘让协同过滤的矩阵更加稀疏,Rendle 等将矩阵分解技术应用到情境推荐当中,提高了推荐的精确度(Rendle et al.,2011)。杜魏构建了情景结构图,并找出当前环境对用户影响最大的 K 个情景要素,通过分析用户的个性化情景而进行个性化推荐(杜魏,高长元 a,b,2017)。这些情景信息的挖掘对个性化推荐质量和用户满意度的提升有一定作用。由此看出,以往基于情景的个性化研究是将用户所处的外在环境对用户购物的影响纳入个性化推荐中,而本章所指的情景线索则是将用户购物过程中对用户产生影响的心理因素作为变量纳入其中。因此,本章的情景线索可以视为情景一词的补充,其补充了用户在决策过程中的心理干扰因素,进而预测情景线索如何影响用户的购买行为。

### 10.2.2　情景线索理论

情景线索指出现在人面前的某些刺激场景(赵光,2013),而网购环境中的情景线索可以成为网购情景线索,它包括价值感知线索、知觉情感线索、质量安全线索、信息驱动线索、认同依赖线索 5 个类型。这 5 种线索类型是学者王林从海量网购评论信息中挖掘出的与驱动购买决策信息相匹配的情景线索类型,对于预测网购行为具有重大意义。价值感知线索包括让利价值、客户资产及客户价值;知觉情感线索包括知觉感知和情感体验;质量安全线索包括质量标准和安全线索;信息驱动线索包括时空信息、细节展示度、支付信息和服务驱动;认同依赖线索包括认同线索和依赖线索(王林等,2015)。我们将评论信息依据线索类型范围进行人工标注。评论信息中包括某情景线索信息则标注为 1 或−1,否则为 0,一条评论可能涵盖 2 条或以上情景线索,经过计算,从而形成用户个性化情景和商品的情景特征。因此,本章通过挖掘用户个性化情景与推荐购买之间的关系,探究如何利用情景线索预测用户实际购买行为。

### 10.2.3　述评

以往基于情景的个性化推荐方法都是考虑用户所处的外在环境,认为其对用户的购买意愿有很大影响。但是在网购时,用户的心理变化才是我们要捕捉的重要因素。要想准确地预测用户的购买行为,必须能够将用户的行为目标与网购情景联系起来。目前网购情景线索的研究已有一定的基础,网购情景线索的类型已经划分,并得到广泛认可。在此基础上,本章将网购情景线索融入个性化推荐方法研究中,在个性化推荐领域融入心理学知识,以期能得到更好的推荐结果。

## 10.3　基于情景线索的个性化推荐方法

### 10.3.1　计算用户的情景权重

用户会在评论中展示自己对商品的态度,所以我们可以在评论中挖掘用户所看重的情景线索,作为用户的情景权重。对于用户 C 购买的商品集合 $\{M_1, M_2, \cdots, M_n\}$,由于不同的情景对用户的影响程度不同,用向量表示为 $\boldsymbol{A} = \{a_1, a_2, a_3, a_4, a_5\}$,$a_j$ 的计算如下所示。$a_{ij}$ 表示某用户在第 $i$ 个商品 $j$ 属性的评分标注，$n$ 表示某用户购买的商品集中的商品数目。最后，对用户 C 的情景权重向量进行标准化处理。

$$a_j = \frac{\sum_{i=1}^{n} y_{ij}}{n} \qquad (10-1)$$

$$y_{ij} = \begin{cases} 1 & a_{ij} \neq 0 \\ 0 & a_{ij} = 0 \end{cases} \qquad (10-2)$$

$$a_j' = \frac{a_j}{\sqrt{\sum_{j=1}^{5} a_j^2}} \qquad (10-3)$$

### 10.3.2 计算商品的情景特征

同样评论中也会显示该商品吸引用户的较为突出的方面，所以我们也可以挖掘到该商品的各个情景特征。差评往往比好评更能够影响个体网购行为，研究证明，100 条好评也比不过 1 条差评的作用。负面的情景线索评论往往比正面的情景线索评论对用户的影响更大，一条负面的情景线索可能直接导致消费者的购买失败。所以一旦某商品存在负面情景线索，则该商品的情景特征分量的计算如下：

$$b_j = \frac{\sum_{i=1}^{q} y_{ij}}{q} \qquad (10-4)$$

$$y_{ij} = \begin{cases} p & r_{ij} = -1 (p \geq 1) \\ 1 & r_{ij} = 1 \\ 0 & r_{ij} = 0 \end{cases} \qquad (10-5)$$

同样 $\boldsymbol{B} = \{b_1, b_2, b_3, b_4, b_5\}$，$r_{ij}$ 表示第 $i$ 个用户在商品 $j$ 属性的评分标注。式(10-5)将所有负面情景线索的作用扩大 $p$ 倍，具体 $p$ 的值会在实验过程中进行调节，以便达到最好的推荐效果。

最后，对商品的情景权重向量进行标准化处理。

$$b_j' = \frac{b_j}{\sqrt{\sum_{j=1}^{5} b_j^2}} \qquad (10-6)$$

### 10.3.3 推荐过程

本章研究所提算法的推荐过程是在传统的协同过滤中添加情景特征到相似

用户群的计算中。第一,需要对评论数据进行情景标注,评分包括－1,0,1。第二,计算商品以及用户的情景特征向量,并作标准化处理。第三,找出每个用户的相似群体,首先计算用户之间的情景相似度;其次利用商品评分计算用户之间的相似度;最后综合两个相似度评分,找出相似用户群体的 Top N。第四,Top N 群体购买的商品形成一个商品集,剔除用户购买过的商品,依据评分计算出的相似度与依据情景计算出的相似度相结合,为用户做出推荐。

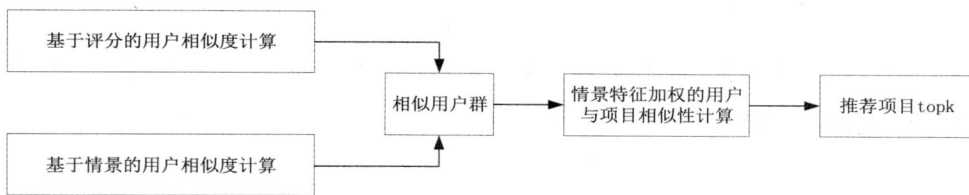

**图 10‑1　推荐系统流程图**

1) 基于产品评分的用户相似度计算

$$S_{u,v}^1 = \frac{C_u \cdot C_v}{|C_u| \cdot |C_v|} \tag{10-7}$$

$C_u$ 和 $C_v$ 分别表示用户 u 和 v 购买商品的评分向量,$S_{u,v}^1$ 表示用余弦相似性计算所得的用于 u 和 v 的相似性,值越大说明两个用户越相似。

2) 基于用户情景特征的相似度计算

$$S_{u,v}^2 = \frac{A_u \cdot A_v}{|A_u| \cdot |A_v|} \tag{10-8}$$

$A_u$ 和 $A_v$ 分别表示用户 u 和 v 的对商品的情景特征的关注度向量,$S_{u,v}^2$ 表示用余弦相似性计算所得的用于 u 和 v 的相似性,值越大说明两个用户越相似。

对于所得到的相似度 $S_{u,v}^1$ 和 $S_{u,v}^2$ 用如下公式进行计算,得到的结果作为用户 v 与用户 u 之间的相似性得分。最后将得分按从小到大进行排列,选取前 $k$ 个用户作为用户 u 的最近邻用户集 **U**。

$$S_{u,v} = S_{u,v}^1 + S_{u,v}^2 \tag{10-9}$$

3) 计算用户 u 对商品 a 的偏好值

$$R_{u,v} = \frac{\sum_{v \in U} S_{u,v} \cdot r_{v,a}}{\sum_{v \in U} S_{u,y}} + \frac{A_u \cdot B_a}{|A_u| \cdot |B_a|} \tag{10-10}$$

$r_{v,a}$ 表示用户 v 对商品 a 的评分,$A_u$ 表示用户 u 的情景关注度向量,$B_a$ 表示商品 a 的情景特征向量。

4) 评价指标

参考以往的评价标准,本章用准确率和召回率来评估个性化推荐方法的优劣。

$$Pre = \frac{S_T \bigcap S_R}{S_T} \tag{10-11}$$

$$Re = \frac{S_T \bigcap S_R}{S_R} \tag{10-12}$$

$Pre$ 代表准确率,$Re$ 代表召回率。$S_T$ 代表消费者购买的项目集合,$S_R$ 代表推荐系统向顾客推荐项目集合。

## 10.4    实验结果与分析

### 10.4.1    数据预处理

本章选用 2014 年公开发布的 Amazon 评论数据集中的 Gift Cards 数据集(https://nijianmo.github.io/amazon/index.html),共计 2 972 条商品的购买评价记录(2018 年更新)。此数据集自公开以来被广泛引用,本章选择了礼物卡片类目的评论数据进行分析。预处理过程如下:首先对英文的评论数据集进行翻译,其次根据王林学者提出的五大情景线索类型,邀请 5 位研究生同学对评论进行情景标注,标注过程分两步,第一步邀请 3 位研究生同学完成第 1 轮标注,第二步邀请 2 位研究生去检验核对第一轮标注结果,意见相左的地方请教教授,给出统一意见。结果如表 10 - 1 所示。

表 10 - 1    情景线索标注(部分)

| 用户 ID | 商品 ID | 评分 | 时间戳 | 价值感知线索 | 知觉情感线索 | 质量安全线索 | 信息驱动线索 | 认同依赖线索 |
|---|---|---|---|---|---|---|---|---|
| A31UBHTUUIFJ | B004LLIKVU | 5 | 1529193600 | 1 | 1 | 0 | 0 | 1 |
| A2MN5JQMIY0F | B004LLIKVU | 4 | 1528934400 | 1 | 0 | 0 | 0 | 0 |
| A25POI5IGGEN | B004LLIKVU | 5 | 1527897600 | 1 | 1 | 0 | 0 | 1 |

（续表）

| 用户 ID | 商品 ID | 评分 | 时间戳 | 价值感知线索 | 知觉情感线索 | 质量安全线索 | 信息驱动线索 | 认同依赖线索 |
|---|---|---|---|---|---|---|---|---|
| A2HYGTHB4LJ9 | B004LLIKVU | 5 | 1526688000 | 1 | 1 | 0 | 0 | 1 |
| ACDG3M94UMZ | B004LLIKVU | 5 | 1526601600 | 1 | 1 | 0 | 0 | 1 |
| ABWSFKJ1MRN | B004LLIKVU | 5 | 1525737600 | 0 | 0 | 0 | −1 | 0 |
| A34JP8QRZRS7 | B004LLIKVU | 5 | 1525132800 | 1 | 1 | 0 | 0 | 1 |
| A2JCUY769II5 | B004LLIKVU | 5 | 1524787200 | 1 | 1 | 0 | 0 | 1 |
| A1MAKKM3E4PF | B004LLIKVU | 4 | 1523491200 | 1 | 1 | 1 | 1 | 1 |
| A35NK1PEDW | B004LLIKVU | 5 | 1523491200 | 1 | 1 | 0 | 0 | 1 |
| AZ5C65G10R6 | B004LLIKVU | 5 | 1521763200 | 1 | 1 | 0 | 1 | 1 |

……

### 10.4.2　推荐结果分析

按照上文所述,随机选取每位用户购买的 75% 的商品作为训练集,剩下 25% 的商品作为测试集,依次计算用户偏好度高的前 $k$ 项商品,去除用户购买过的商品,得出为用户推荐的商品列表,如表 10 - 2 所示。

表 10 - 2　推荐结果列表（ID 显示部分）

| 用户 | 推荐 1 | 推荐 2 | 推荐 3 | 推荐 4 | 推荐 5 | 推荐 6 | 推荐 7 | 推荐 $n$ |
|---|---|---|---|---|---|---|---|---|
| A10CJ0D | B00BX | B00BX | B00BX | B00JD | B00MV | B00M | A10CJ0D | … |
| A10PEXB | B004Q | B0091J | B00AR | B00CH | B00JD | B00JD | A10PEX | … |
| A11F143J | B004Q | B006PJ | B0091J | B0091J | B00AD | B00B | A11F143 | … |
| A11P3657 | B004L | B004Q | B0091J | B0091J | B0091J | B00JD | A11P365 | … |
| A11X3NZ | B004Q | B0091J | B0091J | B00CH | B00GO | B00G | A11X3N | … |
| A123IIX1 | B005ES | B0091J | B0091J | B0091J | B00CH | B00O4 | A123IIX | … |
| A124O8K0 | B006PJ | B0078E | B0078E | B00AR | B00BX | B00B | A124O8 | … |
| … | … | … | … | … | … | … | … | … |

### 10.4.3　性能评价指标

推荐准确性是评价推荐算法性能的重要指标，目前较为主流的 Top N 推荐结果准确性评价指标包括：准确率和召回率(Bok et al., 2019)。如图 10 - 2和图 10 - 3 所示，本章通过在协同过滤算法中加入用户心理方面的考量，准确率和召回率都有一定的提升，证明本章提出的算法更优于传统个性化推荐的方法。

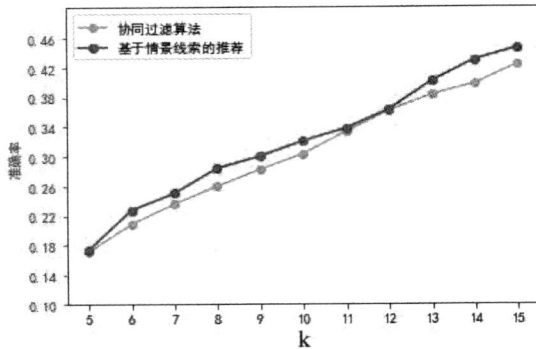

**图 10 - 2　不同 $k$ 值下的准确率对比**

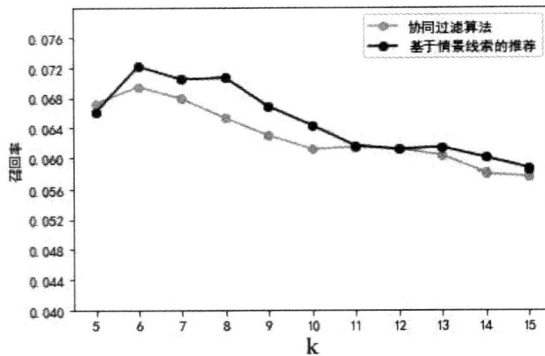

**图 10 - 3　不同 $k$ 值下的召回率对比**

## 10.5　本章小结

情景线索成为网购的重要影响因素，很大程度影响着消费者的购物行为，成为个性化推荐采纳的重要影响因素。另一方面，个性化推荐的实质是一种个性化营销,需要捕捉消费者的心理因素。而评论信息中蕴藏着大量的用户购买过程中的心理特征。王林等从评论信息中挖掘出与用户行为对应的情景线索类型(王林,2015)。所以本章在评论信息中对各类情景线索类型进行标注,得到每个用户的情景关注度向量及每个商品的情景特征向量,进而进行相似性计算,最后结合协同过滤,产生最终的推荐结果。结果显示,本章提出的算法优于传统的协同过滤算法,同时也为个性化推荐领域引入了新的思想。

1)研究结论

本章通过引入情景线索,将用户的心理影响计入个性化推荐中去,得到了较好的结果。结果显示,召回率和准确率都比传统的算法有一定的提升,只有当 $k$ 取 11 或者 12 的时候算法与传统协同过滤算法持平,但其他取值的结果都比较好。这说明个性化推荐方法应该注重用户心理研究,广泛应用营销学的理论知识,使个性化推荐真正成为以人为本的个性化营销工具,避开计算机技术的误区。

2)理论贡献

首先,本章研究将情景线索理论与个性化推荐方法相融合,即为心理学与计算机技术的融合,促进了交叉学科的发展。情景线索成为网购的重要影响因素,很大程度影响着消费者的购物行为,成为个性化推荐采纳的重要影响因素。另一方面,个性化推荐实质上是一种个性化营销,需要捕捉消费者的心理因素。其次,情景推荐成为热点以来,情景附加信息的挖掘大多来自与用户所处的外在环境信息,而本章提出从评论信息中挖掘情景信息,为个性化情景的推荐注入了新的思想。最后,本章充分考虑用户心理因素,在个性化推荐中体现了以人为本的思想,为个性化推荐领域引领新的方向。

# 第 11 章　结论与讨论

## 11.1　主要研究结论

我们利用扎根理论、实证研究、数据挖掘等定性与定量研究相结合的方法,借鉴多学科研究成果,对移动购物行为执行意向进行了系统研究,获得如下结论。

第一,借助 HistCite、CiteSpace、VOSviewer 和 SciMAT 等文献计量与知识图谱分析软件对移动购物相关文献进行分析。① 梳理了移动购物研究的主要期刊、主流文献、主要研究机构;② 构建并形成移动购物的行为特征及其共词网络,突现文献分析获得了移动购物的研究热点;③ 主路径分析了 2008—2019 年之间移动购物相关文献研究的动态演化规律;④ 移动购物的相关研究已经从传统的互联网相关内容逐步转向大数据、服务系统和推荐模型等新技术应用领域,更加注重消费者的行为与体验。

第二,通过文献计量与内容分析、媒体智库文本挖掘等方法,探索移动购物行为的特征及影响因素。研究发现:① 全球学者关于移动购物行为的影响因素主要聚焦在社会与环境因素、技术因素、个体与群体因素、时空因素;② 中国学者关于移动购物行为的影响因素主要聚焦在移动购物社会与环境感知因素、移动购物风险感知因素、移动购物心理因素、物流与服务质量因素和个性化应用因素;③ 中国实践背景下移动购物行为的影响因素主要聚焦在宏观产业协同性因素、数字化变革因素和价值共生性因素;④ 基于学术视角的移动购物行为的影响因素比较聚焦在微观因素,而基于实践视角比较聚焦在产业、战略联盟等宏观因素。我们对两种视角进行了整合。其综合影响因素包括情景与社会环境因素、技术与服务因素、消费者心理因素。

第三,基于视觉复杂度和移动技术能力视角,探索移动商务背景下的网购行为执行意向的影响机制。研究发现:① 安全防范和用户体验对移动购物行为执行意向有显著正向影响;② 界面视觉复杂度可以通过视觉搜索力和用户体验的共同中介作用,间接影响移动购物行为执行意向;③ 视觉搜索力通过用户体验间接正向影响移动购物行为执行意向;同时移动支付通过用户体验间接作用于移动购物行为执行意向。

第四,从时空感知的角度探讨时间遵从、空间拥挤感、心理成本与网购行为执行意向的关系。研究发现:① 时间遵从对移动购物心理成本有显著的负向影响;② 心理成本对网购行为执行意向具有显著的正向影响;③ 空间拥挤感通过负向影响心理成本间接负向影响网购行为执行意向;④ 网购频率对于时间遵从和心理成本的负向关系具有调节作用。

第五,探索移动购物行为执行意向的关联演化机制。结果发现:① 体验知觉、商品细节、价值感知、包装品质、服务驱动、时空线索、价值让渡和人际网络等线索构成移动购物情景线索的八种类型;② 由口碑传播、情感反馈、忠诚导向、信任依赖和用户匹配度构成了移动购物的目标导向行为反应的五种类型;③ 驱动移动购物行为执行意向的最初动力来自体验知觉线索和移动口碑传播行为反应;④ 在移动购物情景下,消费者的目标导向行为反应与价值感知、价值让渡、商品细节、时空线索等情景线索建立强链接,使消费者行为执行意向的驱动力呈现多元、多点激活的状态;⑤ 服务驱动、包装品质和人际网络构成了移动购物行为执行意向网络的弱链接,推动了移动购物者的产品卷入、品牌卷入及情感卷入等参与行为,使互动时间、情感强度及亲密程度得到加强,助推了互惠行动;⑥ 进一步通过 Apriori 算法的关联挖掘,获得促进移动购物行为执行意向的 26 条重要规则集。揭示了情景线索与目标导向的行为反应之间的匹配规律。

第六,通过移动购物行为执行意向的应用研究,发现:① 情景记忆线索主要包括优惠券的面值、身份特征、优惠券类别,语义记忆线索主要包括品牌特征、使用条件,行为目标导向变量为券状态;② 不同情景记忆线索和语义记忆线索对券状态都有显著影响;③ 语义线索是社会化商务中具有显著特征的口碑动机行为驱动因素;④ 情景线索与目标导向行为反应的匹配过程呈现多样化,并通过二者的动态匹配启动行为执行意向。

第七,通过质性分析和机器学习方法,探索网购行为执行意向的影响机制。研究发现:① 低度分心时,消费者易出现阶段性网购意愿,高度分心时,网购意愿呈下降趋势;② MLP 神经网络预测模型表明,影响行为执行意向变量从大到小依次是商品卷入度、分心、心理抗拒、手机依赖等变量。

第八,利用计算实验研究对移动购物行为执行意向的机制进行部分验证。结果显示:本书提出的基于情景线索的个性化推荐方法的推荐准确率明显高于传统的协同过滤方法,该方法可以结合用户更倾向的网购体验为用户推荐商品,提升用户满意度。

## 11.2　研究创新点

(1)提出移动购物行为执行意向理论观点,突破传统电商视角,取得突破性进展。伴随社交网络和电子商务的融合发展,移动购物越来越呈现出有别于传统电子商务的特征:移动技能、娱乐、焦虑、感知有用性、认同、推荐、信任、关系驱动和创新性等。移动购物渠道已经成为商家与消费者互相连接的重要媒介,是提升客户旅程体验的电子渠道接触点,得到迅猛发展和动态调整,大量研究也从移动商务理论、移动中间件、无线用户基础设施、移动商务应用等方面试图更好地了解用户的移动购物。然而,大多数研究通常关注移动服务及采纳意愿,而对移动购物行为特征的挖掘及其系统研究比较鲜见。因此,识别影响移动购物行为的关键在于掌握其执行意向规律。移动购物活动中,消费者掌握着话语权、主动权,其购物的情景线索、行为目标以及目标导向的行为反应等行为执行意向规律对于获得消费者认同和忠诚行为具有极其重要的作用,这将影响到企业能否提供更加优质、及时的服务,从而关系到在激烈的移动商务中能否赢返消费者,获得持续竞争优势的关键,这是当前亟待解决的科学和实践问题。因此,一方面,本书通过系统地论述移动购物行为的驱动因素,发现了基于学术视角的移动购物行为影响因素比较偏向微观因素,而基于实践视角比较偏向产业、战略联盟等宏观因素。因此,移动购物行为的综合影响因素包括情景与社会环境因素、技术与服务因素、消费者心理因素,其研究成果为行为执行意向理论的实证分析和数据挖掘提供了前期理论基础的支撑。另一方面,本书通过情景感知视角和时空演化视角对移动购物行为执行意向的作用机制及关联演化机制进行了系统探索,并通过应用研究取得突破性进展,使执行意向理论从体育、营养健康、教育、神经科学进入移动电子商务领域,奠定了在移动商务情景下消费者行为研究的理论基础。

(2)提出定性与定量相结合、实证与计算实验相融合的全新人文社科研究范式,尝试多学科交叉融合模式,突破单一学科研究范式的束缚,取得了理想的效果。近年来,学科之间的交叉研究越来越普遍,特别是研究方法的创新进入一个全新的阶段。在大数据、移动互联网时代,移动购物行为的研究越来越迫切,传统的研究方法亟待与数据挖掘、眼动追踪等技术方法结合起来,本书研究团队从近 10 年的跨学科交叉研究积累中总结经验,充分利用网络非结构化大数据、媒体智库报告、文献数据库、社会调查等资源,采用扎根理论分析、文献计量分析、知识图谱分析、实证分析、数据挖掘分析、文本挖掘分析、眼动追踪分析、机器学习计算实验等多种方法,精心设计研究框架,配套相应的研究方法解决对应的移动购物相关研究问题,达到了预期效果。

(3)对新兴移动电子商务面临的消费者行为变迁、预测、演化等重要问题进行了系统描述、分析和概括,总结出行为执行意向的机理及关联演化规律。首先,通过移动临场感视角对移动购物行为进行了实证探索,发现消费者在移动购物中的品牌依恋和移动空间临场感会正向影响移动口碑传播。这表明在移动购物情景中,消费者行为执行意向的激发需要充分考虑网络口碑和空间社群交流的重要性。其次,从移动购物时空感知和情景感知视角对移动购物行为执行意向进行了实证探索,发现在移动购物情景下,消费者安全防范、界面视觉复杂度、视觉搜索力、用户体验、时间遵从、空间拥挤感、心理成本、网购频率、满意度等对移动购物行为执行意向有显著影响。这些发现表明,移动购物行为执行意向的作用机制超越了传统电商环境下的购物因素,需要统合消费者心理与行为、移动环境与时空要素、技术焦虑与接受因素,开发移动购物行为激活与消费感知场景,掌握消费者情感与态度变化、行为驱动的关键因素,从而理解移动情景下的消费者行为规律。再次,根据执行意向理论的概念框架,探索情景线索和目标导向的行为反应类型,并将这两种认知系统进行关联挖掘,发现了行为执行意向的"如果"和"那么"认知成分是如何进行关联、演化的机制。这有助于揭示情景线索与目标导向的行为反应之间的匹配规律,从而有利于建立以消费者为中心的移动购物情景感知、价值共创、个性化推荐与服务的共生型商业综合体,这对数字化场景变革也具有重要的社会与理论意义。

(4)通过全面的论证,丰富和发展了移动购物行为执行意向理论的实践应用。本书在上述研究成果的基础上,一方面,通过眼动追踪技术对执行意向进行了实验研究,发现在移动购物情景下,消费者的手机依赖、心理抗拒、分心、卷入度变量能显著预测行为执行意向。同时,本书通过视觉注意力分散程度来衡量分心状态,使用图谱更为直观地表达出参与者的视觉感知轨迹,将消费者分心程度整合到移动购物行为执行意向的影响因素模型中,为我们进一步研究视觉感知与行为认知之间的联系奠定了一定的基础。另一方面,根据执行意向的关联演化机制,设计了基于情景的个性化推荐算法(又称为策略),通过机器学习,发现基于情景线索的个性化推荐策略比基于协同过滤方法效果更显著。这表明,在行为科学领域,行为执行意向能够将情景线索和行为反应进行高效匹配,缩短了意向转化成实际购买行为的注意力分配时间和决策路径,进而提高了个性化推荐的适合度和满意度。

## 11.3  研究局限

本研究在以下几方面还存在局限性:① 研究对象未能涵盖更多移动电子商务领域,样本覆盖范围有待进一步扩展,例如中老年群体移动购物的相关研究;② 受到移动购物平台个性化及商业场景差异性的影响,案例研究未能扩展到更多的移动购物 App;③ 由于人文社科领域的特点,在研究新方法的整合方面有待进一步提升;④ 受到数据挖掘技术、机器学习技术及社会计算等技术的限制,未能充分设计优秀算法验证移动购物行为。

## 11.4  未来研究展望

本研究未来将在以下方面进行展开:① 未来研究将结合出行、居家、养老、电子健康、在线教育、直播电商、社交等立体化场景,探索不同类型的移动电子商务中,行为执行意向的动态演化与个性化助手的智能营销策略;② 进一步扩展样本覆盖范围,结合大数据、大健康、大智慧战略与政策,探索中老年群体、特殊人群等的移动购物边缘化问题、移动购物智能化、社群化和便捷化的问题;③ 通过多案例定性比较分析各种移动购物应用,探索移动购物行为执行意向的非对称性因果复杂性组态效应;④ 扩大跨学科团队的合作,加强与移动购物平台的合作,理论方法与实践业务建模相结合,提升移动购物行为研究的系统性方法与技术能力;⑤ 主动拥抱研究新技术、新方法,并通过系统训练 Python、R 语言掌握大数据时代的数据分析能力,在移动购物安全风险、隐私保护、购物成瘾、冲动性购物行为、口碑传播、品牌声誉等方面进行系统性预测研究,进一步推进移动购物行为执行意向在营销战略及移动商务中的实践应用。

# 附　录

## 附录1　临场感与依恋视角下移动购物行为调查问卷

尊敬的朋友：

首先感谢您在百忙之中抽出时间填答这份问卷！本次调查旨在了解移动环境下，网购用户的口碑传播行为，其中涉及消费者对于特定品牌的依恋与信任情况。本调查问卷采用匿名作答的方式，所有调查成果只用于学位论文的参考与研究，请您结合自身情况放心作答。如果您没有在手机等移动端购买过商品，不用填写本问卷，谢谢您的配合！

移动购物行为研究课题组

**第一部分：人口统计学变量。**

1. 您的性别是：

A. 男　　B. 女

2. 您的年龄是：

A. 18 岁以下　B. 18～24 岁　C. 25～30 岁　D. 31～40 岁　E. 40 岁以上

3. 您的文化程度是：

A. 高中及以下　B. 大专　C. 本科　D. 研究生　E. 博士及以上

4. 您的职业是：

A. 学生　B. 教师　C. 公务员　D. 中高层管理人员　E. 普通员工　F. 进城务工

G. 其他：_____

5. 您的每月个人收入(生活费):

A. 低于 2 000 元　B. 2 000～3 000 元　C. 3 001～5 000 元　D. 5 001～8 000 元

E. 8 000 元以上

6. 您每月通过手机等移动端网购的次数是:

A. 2 次及以下　B. 3～5 次　C. 6～8 次　D. 8 次以上

7. 您通过手机等移动端网购的产品类型?【可多选】

A. 游戏话费　B. 服装鞋包　C. 手机数码　D. 家用电器　E. 美妆饰品　F. 母婴用品

G. 家居建材　H. 百货食品　I. 运动户外　J. 书籍报刊　K. 文化玩乐　L. 其他(请具体

注明)_____

8. 您通过手机等移动端网购的产品中,最钟爱的一个产品品牌是:(请结合该品牌回答一

下所有问题)_____

第二部分:请回忆您通过手机等移动端网购的产品中,最钟爱的一个产品的品牌;然后思考以下说法,在多大程度上符合您的情况?

| 调查方面 | 问卷问题 | 非常不同意—不确定—非常同意 | | | | | | |
|---|---|---|---|---|---|---|---|---|
| 品牌依恋 | 1.消费该品牌产品已成为我生活的一部分 | 1 | 2 | 3 | 4 | 5 | 6 | 7 |
| | 2.该品牌作为我自身的一部分能够很好地反映我是谁 | 1 | 2 | 3 | 4 | 5 | 6 | 7 |
| | 3.我有时不自觉地在脑海里涌起对该品牌的思绪 | 1 | 2 | 3 | 4 | 5 | 6 | 7 |
| | 4.我经常对该品牌产生感想 | 1 | 2 | 3 | 4 | 5 | 6 | 7 |
| 品牌信任 | 1.该品牌有能力满足消费者的需求 | 1 | 2 | 3 | 4 | 5 | 6 | 7 |
| | 2.该品牌是个诚实的品牌 | 1 | 2 | 3 | 4 | 5 | 6 | 7 |
| | 3.该品牌是个可靠的品牌 | 1 | 2 | 3 | 4 | 5 | 6 | 7 |
| 品牌忠诚 | 1.如果我必须更换该品牌的一个产品,我会买同样的牌子 | 1 | 2 | 3 | 4 | 5 | 6 | 7 |
| | 2.我愿意为该品牌的产品付出比其他品牌高的价格 | 1 | 2 | 3 | 4 | 5 | 6 | 7 |
| | 3.我会关注该品牌的其他产品 | 1 | 2 | 3 | 4 | 5 | 6 | 7 |

（续表）

| 调查方面 | 问卷问题 | 非常不同意—不确定—非常同意 |
|---|---|---|
| 移动口碑传播 | 1.我会通过 QQ、微信等推荐该品牌给那些寻求建议的人 | 1　2　3　4　5　6　7 |
| | 2.我会通过网络向其他人说该品牌的好话（在线好评等） | 1　2　3　4　5　6　7 |
| | 3.我愿意通过网络谈及对该品牌有利的事情（朋友圈扩散等） | 1　2　3　4　5　6　7 |

**第三部分**：您通过手机等移动端购买钟爱品牌的产品时，思考以下说法，在多大程度上符合您的情况？

| 调查方面 | 问卷问题 | 非常不同意—不确定—非常同意 |
|---|---|---|
| 移动空间临场感 | 1.手机购物时，会不自觉地感到自己正在置身于购物 App 中 | 1　2　3　4　5　6　7 |
| | 2.手机购物时，会不自觉地感到购物 App 的商品真实呈现在我眼前 | 1　2　3　4　5　6　7 |
| | 3.手机购物时，会不自觉地感到自己已被 App 的购物环境所包围 | 1　2　3　4　5　6　7 |
| 移动社会临场感 | 1.手机购物时，我会有与人打交道的感觉 | 1　2　3　4　5　6　7 |
| | 2.手机购物时，会感觉到我、网上商店和快递公司之间存在一种亲近感 | 1　2　3　4　5　6　7 |
| | 3.手机购物时，卖家知道我的意见和主张 | 1　2　3　4　5　6　7 |
| | 4.手机购物时，有一种温馨的感觉 | 1　2　3　4　5　6　7 |

**第四部分**：您通过手机等移动端购买钟爱品牌的产品过程中，参考评论信息时：

| 调查方面 | 问卷问题 | 非常不同意—不确定—非常同意 | | | | | | |
|---|---|---|---|---|---|---|---|---|
| 启发式信息处理 | 1.我认为，评价者等级越高，评价内容越可信（心级、钻石、皇冠、金冠） | 1 | 2 | 3 | 4 | 5 | 6 | 7 |
| | 2.我主要关注了一下评价的主要态度（好、中、差评） | 1 | 2 | 3 | 4 | 5 | 6 | 7 |
| | 3.我觉得评价信息越长，应该越可信 | 1 | 2 | 3 | 4 | 5 | 6 | 7 |
| 分析式信息处理 | 1.我比较仔细地阅读了评价的细节内容 | 1 | 2 | 3 | 4 | 5 | 6 | 7 |
| | 2.阅读时，我会停下来考虑评价内容的可靠性 | 1 | 2 | 3 | 4 | 5 | 6 | 7 |
| | 3.阅读时，我会停下来考虑评价内容的真实性 | 1 | 2 | 3 | 4 | 5 | 6 | 7 |

# 附录2　情景感知视角下移动购物行为调查问卷

您好!

首先非常感谢您参与此次问卷调查! 问卷填答大约需要 3 分钟的时间,谢谢您的支持! 本问卷为匿名填写,所得数据仅作科学研究之用,请您根据实际情况放心填写。衷心感谢您的支持和协助!

移动购物行为研究课题组

## 第一部分:人口统计学变量

1. 您的性别是:

A. 男　B. 女

2. 您的年龄为:

A. 18 岁以下　B. 18~24 岁　C. 25~35 岁　D. 36~45 岁　D. 45 岁以上

3. 您的职业是:

A. 学生　B. 教师

4. 您的年级是:(若您是教师,请忽略此题)

A. 大一　B. 大二　C. 大三　D. 大四　E. 硕士研究生　F. 博士研究生

5. 您就读/从事的研究领域是:

A. 理科　B. 工科　C. 经管　D. 社科　E. 文学

6. 您最主要的移动支付方式是:

A. 密码　B. 指纹　C. 面部识别

7. 您的网购年限为:

A. 1 年以下　B. 1~3 年　C. 3~5 年　D. 5~7 年　E. 7 年以上

8. 您最近一次网购的时间距离现在大概有:

A. 0~1 天　B. 2~3 天　C. 4~10 天　D. 11~15 天　E. 16~30 天　F. 30 天以上

9. 您每周网购的频率是:

A. 0~1 次　B. 2~3 次　C. 4~5 次　D. 6~7 次　E. 8 次以上

10. 您每月购物的平均消费金额大致在:

A. 100 元及以下　B. 101~200 元　C. 201~500 元　D. 501~1 000 元　E. 1 000 元以上

## 第二部分:变量调查

1代表"非常不同意";2代表"比较不同意";3代表"有点不同意";4代表"不能确定";5代表"有点同意";6代表"比较同意";7代表"非常同意"。请您根据自己的实际情况,选择一个合适的答案打√。

请选择您最常登录的购物 App【只能选择一个】:

A. 淘宝　B. 天猫　C. 京东　D. 唯品会　E. 小红书　F. 网易考拉

G. 拼多多　H. 苏宁易购　I. 蘑菇街　J. 其他

【注】以下问题是在您选择该 App 的基础上展开的。

界面视觉复杂度:

| | |
|---|---|
| 1. 该 App 首页界面是简洁的 | 1　2　3　4　5　6　7 |
| 2. 该 App 首页会吸引起我的注意力 | 1　2　3　4　5　6　7 |
| 3. 我认为该 App 展示其产品的方式正是我喜欢的 | 1　2　3　4　5　6　7 |
| 4. 我认为该 App 有清晰的导航栏目,随时可以返回主页 | 1　2　3　4　5　6　7 |
| 5. 该 App 界面给我一种舒适的感觉 | 1　2　3　4　5　6　7 |

视觉搜索力:

| | |
|---|---|
| 1. 在该 App,我能够一眼看到我所需要的商品 | 1　2　3　4　5　6　7 |
| 2. 在该 App,我能够快速找到并获取心仪商品 | 1　2　3　4　5　6　7 |
| 3. 该 App 界面比较杂乱时,我能够马上找到所需商品 | 1　2　3　4　5　6　7 |
| 4. 手机购物时,我能够轻松找到适合自己的商品 | 1　2　3　4　5　6　7 |

移动搜索:

| | |
|---|---|
| 1. 手机购物时,我知道如何搜索产品信息 | 1　2　3　4　5　6　7 |
| 2. 手机购物时,我会采用多种方式进行搜索(如拍照、关键字、店铺名) | 1　2　3　4　5　6　7 |
| 3. 没有找到所需商品信息时,我会及时换另一种搜索方式 | 1　2　3　4　5　6　7 |
| 4. 和我的朋友相比,我搜索信息的能力更强 | 1　2　3　4　5　6　7 |

## 移动支付：

| | | | | | | | |
|---|---|---|---|---|---|---|---|
| 1. 使用移动支付适合我的生活方式 | 1 | 2 | 3 | 4 | 5 | 6 | 7 |
| 2. 我能够熟练使用指纹、刷脸等移动支付方式 | 1 | 2 | 3 | 4 | 5 | 6 | 7 |
| 3. 学习使用新的移动支付方式对我来说非常容易 | 1 | 2 | 3 | 4 | 5 | 6 | 7 |
| 4. 我非常喜欢移动支付方式 | 1 | 2 | 3 | 4 | 5 | 6 | 7 |
| 5. 我认为使用移动支付提高了购物效率 | 1 | 2 | 3 | 4 | 5 | 6 | 7 |

## 安全防范：

| | | | | | | | |
|---|---|---|---|---|---|---|---|
| 1. 我认为手机购物是有风险的 | 1 | 2 | 3 | 4 | 5 | 6 | 7 |
| 2. 我认为在该 App 提供个人信息（如电话号码）是有一定风险的 | 1 | 2 | 3 | 4 | 5 | 6 | 7 |
| 3. 我不愿意在该 App 上提供我的银行卡信息 | 1 | 2 | 3 | 4 | 5 | 6 | 7 |
| 4. 我担心该 App 会滥用我的个人信息 | 1 | 2 | 3 | 4 | 5 | 6 | 7 |
| 5. 我感觉该网店缺乏可信度 | 1 | 2 | 3 | 4 | 5 | 6 | 7 |

## 用户体验：

| | | | | | | | |
|---|---|---|---|---|---|---|---|
| 1. 在该 App 购物后我很开心 | 1 | 2 | 3 | 4 | 5 | 6 | 7 |
| 2. 这种手机购物体验正是我想要的 | 1 | 2 | 3 | 4 | 5 | 6 | 7 |
| 3. 通过访问该 App 满足了我的期望 | 1 | 2 | 3 | 4 | 5 | 6 | 7 |
| 4. 我认为从该 App 购物是一个明智的选择 | 1 | 2 | 3 | 4 | 5 | 6 | 7 |

## 网购行为执行意向：

| | | | | | | | |
|---|---|---|---|---|---|---|---|
| 1. 如果手机购物能获得线下产品活动聚集机会，那么我会尽力购买它 | 1 | 2 | 3 | 4 | 5 | 6 | 7 |
| 2. 如果选择购物渠道，那么我将优先选择自己喜欢的 App 进行购物 | 1 | 2 | 3 | 4 | 5 | 6 | 7 |
| 3. 如果 PC 端建议手机购物节约费用，那么我会选择手机购物 | 1 | 2 | 3 | 4 | 5 | 6 | 7 |
| 4. 如果网上产品足够时尚、个性，那么我会立即下单购买 | 1 | 2 | 3 | 4 | 5 | 6 | 7 |

（续表）

| | | | | | | | |
|---|---|---|---|---|---|---|---|
| 5. 如果手机购物有赠品活动,即使花更多的精力我也感觉很值得 | 1 | 2 | 3 | 4 | 5 | 6 | 7 |
| 6. 如果网店产品色彩搭配让我很舒服,那么我会沉浸在其中 | 1 | 2 | 3 | 4 | 5 | 6 | 7 |

# 附录3 时空感知视角下移动购物行为调查问卷

您好!

感谢您参与此次问卷调查!问卷填答大约需8～10分钟时间,谢谢您的支持!本次调查研究旨在了解时空感知对网购执行意向的影响,所得数据仅以整体的方式进行分析和科学研究之用,本次调查采用匿名形式展开,请您放心作答。非常感谢您的支持与协助!

移动购物行为研究课题组

## 第一部分:人口统计学调查

1. 您的性别是:A. 男　B. 女

2. 您的年龄是:

A. 18岁以下　B. 18～24岁　C. 25～35岁　D. 36～45岁　E. 45岁以上

3. 您的职业是:A. 学生　B. 教师　C. 公务员　D. 公司职员　E. 其他

4. 您的年级是:(若您不是学生,请忽略此题)

A. 大一　B. 大二　C. 大三　D. 大四　E. 硕士研究生　F. 博士研究生

5. 您当前就读/从事的研究领域是:(若您不是学生或教师,请忽略此题)

A. 理科　B. 工科　C. 经管　D. 社科　E. 文学

6. 您每周网购的频率是:

A. 0～1次　B. 2～3次　C. 4～5次　D. 6～7次　E. 8次以上

7. 您每月网购的平均消费金额大致在:

A. 100元及以下　B. 101～200元　C. 201～500元　D. 501～1 000元　E. 1 000元以上

## 第二部分:时空感知调查

请选择您最常登录的购物App(单选):_____

　　A. 淘宝　B. 天猫　C. 京东 D. 唯品会　E. 小红书　F. 网易考拉
G. 拼多多　H. 苏宁易购 I. 当当　J. 蘑菇街　K. 其他
注:以下问题是在您选择该App的基础上展开的。

　　请您根据真实经历和感受对下列项目进行评价(数字代表您相应的同意程度,"1"代表完全不同意;"2"代表比较不同意;"3"代表有点不同意;"4"代表不能确定;"5"代表有点同意;"6"代表比较同意;"7"代表完全同意。)

| 时间遵从,是指个体所表现出的,对客观时间遵守和服从的程度 | 非常不同意 | 比较不同意 | 有点不同意 | 不能确定 | 有点同意 | 比较同意 | 非常同意 |
|---|---|---|---|---|---|---|---|
| 1. 我从不喜欢迟到 | 1 | 2 | 3 | 4 | 5 | 6 | 7 |
| 2. 我总是按时做事,不拖延 | 1 | 2 | 3 | 4 | 5 | 6 | 7 |
| 3. 我喜欢遵照时间计划表行事 | 1 | 2 | 3 | 4 | 5 | 6 | 7 |

## 【时间遵从调查】

| 空间拥挤感,是指在给定的电子显示界面中,用户对与任务无关的视觉信息的存在和密度的感知程度 | 非常不同意 | 比较不同意 | 有点不同意 | 不能确定 | 有点同意 | 比较同意 | 非常同意 |
|---|---|---|---|---|---|---|---|
| 1. 该 App 的设计在视觉上给我一种拥挤的感觉 | 1 | 2 | 3 | 4 | 5 | 6 | 7 |
| 2. 该 App 上商品的文字介绍过于密集,辨认不清 | 1 | 2 | 3 | 4 | 5 | 6 | 7 |
| 3. 用该 App 浏览商品时,我感到视觉空间受限制 | 1 | 2 | 3 | 4 | 5 | 6 | 7 |

## 【空间拥挤感调查】

| 心理成本,是指消费者在购物过程中的心理压力或情绪劳动,包括购买产品付出的时间、精力、搜索努力等 | 非常不同意 | 比较不同意 | 有点不同意 | 不能确定 | 有点同意 | 比较同意 | 非常同意 |
|---|---|---|---|---|---|---|---|
| 1. 用手机在该 App 购物付出的精力很多 | 1 | 2 | 3 | 4 | 5 | 6 | 7 |
| 2. 用手机在该 App 购物花费的时间很多 | 1 | 2 | 3 | 4 | 5 | 6 | 7 |
| 3. 用手机在该 App 购物付出的搜索努力很多 | 1 | 2 | 3 | 4 | 5 | 6 | 7 |

## 【心理成本调查】

| 心理成本,是指消费者在购物过程中的心理压力或情绪劳动,包括购买产品付出的时间、精力、搜索努力等 | 非常<br>不同意 | 比较<br>不同意 | 有点<br>不同意 | 不能<br>确定 | 有点<br>同意 | 比较<br>同意 | 非常<br>同意 |
|---|---|---|---|---|---|---|---|
| 1. 用手机在该 App 购物付出的精力很多 | 1 | 2 | 3 | 4 | 5 | 6 | 7 |
| 2. 用手机在该 App 购物花费的时间很多 | 1 | 2 | 3 | 4 | 5 | 6 | 7 |
| 3. 用手机在该 App 购物付出的搜索努力很多 | 1 | 2 | 3 | 4 | 5 | 6 | 7 |

## 【满意度调查】

| 满意度,是消费者对所接受的产品或服务过程进行的评估,以判断能否达到所期望的程度 | 非常<br>不同意 | 比较<br>不同意 | 有点<br>不同意 | 不能<br>确定 | 有点<br>同意 | 比较<br>同意 | 非常<br>同意 |
|---|---|---|---|---|---|---|---|
| 1. 用手机在该 App 购物我感到很享受 | 1 | 2 | 3 | 4 | 5 | 6 | 7 |
| 2. 从该 App 买到的商品,常常比我预期的还要好 | 1 | 2 | 3 | 4 | 5 | 6 | 7 |
| 3. 以后我再也不想用该 App 购物了 | 1 | 2 | 3 | 4 | 5 | 6 | 7 |
| 4. 我会把该 App 上的商品推荐给周围的人 | 1 | 2 | 3 | 4 | 5 | 6 | 7 |

## 【移动购物执行意向调查】

| 移动购物执行意向,是对消费者真实购买偏好的测量 | 非常<br>不同意 | 比较<br>不同意 | 有点<br>不同意 | 不能<br>确定 | 有点<br>同意 | 比较<br>同意 | 非常<br>同意 |
|---|---|---|---|---|---|---|---|
| 1. 如果选择购物渠道,那么我将优先选择自己喜欢的 App 进行购物 | 1 | 2 | 3 | 4 | 5 | 6 | 7 |
| 2. 如果 PC 端提示使用手机 App 购买产品更便宜,那么我会使用手机购物以节约费用 | 1 | 2 | 3 | 4 | 5 | 6 | 7 |
| 3. 如果网上的产品足够时尚、个性,那么我会立即下单购买 | 1 | 2 | 3 | 4 | 5 | 6 | 7 |

（续表）

| | | | | | | | |
|---|---|---|---|---|---|---|---|
| 4. 如果手机购物能获得产品的线下活动聚集机会,那么我会尽力购买该产品 | 1 | 2 | 3 | 4 | 5 | 6 | 7 |
| 5. 如果手机购物有赠品活动,那么即使花费更多的精力我也觉得很值得 | 1 | 2 | 3 | 4 | 5 | 6 | 7 |
| 6. 如果在手机 App 上购物有风险担保,那么我会放心地进行手机购物 | 1 | 2 | 3 | 4 | 5 | 6 | 7 |
| 7. 如果该 App 的界面设计让我感觉很舒服,那么我会沉浸其中 | 1 | 2 | 3 | 4 | 5 | 6 | 7 |

# 附录 4　移动购物行为实验问卷调查

欢迎您参加这项有关移动购物行为的调查,您的回答对于我们改善移动购物平台商业模式、提供精准营销策略具有重要的作用。我们保证对您的答卷予以保密。所得数据仅以整体的方式进行分析和科学研究之用,请不要有任何顾虑。

填写方式:第一到第四部分为变量调查,不同描述词语对应不同数字,请您在最合适的程度数字上打勾,另外为了保证数据真实准确,请您不要过度思考;第五部分为人口统计学变量,请您在最合适的字母选项上打勾,感谢您的配合。

移动购物行为研究课题组

## 第一部分:网购行为执行意向

| 本部分主要了解你的网购行为执行意向 | 非常<br>不同意 | 比较<br>不同意 | 有点<br>不同意 | 不能<br>确定 | 有点<br>同意 | 比较<br>同意 | 非常<br>同意 |
|---|---|---|---|---|---|---|---|
| 1. 如果手机购物能获得线下产品活动聚集机会,那么我会尽力购买它 | 1 | 2 | 3 | 4 | 5 | 6 | 7 |
| 2. 如果选择购物渠道,那么我将优先选择自己喜欢的 App 进行购物 | 1 | 2 | 3 | 4 | 5 | 6 | 7 |
| 3. 如果 PC 端建议手机购物节约费用,那么我会选择手机购物 | 1 | 2 | 3 | 4 | 5 | 6 | 7 |
| 4. 如果网上产品足够时尚、个性,那么我会立即下单购买 | 1 | 2 | 3 | 4 | 5 | 6 | 7 |
| 5. 如果手机购物有赠品活动,即使花更多的精力我也感觉很值得 | 1 | 2 | 3 | 4 | 5 | 6 | 7 |
| 6. 如果网店产品色彩搭配让我很舒服,那么我会沉浸在其中 | 1 | 2 | 3 | 4 | 5 | 6 | 7 |

## 第二部分：手机依赖

| 本部分主要了解你的手机依赖感 | 非常不符合 | 比较不同意 | 有点不同意 | 有点同意 | 比较同意 | 非常符合 |
|---|---|---|---|---|---|---|
| 1. 因过度使用智能手机而感到疲倦和睡眠不足 | 1 | 2 | 3 | 4 | 5 | 6 |
| 2. 使用智能手机时感到愉快或兴奋 | 1 | 2 | 3 | 4 | 5 | 6 |
| 3. 当智能手机不在手边时，会感到不耐烦和烦躁不安 | 1 | 2 | 3 | 4 | 5 | 6 |
| 4. 与跟朋友、家人在一起相比，我更愿意和智能手机互动 | 1 | 2 | 3 | 4 | 5 | 6 |
| 5. 智能手机使用的时间超出了预期 | 1 | 2 | 3 | 4 | 5 | 6 |

## 第三部分：心理抗拒

| 本部分主要了解你的心理抗拒感 | 几乎没有 | 偶尔 | 有时 | 经常 | 总是 |
|---|---|---|---|---|---|
| 1. 当一些事情被明令禁止的时候，我会想："这恰恰是我要去做的" | 1 | 2 | 3 | 4 | 5 |
| 2. 当我的自由选择受到限制的时候我会感到愤怒 | 1 | 2 | 3 | 4 | 5 |
| 3. 当他人强迫我做一些事情时，我会做相反的事情 | 1 | 2 | 3 | 4 | 5 |
| 4. 规章制度会让我产生抗拒感 | 1 | 2 | 3 | 4 | 5 |
| 5. 我认为别人的规劝是一种干扰 | 1 | 2 | 3 | 4 | 5 |

## 第四部分：商品卷入度

| 本部分主要了解你对所选择商品的卷入度 | 非常不同意 | 比较不同意 | 有点不同意 | 不能确定 | 有点同意 | 比较同意 | 非常同意 |
|---|---|---|---|---|---|---|---|
| 1. 该商品对我而言是很重要的 | 1 | 2 | 3 | 4 | 5 | 6 | 7 |
| 2. 该商品对我而言是很有影响的 | 1 | 2 | 3 | 4 | 5 | 6 | 7 |
| 3. 该商品对我而言是很有意义的 | 1 | 2 | 3 | 4 | 5 | 6 | 7 |
| 4. 该商品对我而言是很有用处的 | 1 | 2 | 3 | 4 | 5 | 6 | 7 |
| 5. 该商品对我而言是很想要购买的 | 1 | 2 | 3 | 4 | 5 | 6 | 7 |

## 第五部分 个人信息

1. 您的性别是：

A. 男　B. 女

2. 您的年龄：

A. 18 岁以下　B. 18～20 岁　C. 21～25 岁　D. 25～30 岁　E. 31～40 岁　F. 40 岁以上

3. 您的专业：

A. 理科　B. 工科　C. 经管　D. 社科　E. 文学

4. 您的年级是：

A. 大一　B. 大二　C. 大三　D. 大四　E. 研究生

5. 您每月的生活费水平：

A. 低于 500 元　B. 500～800 元　C. 801～1 000 元　D. 1 001～2 000 元　E. 2 000 元以上

6. 您的网购年限为：

A. 1 年以下　B. 1～3 年　C. 3～5 年　D. 5～7 年　E. 7 年以上

7. 您的性格偏向于：

A. 内向　B. 外向　C 中性

8. 您最喜欢的颜色是：

A. 红色　B. 蓝色　C. 黄色　D. 绿色　E. 紫色　F. 白色　G. 灰色　H. 黑色

# 参考文献

[1] 蔡璐.论图书剔旧的标准——以环境科学类图书为例[J].图书情报工作,2010,54(03):15-18.

[2] 戴鑫,卢虹.社会临场感在多领域的发展及营销研究借鉴[J].管理学报,2015,12(08):1172-1183.

[3] 邓晓懿,金淳,韩庆平,樋口良之.基于情境聚类和用户评级的协同过滤推荐模型[J].系统工程理论与实践,2013,33(11):2945-2953.

[4] 杜巍,高长元.基于个性化情景的移动商务信任推荐模型研究[J].情报科学,2017,35(10):23-29.

[5] 杜巍,高长元.移动电子商务环境下个性化情景推荐模型研究[J].情报理论与实践,2017,40(10):56-61.

[6] 冯璐,冷伏海.共词分析方法理论进展[J].中国图书馆学报,2006(02):88-92.

[7] 高翔,吕庆华.城市品牌依恋影响机理研究——基于上海、泉州、兰州、岳阳的实证分析[J].中国流通经济,2012,26(07):83-88.

[8] 韩玺,何秀美,张玥,等.基于情景感知的图书馆移动视觉搜索服务设计研究[J].图书馆学研究,2017(16):65-70.

[9] 何军红,李仲香,杜尚蓉.移动购物中环境刺激对消费者持续意愿的影响研究:基于情绪视角[J].预测,2018,37(02):63-68.

[10] 贺远琼,唐漾一,张俊芳.消费者心理逆反研究现状与展望[J].外国经济与管理,2016,38(02):49-61.

[11] 洪浏妗.服装品牌依恋驱动因素研究[D].上海:东华大学,2010:10-11.

[12] 黄华,毛海帆.负面在线评论对消费者购买意愿的影响研究[J].经济问题,

2019(11):71 - 80.

[13] 黄敏学,王薇.移动购物更快吗? 决策场景与思维模式的相容性[J].心理学报,2019,51(05):90 - 102.

[14] 霍映宝,韩之俊.一个品牌信任模型的开发与验证[J].经济管理,2004(18):21 - 27.

[15] 姜岩,董大海.品牌依恋的概念架构及其理论发展[J].心理科学进展,2008(4):606 - 617.

[16] 金玉芳,董大海,刘瑞明.消费者品牌信任机制建立及影响因素的实证研究[J].南开管理评论,2006(5):28 - 35.

[17] 李东进,张成虎,李研.脱销的利与弊:以感知稀缺性与心理抗拒感为中介的相似品购买意愿研究[J].营销科学学报,2015,11(2):34 - 50.

[18] 刘百灵,徐伟,夏惠敏.应用特征与个体特质双重视角下移动购物持续使用意愿研究[J].管理科学,2018,31(2):59 - 70.

[19] 刘梦玮,汤定娜.时间压力对消费者移动购物意愿的影响研究[J].大连理工大学学报(社会科学版),2018,39(03):57 - 63.

[20] 刘向东,张舒.移动支付方式与异质性消费者线下消费行为[J].中国流通经济,2019,33(12):3 - 15.

[21] 刘晓峰,刘龙艳.缺货情境下顾客的心理抵制及行为倾向研究——基于网购促销的调节效应分析[J].统计与信息论坛,2014,29(01):106 - 112.

[22] 陆敏玲,曹玉枝,鲁耀斌.基于移动商务特征视角的移动购物用户采纳行为研究[J].情报杂志,2012,31(09):202 - 207.

[23] 吕洪兵.B2C 网店社会临场感与黏性倾向的关系研究[D].大连:大连理工大学,2012:118 - 125.

[24] 孟宪佳,马建峰,王一川,卢笛.面向社交网络中多背景的信任评估模型[J].西安交通大学学报,2015,49(04):73 - 77.

[25] 施亮,鲁耀斌,杨水清.感知一致性对消费者移动购物行为的影响:基于Web—移动的跨渠道视角[J].中国管理科学,2017,25(04):70 - 77.

[26] 万君,李静,赵宏霞.基于信任转移视角的移动购物用户接受行为实证研究[J].软科学,2015,29(02):121 - 125.

[27] 王财玉.消费者自我—品牌联结的内涵、形成机制及影响效应[J].心理科学进展,2013,21(05):922 - 933.

[28] 王丽婧,雷刚,韩梅,吴光应,李虹.数据缺失条件下基于 MLP 神经网络的

水华风险预警方法研究[J].环境科学学报,2015,35(06):1922-1929.

[29] 王林,曲如杰,赵杨.基于评论信息的网购情景线索类型及其作用机制研究[J].管理评论,2015,27(04):156-166.

[30] 王林,时勘,赵杨.行为执行意向的理论观点及其相关研究[J].心理科学,2014,37(04):875-879.

[31] 王林,张柔柔,赵杨.基于执行意向理论的电商购物节抢券行为决策模型研究[J].软科学,2020,34(01):70-75.

[32] 王林,骆冬嬴,释海璋,赵杨.基于执行意向的网购情景线索与行为反应关联模型研究[J].软科学,2018,32(01):118-121.

[33] 王小毅.基于脑电信号分析的消费者品牌延伸评估决策研究[D].杭州:浙江大学,2008:157-161.

[34] 王晓光,程齐凯.基于 NEViewer 的学科主题演化可视化分析[J].情报学报,2013,32(09):900-911.

[35] 王晓璐,朱浩然.卷入度对品牌原产地效应的影响作用探究[J].新闻大学,2011(03):104-109.

[36] 温忠麟,侯杰泰,张雷.调节效应与中介效应的比较和应用[J].心理学报,2005(02):268-274.

[37] 吴丽丽,石筱璇,王贝依,等.品牌依恋:理论、测量及与相关变量的关系[J].心理科学进展,2017,25(08):1411-1422.

[38] 谢毅,彭泗清.品牌信任和品牌情感对口碑传播的影响:态度和态度不确定性的作用[J].管理评论,2014,26(02):80-91.

[39] 徐国伟.产品卷入度与感知风险下顾客忠诚研究[J].软科学,2012,26(2):140-144.

[40] 阎俊,蒋音波,常亚平.网络口碑动机与口碑行为的关系研究[J].管理评论,2011,23(12):84-91.

[41] 杨春.消费者品牌依恋的内容结构及其相关研究[D].广州:暨南大学,2009.

[42] 杨海锋.用户移动搜索行为研究综述[J].情报理论与实践,2017,40(04):138-144.

[43] 于婷婷,窦光华.社会临场感在网络购买行为研究中的应用[J].国际新闻界,2014(5):133-146.

[44] 元昌安.数据挖掘原理与 SPSS CLEMENTINE 应用宝典[M].北京:电子工业出版社,2009.

[45] 袁登华.品牌信任研究脉络与展望[J].心理科学,2007,(2):434-437.

[46] 张豹,刘树辉,缪素媚,黄赛.动作电子游戏经验对视觉注意的积极影响[J].中国临床心理学杂志,2019,27(06):1283-1286.

[47] 张晓飞,董大海.网络口碑传播机制研究述评[J].管理评论,2011,23(02):88-92.

[48] 张亚明,赵杨,王林.基于执行意向理论的网购评论行为反应模式研究[J].软科学,2016,30(07):118-123.

[49] 赵光.情景线索效应加工机制的探讨[D].重庆:西南大学,2013.

[50] 赵宏霞,王新海,周宝刚.B2C网络购物中在线互动及临场感与消费者信任研究[J].管理评论,2015,27(02):43-54.

[51] 郑称德,刘秀,杨雪.感知价值和个人特质对用户移动购物采纳意图的影响研究[J].管理学报,2012,9(10):1524-1530.

[52] 中国互联网络信息中心CNNIC.第45次中国互联网络发展状况统计报告[R].2020.

[53] 中文互联网数据资讯中心-199IT.Adjust:2019年移动购物应用报告[EB/OL].[2019-07-30] http://www.199it.com/archives/914191.html.

[54] Aarts, H., Dijksterhuis, A., Midden, C. To plan or not to plan? Goal achievement or interrupting the performance of mundane behaviors[J]. European Journal of Social Psychology, 1999,29(8):971-979.

[55] Abimbola, T., Liu, F., Li, J., et al. Self-congruity, brand attitude, and brand loyalty: A study on luxury brands[J]. European Journal of Marketing, 2012, 46(7/8):922-937.

[56] Acquisti, A., Adjerid, I., Balebako, R. H., et al. Nudges for privacy and security: Understanding and assisting userss choices online [J]. ACM Computing Surveys, 2017, 50(3):1-44.

[57] Adomavicius, G., Sankaranarayanan, R., Sen, S., et al. Incorporating contextual information in recommender systems using a multidimensional approach[J].ACM Transactions on Information Systems,2005,23(1):103-145.

[58] Agnew, H. C., Phillips, L. H., Pilz, K. S. Visual attention, biological motion perception, and healthy ageing [J]. Psychological Research, 2020, 84(3):625-642.

[59] Agrebi, S., Jallais, J. Explain the intention to use smart phones for mobile shopping[J].Journal of Retailing and Consumer Services, 2015, 22(1):16 - 23.

[60] Ajzen, I. The theory of planned behavior[J]. Organizational Behavior and Human Decision Processes, 1991, 50(2):179 - 211.

[61] Alalwan, A. A., Algharabat, R. S., Baabdullah, A. M., et al. Examining the impact of mobile interactivity on customer engagement in the context of mobile shopping[J]. Journal of Enterprise Information Management, 2020, 33(3):627 - 653.

[62] Albert, N., Merunka, D., Valette-Florence, P. Brand passion: Antecedents and consequences [J]. Journal of Business Research, 2013, 66 (7): 904 - 909.

[63] Albert, T., Moehrle, M. G., Meyer, S. Technology maturity assessment based on blog analysis[J]. Technological Forecasting and Social Change, 2015(mar.), 92:196 - 209.

[64] Andrews, M., Luo, X., Fang, Z., et al. Mobile ad effectiveness: Hyper-contextual targeting with crowdedness[J]. Marketing Science, 2016,35 (2):218 - 233.

[65] Ashley, C., Tuten. T. Creative strategies in social media marketing: An exploratory study of branded social content and consumer engagement[J]. Psychology & Marketing, 2015, 32(1):15 - 27.

[66] Bailey, A., Pentina, I., Mishra, A.S., et al. Mobile payments adoption by US consumers: An extended TAM[J]. International Journal of Retail & Distribution Management, 2017, 45(6):626 - 640.

[67] Baker, J., Parasuraman, A. The influence of multiple store environment cues on perceived merchandise value and patronage intentions[J]. Journal of Marketing, 2002, 66(2):120 - 141.

[68] Balaid, A., Abd Rozan, M. Z., Hikmi, S. N., et al. Knowledge maps: A systematic literature review and directions for future research [J]. International Journal of Information Management, 2016, 36 (3): 451 - 475.

[69] Balasubramanian, S., Peterson, R. A., Jarvenpaa, S. L. Exploring the

implications of M-commerce for markets and marketing[J]. Journal of the Academy of Marketing Science，2002,30(4)：348－361.

[70] Barber，B. The logic and limits of trust[M]. NJ：Rutgers University Press，New Brunswick，1983.

[71] Barfield，Z.，Sheridan，T. S. Presence and performance within virtual environments [C]//Virtual Environments & Advanced Interface Design,1995.

[72] Barker，R. G. Explorations in ecological psychology [J]. American Psychologist，1965，20(1):1－14.

[73] Baruh，L.，Secinti，E.，Cemalcilar，Z. Online privacy concerns and privacy management：A meta-analytical review [J]. Journal of Communication，2017，67(1):26－53.

[74] Bays，P. M.，Taylor，R. A neural model of retrospective attention in visual working memory[J]. Cognitive Psychology，2018，100 (10)：43－52.

[75] Bearden，W.，Hardesty，D.，Rose，R. Consumer self-confidence：Refinements in conceptualization and measurement [J]. Journal of Consumer Research，2001，28(1):121－134.

[76] Becker，G. S. A theory of the allocation of time[J]. The Economic Journal,1965，75(299)：493－517.

[77] Belaid，S.，Behi，A. T. The role of attachment in building consumer-brand relationships：An empirical investigation in the utilitarian consumption context[J]. Journal of Product & Brand Management，2011,20(1):38－39.

[78] Belanger-Gravel，A.，Godin，G.，Amireault，S. A meta-analytic review of the effect of implementation intentions on physical activity[J]. Health Psychology Review,2013,7(1):23－54.

[79] Bender，W. C. Consumer purchase costs[J]. Journal of Retailing，1964，40(1)：1－8.

[80] Blackwell，C.，Birnholtz，J.，Abbott，C. Seeing and being seen：Co-situation and impression formation using Grindr, a location-aware gay dating app[J]. New Media & Society，2015,17(7):1117－1136.

［81］ Bok，K.，Lee，S.，Choi，D.，et al. Recommending personalized events based on user preference analysis in event based social networks［J］. Electronic Commerce Research，2019. https：//doi.org/10.1007/s10660 - 019 - 09335 - w.

［82］ Bolen，M. C.，Ozen，U. Understanding the factors affecting consumers' continuance intention in mobile shopping：The case of private shopping clubs［J］. International Journal of Mobile Communications，2020，18(1)：101 - 129.

［83］ Bond，M. J.，Feather，N. T. Some correlates of structure and purpose in the use of time［J］. Journal of Personality & Social Psychology，1988，55 (2)：321 - 329.

［84］ Bornmann，L.，Marx，W. HistCite analysis of papers constituting the h index research front［J］. Journal of Informetrics，2012，6(2)：285 - 288.

［85］ Bouerau，C.，Mccubbins，M.D.，Coulson，S. K. When to trust others：An ERP study of decision making after receiving information from unknown people［J］. Social Cognitive and Affective Neuroscience，2009，4(1)：23 - 34.

［86］ Brown，T. J.，Barry，T. E.，Dacin，P. A.，et al. Spreading the word：Investigating antecedents of consumers' positive word- of-mouth intentions and behaviors in a retailing context［J］. Journal of the Academy of Marketing，2005，33(2)：123 - 138.

［87］ Bugg，J. M.，Scullin，M. K.，Mcdaniel，M. A. Strengthening encoding via implementation intention formation increases prospective memory commission errors［J］. Psychonomic Bulletin & Review，2013，20(3)：522 - 527.

［88］ Burkard，C.，Rochat，L.，Martial，V. D. L. Enhancing inhibition：How impulsivity and emotional activation interact with different implementation intentions［J］. Acta Psychologica，2013，144(2)：291 - 297.

［89］ Burkard，C.，Rochat，L.，Van DerLinden，A-C. J.，et al. Is working memory necessary for implementation intentions to enhance prospective memory in older adults with cognitive problems? ［J］. Journal of Applied Research in Memory and Cognition，2014，3(1)：37 - 43.

[90] Butler, J. K. Toward understanding and measuring conditions of trust: Evolution of a conditions of trust inventory[J]. Journal of Management, 1991,17(3):643 – 663.

[91] Canter, D. The purposive evaluation of places[J]. Environment and Behavior, 1983,15 (6): 659 – 698.

[92] Carroll, B. A., Ahuvia, A. C. Some antecedents and outcomes of brand love[J]. Marketing Letters, 2006,17(2):79 – 89.

[93] Castillo-Vergara, M., Alvarez-Marin, A., Placencio-Hidalgo, D. A bibliometric analysis of creativity in the field of business economics[J]. Journal of Business Research,2018,85:1 – 9.

[94] Chang, H. H., Chen, S. W. The impact of customer interface quality, satisfaction and switching costs on e-loyalty: Internet experience as a moderator[J]. Computers in Human Behavior, 2008, 24(6):2927 – 2944.

[95] Chang, H. H., Wong, K. H., Ho, P. W. The determinants of trust transfer on mobile shopping decision: Flow experience as a moderator[J]. International Journal of Mobile Communications, 2019, 17(2):213 – 248.

[96] Chau, P. Y., Ho, S. Y., Ho, K., et al. Examining the effects of malfunctioning personalized services on online users' distrust and behaviors[J]. Decision Support Systems, 2013, 56(12):180 – 191.

[97] Chaudhuri, A., Holbrook, M.B. The chain of effects from brand trust and brand affect to brand performance: The role of brand loyalty[J]. Journal of Marketing, 2001,65(02):81 – 93.

[98] Chen, X. J., Liu, L. L., Wang, Y., et al. Neural correlates of the effect of implementation intention on prospective memory[J]. Psych Journal, 2019,8(2):261 – 270.

[99] Chen, C. Searching for intellectual turning points: progressive knowledge domain visualization[J]. Proceedings of the National Academy of Sciences of the United States of America, 2004,101(suppl):5303 – 5310.

[100] Chen, M. Improving website structure through reducing information overload [J]. Decision Support Systems,2018, 110(6):84 – 94.

[101] Chen, X.J., Wang, Y., Liu, L.L., et al. The effect of implementation intention on prospective memory: a systematic and meta-analytic review

[J]. Psychiatry Research，2015，226(1):14－22.

[102] Chiang，W. Y. K.，Zhang，D.，Zhou，L. Predicting and explaining patronage behavior toward web and traditional stores using neural networks: A comparative analysis with logistic regression [J]. Decision Support Systems，2006，41(2):514－531.

[103] Chong，Y. L. Predicting m-commerce adoption determinants: A neural network approach[J]. Expert Systems with Application,2013,40(2): 523－530.

[104] Chong，Y. L.，Darmawan，N.，Ooi，K. B.，et al. Adoption of 3G services among Malaysian consumers: An empirical analysis [J]. International Journal of Mobile Communications，2010，8(2): 129－149.

[105] Chopik，W. J.，Edelstein，R. S. Retrospective memories of parental care and health from mid- to late life[J]. Health Psychology，2019,38(1): 84－93.

[106] Clarry，H. L. At last，my research article on procrastination[J]. Journal of Research in Personality，1986，20(4):474－495.

[107] Cobo，M. J.，Lopez-Herrera，A. G.，Herrera-Viedma，E.，et al. SciMAT: A new science mapping analysis software tool[J]. Journal of the Association for Information Science and Technology，2012，63(8): 1609－1630.

[108] Dabholkar，P. A. Consumer evaluations of new technology-based self-service options: An investigation of alternative models of service quality [J]. International Journal of Research in Marketing，1996，13(1): 29－51.

[109] Dahlberg，T.，Mallat，N.，Ondrus，J.，et al. Past，present and future of mobile payments research: A literature review [J]. Electronic Commerce Research and Applications，2008，7(2):165－181.

[110] Davies，G.，Omer，O. Time allocation and marketing[J]. Time & Society，1996，5(2):253－268.

[111] Day，G. S. A two-dimensional concept of brand loyalty[J]. Journal of Advertising Research，1969，9(3):29－35.

[112] De Pessemier，T.，Deryckere，T.，Martens，L. Context aware recommendations for user-generated content on a social network site [C]//Euroitv'09：Proceedings of the Seventh European Interactive Television Conference，2009：133 – 136.

[113] Dehn，D. M.，Mulken，S. V. The impact of animated interface agents：A review of empirical research[J]. International Journal of Human-Computer Studies，2000，52(1)：1 – 22.

[114] Delen，D.，Kuzey，C.，Uyar，A. Measuring firm performance using financial ratios：A decision tree approach[J]. Expert Systems with Applications，2013，40(10)：3970 – 3983.

[115] Delgado-Ballester，E.，Munuera-Aleman，J. L.，Yague-Guillen，M. J. Development and validation of a brand trust scale[J]. International Journal of Market Research，2003，45(01)：35 – 53.

[116] Deng，L.，Poole，M. S. Aesthetic design of e-commerce web pages-webpage complexity，order and preference[J]. Electronic Commerce Research and Applications，2012，11(4)：420 – 440.

[117] DeWitt，T.，Nguyen，D. T.，Marshall，R. Exploring customer loyalty following service recovery：The mediating effects of trust and emotions [J]. Journal of Service Research，2008，10(03)：269 – 281.

[118] Dick，A. S.，Basu，K. Customer loyalty：Toward an integrated conceptual framework[J]. Journal of the Academy of Marketing Science，1994，22(2)：99 – 113.

[119] Dienlin，T.，Metzger，M. J. An extended privacy calculus model for SNSs：Analyzing self-disclosure and self-withdrawal in a representative U.S. sample[J]. Journal of Computer Mediated Communication，2016，21(5)：363 – 383.

[120] Dinev，T.，Hart，P. Internet privacy concerns and social awareness as determinants of intention to transact [J]. International Journal of Electronic Commerce，2006，10(2)：7 – 29.

[121] Dodds，W. B.，Monroe，K. B.，Grewal，D. Effects of price，brand，and store information on buyers' product evaluations [J]. Journal of Marketing Research，1991，28(3)：307 – 319.

［122］Doney，P. M.，Cannon，J. P. An examination of the nature of trust in buyer-seller relationships［J］. Journal of Marketing，1997，61（2）：35－51.

［123］Driskell，J. E.，Copper，C.，Moran，A. Does mental practice enhance performance?［J］. Journal of Applied Psychology，1994，79（4）：481－492.

［124］Duckworth，A. L.，Grant，H.，Loew，B.，et al. Self-regulation strategies improve self — discipline in adolescents：Benefits of mental contrasting and implementation intentions［J］. Educational Psychology，2011，31（1）：17－26.

［125］Edvardsson，B. Service quality：beyond cognitive assessment［J］. Managing Service Quality，2005，15（2）：127－131.

［126］Feinberg，R. A.，Kadam，R.，Hokama，L.，et al. The state of electronic customer relationship management in retailing［J］. International Journal of Retail & Distribution Management，2002，30（10）：470－481.

［127］Felisberti，F. M.，Solomon，J. A.，Morgan，M. J. The role of target salience in crowding［J］. Perception，2005，34（7）：823－833.

［128］Ferreira，M. B.，Mata，A.，Donkin，C.，et al. Analytic and heuristic processes in the detection and resolution of conflict［J］. Memory & Cognition，2016，44（7）：1050－1063.

［129］Flis，I.，Eck，N. Framing psychology as a discipline（1950－1999）：A large-scale term co-occurrence analysis of scientific literature in psychology［J］. History of Psychology，2018，21（4）：334－362.

［130］Fong，N. M.，Fang，Z.，Luo，X. Geo-conquesting：Competitive locational targeting of mobile promotions［J］. Journal of Marketing Research，2015，52（5）：726－735.

［131］Fong，N.，Zhang，Y.，Luo，X.，et al. Targeted promotions on an E-book platform：Crowding out，heterogeneity，and opportunity costs［J］. Journal of Marketing Research，2019，56（2）：310－323.

［132］Fortes，N.，Rita，P. Privacy concerns and online purchasing behavior：Towards an integrated model［J］. European Research on Management &

Business Economics，2016，22(3)，167－176.

[133] Francis-Smythe，J.，Robertson，I. Time-related individual differences [J]. Time & Society，1999，8(2－3)：273－292.

[134] Frost，R. O.，Steketee，G.，Williams L. Compulsive buying，compulsive hoarding，and obsessive-compulsive disorder[J]. Behavior Therapy，2002，33(2)：201－214.

[135] Fu，Z.，Ren，K.，Shu，J.，et al. Enabling personalized search over encrypted outsourced data with efficiency improvement [J]. IEEE Transactions on Parallel and Distributed Systems，2016，27（9）：2546－2559.

[136] Fukuda，K.，Vogel，E. K. Human variation in overriding attentional capture [J]. Journal of Neuroscience，2009，29(27)：8726－8733.

[137] Furnell，S.，Clarke，N. Power to the people? The evolving recognition of human aspects of security [J]. Computers & Security，2012，31(8)，983－988.

[138] Gallant，S.N.，Spaniol，J.，Yang，L.X. Age differences in cue utilization during prospective and retrospective memory monitoring[J]. Psychology and Aging，2019，34(4)：545－557.

[139] Gallo，I. S.，Pfau，F.，Gollwitzer，P. M. Furnishing hypnotic instructions with implementation intentions enhances hypnotic responsiveness[J]. Consciousness&Cognition，2012，21(2)：1023－1030.

[140] Gao，C.，Liu，J. Network-based modeling for characterizing human collective behaviors during extreme events[J]. IEEE Transactions on Systems Man & Cybernetics Systems，2017，47(1)：171－183.

[141] Gao，L.，Waechter，K. A.，Bai，X. Understanding consumers' continuance intention towards mobile purchase：A theoretical framework and empirical study － A case of China[J]. Computers in Human Behavior，2015，53(12)：249－262.

[142] Gefen，D.，Straub，D. W. Consumer trust in B2C e-commerce and the importance of social presence：experiments in e-products and e-services [J]. Omega，2004，32(6)：407－424.

[143] Geissler，G.，Zinkhan，G.，Watson，R. T. Web homepage complexity

and communication effectiveness[J]. Journal of the Association for Information Systems, 2001, 2(2):1 - 46.

[144] Geissler, G. L., Zinkhan, G. M., Watson, R. T. The influence of home page complexity on consumer attention, attitudes, and purchase intent [J]. Journal of Advertising, 2006, 35(2):69 - 80.

[145] Ghose, A., Goldfarb, A., Han, S. P. How is the mobile internet different? Search costs and local activities[J]. Information Systems Research, 2013,24(3): 613 - 631.

[146] Ghose, A., Li, B., Liu, S. Mobile targeting using customer trajectory patterns[J]. Management Science, 2019,65(11): 5027 - 5049.

[147] Girod, B., Chandrasekhar, V., Grzeszczuk, R., et al. Mobile visual search: Architectures, technologies, and the emerging mpeg standard [J]. Multimedia IEEE, 2011, 18(3):86 - 94.

[148] Godfrey, A., Seiders, K., Voss, G. B. Enough is enough! The fine line in executing multichannel relational communication[J]. Journal of Marketing, 2011, 75(4):94 - 109.

[149] Gollwitzer, A., Schworer, B., Stern, C., et al. Up and down regulation of a highly automatic process: Implementation intentions can both increase and decrease social projection[J]. Journal of Experimental Social Psychology,2017, 70: 19 - 26.

[150] Gollwitzer, P. M., Sheeran, P. Self-regulation of consumer decision making and behavior: The role of implementation intentions [J]. Journal of Consumer Psychology, 2009, 19(4):593 - 607.

[151] Gollwitzer, P. M. Goal achievement: The role of intentions [J]. European Review of Social Psychology, 1993, 4(1):141 - 185.

[152] Gollwitzer, P. M. Implementation intentions: Strong effects of simple plans[J]. American Psychologist, 1999,54(7): 493 - 503.

[153] Gollwitzer, P. M., Sheeran, P. Implementation intentions and goal achievement: A meta-analysis of effects and processes[J]. Advances in Experimental Social Psychology, 2006, 38(6):69 - 119.

[154] Gonzalez, D. W., Buchanan, L. A meta-analysis of task-related influences in prospective memory in traumatic brain injury [J].

Neuropsychological Rehabilitation，2019，29(5)：657 – 671.

[155] Graham，R. J. The role of perception of time in consumer research[J]. Journal of Consumer Research，1981，7(4)：335 – 342.

[156] Granovetter，M. Ignorance，knowledge，and outcomes in a small world [J]. Science，2003，301(5634)：773 – 774.

[157] Grewal，D.，Ahlbom，C.P.，Beitelspacher，L.，et al. In-store mobile phone use and customer shopping behavior：Evidence from the field[J]. Journal of Marketing，2018，82(4)：102 – 126.

[158] Griffin，R. J.，Dunwoody，S.，Neuwirth，K. Proposed model of the relationship of risk information seeking and processing to the development of preventive behaviors [J]. Environmental Research，1999，80(2)：230.

[159] Guo，J. Q.，Liu，S. B.，Liu，X. Construction of visual cognitive computation model for sports psychology based on knowledge atlas[J]. Cognitive Systems Research，2018，52(7)：521 – 530.

[160] Guo，Y.，Wang，M.，Li，X. Application of an improved aprior algorithm in a mobile e-commerce recommendation system [J]. Industrial Management & Data Systems，2017，117(2)：287 – 303.

[161] Hall，P. A.，Zehr，C. E.，Ng，M.，Zanna，M. P. Implementation intentions for physical activity in supportive and unsupportive environmental conditions：An experimental examination of intention – behavior consistency[J]. Journal of Experimental Social Psychology，2012，48(1)：432 – 436.

[162] Handarkho，Y. D.，Harjoseputro，Y. Intention to adopt mobile payment in physical stores Individual switching behavior perspective based on Push-Pull-Mooring （PPM） theory [J]. Journal of Enterprise Information Management，2020，33(2)：285 – 308.

[163] Harrison-Walker L J. The measurement of word-of-mouth communication and an investigation of service quality and customer commitment as potential antecedents[J]. Journal of Service Research，2001，4(01)：60 – 75.

[164] Harvey，M.，Pointon，M. Understanding in-context interaction：An

investigation into on-the-go mobile search [J]. Information Processing & Management，2019，56(6)：89－102.

[165] Hassanein，K.，Head，M. Manipulating perceived social presence through the web interface and its impact on attitude towards online shopping[J]. International Journal of Human-Computer Studies，2007，65(08)：689－708.

[166] Heilman，C. M.，Rao，N. A. G. Pleasant surprises：Consumer response to unexpected in-store coupons[J]. Journal of Marketing Research，2002，39(2)：242－252.

[167] Helmbold，D. P.，Schapire，R. E. Predicting nearly as well as the best pruning of a decision tree[J]. Machine Learning，1997，27(1)：51－68.

[168] Ho，S. Y.，Kai，H. L. Nudging moods to induce unplanned purchases in imperfect Mobile personalization contexts[J]. MIS Quarterly，2018，42(3)：757－778.

[169] Holt，D. B. Does cultural capital structure american consumption? Journal of Consumer Research Oxford Academic [J]. Journal of Consumer Research，1998，25(1)：1－25.

[170] Hong，S. M.，Faedda，S. Refinement of the hong psychological reactance scale [J]. Educational and Psychological Measurement，1996，56(1)，173－182.

[171] Hourahine，B.，Howard，M. Money on the move：Opportunities for financial service providers in the 'third space'[J]. Journal of Financial Services Marketing，2004，9(1)：57－67.

[172] Howard，M.，Dhruv，G.，Fishe，R. P. H. The value of time spent in price-comparison shopping：survey and experimental evidence [J]. Journal of Consumer Research，1992，19 (1)：52－61.

[173] Hu，Y.，Kim，H. J. Positive and negative eWOM motivations and hotel customers' eWOM behavior：Does personality matter? [J]. International Journal of Hospitality Management，2018，75：27－37.

[174] Hu，H. F.，Krishen，A. S. When is enough，enough? Investigating product reviews and information overload from a consumer empowerment perspective[J]. Journal of Business Research，2019，100：

27 - 37.

[175] Huang, G. H., Korfiatis, N., Chang, C. T. Mobile shopping cart abandonment: The roles of conflicts, ambivalence, and hesitation[J]. Journal of Business Research, 2018, 85(4):165 - 174.

[176] Huang, J. L., Zhou, L. Y. Timing of web personalization in mobile shopping: A perspective from uses and gratifications theory [J]. Computers in Human Behavior, 2018,88:103 - 113.

[177] Hudson, S., Huang, L., Roth, M. S., et al. The influence of social media interactions on consumer-brand relationships: A three-country study of brand perceptions and marketing behaviors[J]. International Journal of Research in Marketing, 2016, 33(1):27 - 41.

[178] Hui, S. K., Inman, J. J., Huang, Y., Suher, J. The effect of in-store travel distance on unplanned spending: Applications to mobile promotion strategies[J]. Journal of Marketing, 2013,77(2):1 - 16.

[179] Hyndman, R. J., Koehler, A. B. Another look at measures of forecast accuracy [J]. International Journal of Forecasting, 2006, 22 (4): 679 - 688.

[180] Ijsselsteijn, W. A., Ridder, H. D., Freeman, J., et al. Presence: Concept, determinants and measurement[J]. Proceedings of SPIE-The International Society for Optical Engineering, 2000,3959:520 - 529.

[181] Ionescu, R. T., Alexe, B., Leordeanu, M., et al. How hard can it be? Estimating the difficulty of visual search in an image [C]//IEEE Conference on Computer Vision and Pattern Recognition (CVPR), 2016.

[182] Ji, R., Duan, L. Y., Chen, J., et al. Location discriminative vocabulary coding for mobile landmark search [J]. International Journal of Computer Vision, 2012, 96(3):290 - 314.

[183] Johnson, V. L., Kise, R A., Washington, R., et al. Limitations to the rapid adoption of m-payment services: Understanding the impact of privacy risk on m-payment services[J]. Computers in Human Behavior, 2018,79:111 - 122.

[184] Kannass, K. N., Oakes, L. M. The development of attention and its

relations to language in infancy and toddlerhood [J]. Journal of Cognition and Development, 2008, 9(2):222 - 246.

[185] Kappes, A., Oettingen, G. A. The emergence of goal pursuit: Mental contrasting connects future and reality[J]. Journal of Experimental Social Psychology, 2014,54: 25 - 39.

[186] Kappes, A., Singmann, H., Oettingen, G. Mental contrasting instigates goal pursuit by linking obstacles of reality with instrumental behavior[J]. Journal of Experimental Social Psychology, 2012,48(4):811 - 818.

[187] Kappes, A., Wendt, M., Reinelt, T., Oettingen, G. A. Mental contrasting changes the meaning of reality[J]. Journal of Experimental Social Psychology, 2013, 49(5):797 - 810.

[188] Kaufman, C. F., Lane, P. M., Lindquist, J. D. Exploring more than 24 hours a day: a preliminary investigation of polychronic time use[J]. Journal of Consumer Research, 1991, 18(3):392 - 401.

[189] Khalifa, M., Limayem, M., Liu, V. Online customer stickiness: a longitudinal study[J]. Journal of Global Information Management, 2002, 10(3):1 - 15.

[190] Kim, J., Baek, Y., Choi, Y. H. The structural effects of metaphor-elicited cognitive and affective elaboration levels on attitude toward the advertising[J]. Journal of Advertising, 2012,41(02): 77 - 96.

[191] Kim, S. J., Wang, R. J. H., Malthouse, E. C. The effects of adopting and using a Brand's Mobile application on customers' subsequent purchase behavior [J]. Journal of Interactive Marketing, 2015, 31: 28 - 41.

[192] Koivumaeki, T., Ristola, A., Kesti, M. Predicting consumer acceptance in mobile services: Empirical evidence from an experimental end user environment[J]. International Journal of Mobile Communications, 2006, 4(4):418 - 435.

[193] Koningsbruggen, G. M. V., Stroebe, W., Papies, E. K., et al. Implementation Intentions as goal primes: boosting self-control in tempting environments[J]. European Journal of Social Psychology, 2011, 41(5):551 - 557.

[194] Kozbelt, A. Tensions in naturalistic, evolutionary explanations of aesthetic reception and production [J]. New Ideas in Psychology, 2017, 47:113 - 120.

[195] Krugman, H. E. The Measurement of Advertising Involvement [J]. Public Opinion Quarterly, 1966, 30(4):583 - 596.

[196] Labrecque, L. I., vor dem Esche, J., Mathwick, C., et al. Consumer Power: Evolution in the Digital Age [J]. Journal of Interactive Marketing, 2013, 27(4):257 - 269.

[197] Lacoeuilhe, J., Samy, B. Quelle(s) mesure(s) pour l'attachement À la marque? [J]. Revue Francaise Du Marketing, 2007,213(7):7 - 25.

[198] Laroche, M., Habibi, M. R., Richard, M. O., et al. The effects of social media based brand communities on brand community markers, value creation practices, brand trust and brand loyalty[J]. Computers in Human Behavior, 2012, 28(5):1755 - 1767.

[199] Law, J., Bauin, S., Courtial, J. P., et al. Policy and the mapping of scientific change: A co-word analysis of research into environmental acidification[J]. Scientometrics, 1988, 14(3):251 - 264.

[200] Lee, J., Park, M. C. Factors affecting the smartphone users to use the mobile portal services: focusing on Korean mobile portals [J]. Information Systems & E Business Management, 2013, 11 (2): 235 - 252.

[201] Lee, T. Q., Park, Y., Park, Y. T. A time-based approach to effective recommender systems using implicit feedback [J]. Expert systems with applications, 2008,34(4):3055 - 3062.

[202] Leong, L. Y., Hew, T. S., Tan, W. H., et al. Predicting the determinants of the NFC-enabled mobile credit card acceptance: A neural networks approach [J]. Expert Systems with Application, 2013, 40(14):5604 - 5620.

[203] Li, C., Luo, X., Zhang, C., Wang, X. Sunny, rainy, and cloudy with a chance of Mobile promotion effectiveness[J]. Marketing Science, 2017, 36(5), 762 - 779.

[204] Linden, G., Smith, B., York, J. Amazon. com Recommendations:

Item-To-Item Collaborative Filtering[J]. Internet Computing IEEE, 2003, 7(1):76 - 80.

[205] Liu, L., Lee, M. K. O., Liu, R., et al. Trust transfer in social media brand communities: The role of consumer engagement[J]. International Journal of Information Management, 2018, 41:1 - 13.

[206] Liu, L. L., Gan, M. Y., Cui, J. F., et al. The general facilitation effect of implementation intentions on prospective memory performance in patients with schizophrenia[J]. Cognitive Neuropsychiatry, 2018, 23 (6):350 - 363.

[207] Liu, Y., Li, Q., Edu, T., et al. Mobile shopping platform characteristics as consumer behavior determinants [J]. Asia Pacific Journal of Marketing and Logistics, 2019. DOI: 10.1108/APJML-05 - 2019 - 0308.

[208] Lu, H. P., Su, Y. J. Factors affecting purchase intention on mobile shopping web sites[J]. Internet Research, 2009, 19(4):442 - 458.

[209] Lu, J. A model for evaluating e-commerce based on cost/benefit and customer satisfaction[J]. Information Systems Frontiers, 2003, 5(3): 265 - 277.

[210] Lu, Y., Zhao, L., Wang, B. From virtual community members to C2C e-commerce buyers: Trust in virtual communities and its effect on consumers' purchase intention[J]. Electronic Commerce Research and Applications, 2010, 9(4):346 - 360.

[211] Luan, J., Yao, Z., Zhao, F. T., et al. Search product and experience product online reviews: An eye-tracking study on consumers' review search behavior [J]. Computers in Human Behavior, 2016, 65: 420 - 430.

[212] Ludwig, R. M., Srivastava, S., Berkman, E. T. Planfulness: A process-focused construct of individual differences in goal achievement [J]. Collabra-Psychology, 2018, 4(1):1 - 18.

[213] Machleit, K., Eroglu, S., Mantel, S. Perceived retail crowding and shopping satisfaction: what modifies this relationship? [J]. Journal of Consumer Psychology, 2000, 9: 29 - 42.

[214] Machleit, K. A., Kellaris, J. J., Eroglu, S. A. Human versus spatial dimensions of crowding perceptions in retail environments: a note on their measurement and effect on shopper satisfaction[J]. Marketing Letters, 1994, 5:183 - 194.

[215] Mccrea, S. M., Penningroth, S. L., Radakovich, M. P. Implementation intentions forge a strong cue - response link and boost prospective memory performance [J]. Journal of Cognitive Psychology, 2015, 27 (1):12 - 26.

[216] Mcfarland, D. J., Hamilton, D. Adding contextual specificity to the technology acceptance model[J]. Computers in Human Behavior, 2006, 22(3):427 - 447.

[217] McWilliams, L., Bellhouse, S., Yorke, J., Yorke, J., Armitage, C. J. Beyond "Planning"-A meta-analysis of implementation intentions to support smoking cessation [J]. Health Psychology, 2019, 38 (12): 1059 - 1068.

[218] Mehrabian, A., Russell, J. A. An approach to environmental psychology[M]. MIT, 1974.

[219] Melumad, S., Inman, J. J., & Pham, M. T. Selectively emotional: How smartphone use changes user-generated content[J]. Journal of Marketing Research, 2019,56(2), 259 - 275.

[220] Min, K., Joon-Yeop, L., Wang-Your, W., et al. Development and validation of a Smartphone Addiction Scale (SAS) [J]. PLOS ONE, 2013, 8(2): e56936.

[221] Mina, S. We create, we connect, we respect, therefore we are: Intellectual, social, and cultural value in online communities [J]. Journal of Interactive Marketing, 2012, 26(4):209 - 222.

[222] Molinillo, S., Japutra, A., Nguyen, B., et al. Responsible brands vs active brands? An examination of brand personality on brand awareness, brand trust, and brand loyalty[J]. Marketing Intelligence & Planning,2017,35(2):166 - 179.

[223] Montero-Diaz, J., Cobo, M. J., Gutierrez-Salcedo, M., Segado-Boj, F., Herrera-Viedma, E. A science mapping analysis of 'Communication'

WoS subject category (1980 - 2013)[J]. Comunicar, 2018, 26(55): 81 - 91.

[224] Moral-Munoz, J. A., Cobo, M. J., Peis, E., Arroyo-Morales, M., Herrera-Viedma E. Analyzing the research in Integrative & Complementary Medicine by means of science mapping [J]. Complementary Therapies in Medicine, 2014, 22(2): 409 - 418.

[225] Morgan, R. M., Hunt, S. D. The commitment-trust theory of relationship marketing[J]. Journal of Marketing, 1994, 58(3): 20 - 38.

[226] Naylor, R. W., Lamberton, C. P., West, P. M. Beyond the "Like" button: The impact of mere virtual presence on brand evaluations and purchase intentions in social media settings[J]. Journal of Marketing, 2012, 76(6): 105 - 120.

[227] Nikhita, C. S. Prevalence of mobile phone dependence in secondary school adolescents [J]. Journal of Clinical and Diagnostic Research, 2015, 9(11): 6 - 9.

[228] Norman, P., Webb, T.L., Millings, A. Using the theory of planned behaviour and implementation intentions to reduce binge drinking in new university students[J]. Psychology & Health, 2019, 34(4): 1 - 19.

[229] Oliveira, T., Thomas, M., Baptista, G., et al. Mobile payment: Understanding the determinants of customer adoption and intention to recommend the technology [J]. Computers in Human Behavior, 2016, 61: 404 - 414.

[230] Oliver, R. L. Whence consumer loyalty? [J]. Journal of Marketing, 1999, 34(63): 33 - 44.

[231] Ooi, K. B., Tan, G. W. H. Mobile technology acceptance model: An investigation using mobile users to explore smartphone credit card [J]. Expert Systems with Applications, 2016, 59: 33 - 46.

[232] Orth, U. R., Wirtz, J. Consumer processing of interior service environments: The interplay among visual complexity, processing fluency, and attractiveness [J]. Journal of Service Research, 2014, 17(3): 296 - 309.

[233] Ou, C. X., Pavlou, P. A., Davison R. Swift Guanxi in online

marketplaces: the role of computer-mediated communication technologies[J]. MIS Quarterly,2014,38（1）:209－230.

[234] Oulasvirta, A., Rattenbury, T., Ma, L., et al. Habits make smart phone use more pervasive[J]. Personal & Ubiquitous Computing, 2012, 16(1):105－114.

[235] Park, C. W., Macinnis, D. J., Priester, J. R. Beyond attitudes: Attachment and consumer behavior [J]. Social Science Electronic Publishing, 2006(12):3－36.

[236] Park, C. W., Macinnis, D. J., Priester J, et al. Brand Attachment and Brand Attitude Strength: Conceptual and Empirical Differentiation of Two Critical Brand Equity Drivers [J]. Social Science Electronic Publishing, 2010,74(6):1－17.

[237] Parks-Stamm, Elizabeth, J., Gollwitzer, P. M., Oettingen, G. Action control by implementation intentions: effective cue detection and efficient response initiation [J]. Social Cognition, 2007, 25（2）: 248－266.

[238] Pedeliento, G., Andreini, D., Bergamaschi, M., et al. Brand and Product Attachment in an Industrial Context: the Effects on Brand Loyalty[J]. Industrial Marketing Management, 2016,53:194－206.

[239] Penz, E., Hogg, M. K. The role of mixed emotions in consumer behaviour: investigating ambivalence in consumers' experiences of approach-avoidance conflicts in online and offline settings[J]. European Journal of Marketing, 2011, 45(1):104－132.

[240] Pérez, E., Monje, M., De León, J. Mobile phone abuse or addiction: A review of the literature [J]. Adicciones, 2012, 24(2):139－152.

[241] Phillips, L. A., Johnson, M., More K R. Experimental Test of a Planning Intervention for Forming a 'Higher Order' Health-Habit[J]. Psychology & Health, 2019, 4:1－19.

[242] Pieters, R., Wedel, M., Batra, R. The Stopping Power of Advertising: Measures and Effects of Visual Complexity [J]. Journal of Marketing, 2010, 74(5):48－60.

[243] Pijpers, G. G. M., Van Montfort, K. An investigation of factors that

influence senior executives to accept innovations in information technology[J]. International Journal of Management，2005，22（4）：542 - 555.

[244] Pons，F.，Giroux，M.，Mourali，M.，et al. The relationship between density perceptions and satisfaction in the retail setting：mediation and moderation effects[J]. Journal of Business Research，2016，69（2）：1000 - 1007.

[245] Ranaweera，C.，Prabhu，J. On the relative importance of customer satisfaction and trust as determinants of customer retention and positive word of mouth[J]. Journal of Targeting，Measurement and Analysis for Marketing，2003，12(1)：82 - 90.

[246] Ransbotham，S.，Lurie，N. H.，Liu，H. Creation and consumption of Mobile word of mouth：How are Mobile reviews different? [J]. Marketing Science，2019，38（5）：773 - 792.

[247] Raskin，S. A.，Smith，M. P.，Mills，G.，et al. Prospective memory intervention using visual imagery in individuals with brain injury[J]. Neuropsychological Rehabilitation，2019，29(2)：289 - 304.

[248] Rendle，S.，Gantner，Z.，Freudenthaler，C.，et al. Fast context-aware recommendations with factorization machines [C]//Proceedings of SIGIR'11. New York：ACM Press，2011.

[249] Renshaw，J. A.，Finlay，J.，Tyfa，D. A.，et al. Designing for visual influence：An eye tracking study of the usability of graphical management information [ C ]//Human-Computer Interaction INTERACT '03：IFIP TC13 International Conference on Human-Computer Interaction，1st-5th September 2003，Zurich，Switzerland. DBLP，2003.

[250] Reynoso，J. Satisfaction：a behavioral perspective on the consumer[J]. Journal of Service Management，2010，21(4)：549 - 551.

[251] Rishika，R.，Kumar，A.，Janakiraman，R.，et al. The effect of customers' social media participation on customer visit frequency and profitability：An empirical investigation [J]. Information Systems Research，2013，24(1)：108 - 127.

[252] Rucker, D. D., Mcshane, B. B., Preacher, K. J. A researcher's guide to regression, discretization, and median splits of continuous variables[J]. Journal of Consumer Psychology, 2015,25(4):666 - 678.

[253] Ruff, H. A., Capozzoli, M. C. Development of attention and distractibility in the first 4 years of life [J]. Developmental Psychology, 2003, 39(5):877 - 890.

[254] Ryan, R. M. Control and information in the intrapersonal sphere: an extension of cognitive evaluation theory[J]. Journal of Personality and Social Psychology, 1982, 43:450 - 461.

[255] Salisbury, W. D., Pearson, R. A., Pearson, A. W. Perceived security and World Wide Web purchase intention[J]. Industrial Management & Data Systems, 2001, 101 (4):165 - 176.

[256] Saprikis, V., Markos, A., Zarmpou, T., et al. Mobile shopping consumers' behavior: an exploratory study and review[J]. Journal of Theoretical & Applied Electronic Commerce Research, 2018, 13(1): 71 - 90.

[257] Sarkar, S., Chauhan, S., Khare, A. A meta-analysis of antecedents and consequences of trust in mobile commerce[J]. International Journal of Information Management,2020,50:286 - 301.

[258] Schlosser, A. E., White, T. B., Lloyd, S. M. Converting web site visitors into buyers: How web site investment increases consumer trusting beliefs and online purchase intentions [ J ]. Journal of Marketing, 2006, 70(2):133 - 148.

[259] Settle, R. B., Pamela, L., et al. Individual time orientation and consumer life style[J]. Advances in Consumer Research, 1978(5): 313 - 319.

[260] Shin, D. H., Shin, Y. J. Consumers' Trust in Virtual Mall Shopping: the Role of Social Presence and Perceived Security[J]. International Journal of Human-Computer Interaction, 2011, 27(5):450 - 475.

[261] Shin, D. H., Lee, S., Hwang, Y. How do credibility and utility play in the user experience of health informatics services? [J]. Computers in Human Behavior, 2017, 67(2):292 - 302.

［262］ Sia，C. L.，Tan，B. C. Y.，Wei，K. K. Group Polarization and Computer-Mediated Communication：Effects of Communication Cues，Social Presence，and Anonymity［J］. Information Systems Research，2002,13(1):70 - 90.

［263］ Siau，K.，Shen，Z. Building customer trust in mobile commerce［J］. Communications of the Acm，2003，46(4):91 - 94.

［264］ Sichtmann，C. An Analysis of Antecedents and Consequences of Trust in a Corporate Brand［J］. European Journal of Marketing，2007,41(9/10):999 - 1015.

［265］ Sohn，S.，Seegebarth，B.，Moritz，M. The impact of perceived visual complexity of mobile online shops on user's satisfaction［J］. Psychology and Marketing，2017，34(2):195 - 214.

［266］ Song，J.，Zhan，H. F.，Yu，J. H.，et al. Enterprise knowledge recommendation approach based on context-aware of time-sequence relationship［J］. Procedia Computer Science，2017,107:285 - 290.

［267］ Sonika，S.，Joffre，S. Channels for search and purchase：Does mobile Internet matter ［J］. Journal of Retailing and Consumer Services，2017，39(11):123 - 134.

［268］ Sonne，T.，Kingo，O. S.，Berntsen，D.，et al. Thirty-Five-Month-Old children have spontaneous memories despite change of context for retrieval［J］. Memory，2019,27(1):38 - 48.

［269］ Soopramanien，D. G. R.，Robertson，A. Adoption and usage of online shopping：An empirical analysis of the characteristics of "buyers" "browsers" and "non-internet shoppers"［J］. Journal of Retailing and Consumer Services，2007，14(1) :73 - 82.

［270］ Soto-Acosta，P.，Molina-Castillo F. J.，Lopez-Nicolas，C.，et al. The effect of information overload and disorganisation on intention to purchase online：The role of perceived risk and internet experience［J］. Online Information Review，2014，38(4): 543 - 561.

［271］ Srinivasan，S. S.，Anderson，R.，Ponnavolu，K. Customer loyalty in e-commerce：An exploration of its antecedents and consequences ［J］. Journal of Retailing，2002,78:41 - 50.

[272] Stegmann, J., Grohmann, G. Hypothesis generation guided by co-word clustering[J]. Scientometrics, 2003, 56(1):111 – 135.

[273] Strasburger, H. Unfocussed spatial attention underlies the crowding effect in indirect form vision[J]. Journal of Vision, 2005, 5(11): 1024 – 1037.

[274] Suntornpithug, N., Khamalah, J. Machine and person interactivity: The driving forces behind influences on consumers' willingness to purchase online[J]. Journal of Electronic Commerce Research, 2010,11 (4):299 – 325.

[275] Swar, B., Hameed, T., Reychav, I. Information overload, psychological ill-being, and behavioral intention to continue online healthcare information search [J]. Computers in Human Behavior, 2017,70: 416 – 425.

[276] Szymanski, D. M., Hise, R. T. E-satisfaction: An initial examination [J]. Journal of Retailing, 2000,76(3): 309 – 322.

[277] Teo, A. C., Tan, W. H., Ooi, K. B., et al. The effects of convenience and speed in m-payment [J]. Industrial Management & Data Systems, 2015, 115(2):311 – 331.

[278] Thach, E. C., Olsen, J. The role of service quality in influencing brand attachments at winery visitor centers[J]. Journal of Quality Assurance in Hospitality & Tourism, 2006,7(3):59 – 77.

[279] Thomson, M., Macinnis, D. J., Park, C. W. The ties that bind: Measuring the strength of consumers' emotional attachments to brands [J]. Journal of Consumer Psychology,2005,15(01):77 – 91.

[280] Tinelli, F., Guzzetta, A., Bertini, C., et al. Greater sparing of visual search abilities in children after congenital rather than acquired focal brain damage [J]. Neurorehabilitation and Neural Repair, 2011, 25(8): 721 – 728.

[281] Titus, P. A., Everett, P. B. The consumer retail search process: A conceptual model and research agenda[J]. Journal of the Academy of Marketing Science, 1995, 23(2):106 – 119.

[282] Tolman, E. C. There is more than one kind of learning[J]. Psychological

Review,1949,56:144 - 155.

[283] Toothaker, L. E. Multiple regression: Testing and interpreting interactions[J]. The Journal of the Operational Research Society, 1994, 45(1):119 - 120.

[284] Trinke, S. J., Bartholomew, K. Hierarchies of attachment relationships in young adulthood[J]. Journal of Social & Personal Relationships, 1997,14(05):603 - 625.

[285] Trumbo, C. W., Mccomas, K. A. The function of credibility in information processing for risk perception[J]. Risk Analysis, 2003,23 (02):343 - 353.

[286] Trumbo, C. W. Heuristic-Systematic information processing and risk judgment[J]. Risk Analysis, 1999,19(03):391 - 400.

[287] Turumugon, P., Baharum, A., Hanapi, R., et al. Users' mental model pattern for user interface design of mobile shopping apps [J]. Advanced Letters, 2018, 24(2):1158 - 1162.

[288] Usunier, J. C., Valette-Florence, P. The time styles scale: A review of developments and replications over 15　years[J]. Time & Society, 2007, 16(2 - 3):333 - 366.

[289] Usunier, J. C. G., Valette-Florence, P. Perceptual time patterns (time-styles): A psychometric scale[J]. Time & Society, 1994, 3(2): 219 - 241.

[290] Venkatesh, V., Davis, F. D. A theoretical extension of the technology acceptance model: Four longitudinal field studies [J]. Management Science,2000,46(2):186 - 204.

[291] Venkatesh, V., Thong, J. Y. L., Xu, X. Consumer acceptance and use of information technology: Extending the unified theory of acceptance and use of technology[J]. MIS Quarterly, 2012, 36(1):157 - 178.

[292] Verhallen, T. M. M., Fred, v. R. W. How consumers trade off behavioural costs and benefits[J]. European Journal of Marketing, 1986, 20(3/4):19 - 34.

[293] Verhoef, P. C., Kannan, P. K., Inman, J. J. From multi-channel retailing to omni-channel retailing: introduction to the special issue on

multi-channel retailing[J]. Journal of Retailing, 2015, 91(2):174 - 181.

[294] Verhoef, P. C., Lemon, K. N. Parasuraman A, et al. Customer experience creation: Determinants, dynamics and management strategies[J]. Journal of Retailing, 2009, 85(1):31 - 41.

[295] Villanueva, J., Yoo, S., Hanssens, D. M. The impact of marketing-induced versus word-of-mouth customer acquisition on customer equity growth[J]. Journal of Marketing Research, 2008, 45(1):48 - 59.

[296] Wagner, G., Schramm-Klein, H., Steinmann, S. Online retailing across e-channels and e-channel touchpoints: Empirical studies of consumer behavior in the multichannel e-commerce environment[J]. Journal of Business Research, 2018, 107:256 - 270.

[297] Wakefield, K. L., Baker, J. Excitement at the mall: Determinants and effects on shopping response[J]. Journal of Retailing, 1998, 74(4): 515 - 539.

[298] Waller, D., Bachmann, E.R. The borderline of science: On the value of factor analysis for understanding presence[J]. Presence: Teleoperators and Virtual Environments, 2006, 15(2):235 - 244.

[299] Webb, T. L., Sheeran, P. Does changing behavioral intentions engender behavior change? A meta-analysis of the experimental evidence[J]. Psychological Bulletin, 2006, 132(2):249 - 268.

[300] Webb, T. L., Sheeran, P. How do implementation intentions promote goal attainment? A test of component processes [J]. Journal of Experimental Social Psychology, 2007, 43(2):295 - 302.

[301] Westbrook, R. A. Product/Consumption-Based affective responses and post purchase processes[J]. Journal of Marketing Research, 1987, 24 (3):258 - 270.

[302] Whitney, D., Levi, D. M. Visual crowding: A fundamental limit on conscious perception and object recognition[J]. Trends in Cognitive Science, 2011, 15(4):160 - 168.

[303] Wiedemann, D. G. Exploring the concept of mobile viral marketing through case study research [C]//Conference of Gi-Fachgruppe Mms, 2007.

[304] Wirtz, J. Halo in customer satisfaction measures: The role of purpose of rating, number of attributes and customer involvement [J]. International Journal of Service Industry Management, 2003, 14 (1): 96 - 119.

[305] Wu, G. The mediating role of perceived interactivity in the effect of actual interactivity on attitude toward the website [J]. Journal of Interactive Advertising, 2005, 5(02):29 - 39.

[306] Xia, W., Chunling, Y., Yujie, W. Social media peer communication and impacts on purchase intentions: A consumer socialization framework [J]. Journal of Interactive Marketing, 2012, 26(4):198 - 208.

[307] Xie, X., Lu, L., Jia, M., Li, H., Seide, F., Ma, W. Y. Mobile search with multimodal queries[J]. Proceedings of the IEEE, 2008, 96(4):589 - 601.

[308] Yadav, M. S., de Valck, K., Hennig-Thurau, T., et al. Social commerce: A contingency framework for assessing marketing potential [J]. Journal of Interactive Marketing, 2013, 27(4):311 - 323.

[309] Yang, K., Forney, J. C. The moderating role of consumer technology anxiety in mobile shopping adoption: Differential effects of facilitating conditions and social influences[J]. Journal of Electronic Commerce Research, 2013, 14(4):334 - 347.

[310] Yang, P. J., Wang, H. C., Liu, Y. H. Click-Search: Supporting information search with crowd-powered image-to-keyword query formulation[J]. Journal of Visual Languages & Computing, 2018, 46 (6):12 - 19.

[311] Yang, S.Q. Role of transfer-based and performance-based cues on initial trust in mobile shopping services: A cross-environment perspective[J]. Information Systems & E Business Management, 2016, 14(1):47 - 70.

[312] Yen, C., Tang, T., Yen, J., et al. Symptoms of problematic cellular phone use functional impairment and its association with depression among adolescents in Southern Taiwan[J]. Journal of Adolescence, 2009, 32(4):863 - 873.

[313] Yi, X., Fu, X., Jin, W., et al. Constructing a model of exhibition

attachment: motivation, attachment, and loyalty [J]. Tourism Management, 2018,65:224 - 236.

[314] Yin, C., Guo, Y., Yang, J., et al. A new recommendation system on the basis of consumer initiative decision based on an associative classification approach[J]. Industrial Management & Data Systems, 2018, 118(1):188 - 203.

[315] Yu, L., Cao, X., Liu, Z., et al. Understanding mobile payment users' continuance intention: a trust transfer perspective [J]. Internet Research, 2018, 28(2):456 - 476.

[316] Zaichkowsky, J. L. Measuring the involvement construct [J]. Journal of Consumer Research, 1985, 12(3), 341 - 352.

[317] Zanjirchi, S.M., Abrishami, M.R., Jalilian, N. Four decades of fuzzy sets theory in operations management: Application of life-cycle, bibliometrics and content analysis[J]. Scientometrics, 2019, 119(3): 1289 - 1309.

[318] Zeithaml, V. A. Consumer perceptions of price, quality, and value: a means-end model and synthesis of evidence[J]. Journal of Marketing, 1988, 52(7):2 - 22.

[319] Zhao, M., Hoeffler, S., Zauberman, G. Mental simulation and product evaluation: the affective and cognitive dimensions of process versus outcome simulation[J]. Journal of Marketing Research, 2011,48(5): 827 - 839.

[320] Zheng, X. B., Lee, M., Cheung, C. M. K. Examining e-Loyalty towards online shopping platforms: the role of coupon proneness and value consciousness[J]. Internet Research,2017,27(3):709 - 726.

[321] Zheng, Y., Zhang, L., Ma, Z., et al. Recommending trends and locations based on individual location history [J]. ACM Transactions On The Web,2011,5(1):1 - 44.

[322] Zhou, T., Zoltán, K., Liu, J. G., et al. Solving the apparent diversity-accuracy dilemma of recommender systems [J]. Proceedings of the National Academy of Sciences of the United States of America, 2010, 107(10):4511 - 4515.

# 索　引